요즈 우아한 개발

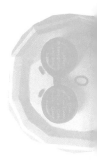

우아한형제들 지음

우아한테크   GOLDEN RABBIT

KB088744

골든래빗은 가치가 성장하는 도서를 함께 만드실 저자님을 찾고 있습니다.

내가 할 수 있을까 망설이는 대신, 용기 내어 골든래빗의 문을 두드려보세요.

apply@goldenrabbit.co.kr

우아한형제들은
왜 글쓰기에 진심인가

　요즘에는 뜸해진 용어이긴 하지만, '지식노동자'라는 말이 있습니다. 소프트웨어 개발자, IT 서비스 종사자들은 스스로 지식노동자의 대표로 인식해왔습니다. 지식노동자의 커뮤니티에서는 자신의 지식, 정보, 생각을 잘 정리하는 것이 매우 유용한 일입니다. 그래서 미래의 나와 업계의 동료들에게 내 지식을 효과적으로 전달하고 퍼뜨리고 확장할 수 있죠. 커뮤니티에서 많이 공헌할수록 역량을 인정받고 더 큰 영향력을 발휘하며 더 좋은 지식을 쌓고 퍼트릴 기회를 얻는 선순환이 이루어집니다. 이런 측면에서 글쓰기는 개발자를 비롯한 IT 종사자에게 정말 유익하고 유용한 기술이지만, 사실 개발자들은 주로 글을 읽고 코드를 쓰는 방식의 지식 전개 흐름을 가지고 있어서 자기 생각을 정리하고 밖으로 지식을 유통해서 선한 영향력을 증폭시킬 기회가 상당히 제한돼 있습니다.

글쓰기 능력은 특히 시니어로 올라갈수록 직무 역량을 키우고 또 가늠하는 핵심 요소가 됩니다. 그런 만큼 개발자 커뮤니티뿐만 아니라 우아한형제들 안에서도 글쓰기는 중요합니다. 다만 우아한형제들은 단순히 '글을 잘 써라', '지식의 유통을 통해 선한 영향력을 확대해라' 정도의 구호에 그치지 않고, 실제로 글을 잘 쓰게 하기 위해 테크니컬 라이팅 코치를 영입했습니다. 구성원의 역량과 영향력뿐 아니라 엔지니어로서의 존재 가치도 끌어올리기 위해 투자한 것이지요. 회사 내 여러 프로덕트 조직에서도 자신이 얻은 경험을 안팎으로 나누는 데 열정적이라 가끔은 기술 블로그의 글 발행 일정을 조율하는 데 어려움을 겪기도 할 정도입니다.

이처럼 우아한형제들은 '보통 개발자'를 '저명한(네임드) 개발자'로 키워 회사와 사업뿐 아니라 구성원의 커리어 성장까지 도모해왔습니다. 그렇게 7년 이상 꾸준히 이 작업을 하다 보니 우아한형제들 기술 블로그에는 수많은 글이 쌓였습니다. 그중 직무나 분야와 크게 상관없이 우리 개발 문화와 성장 방식을 엿볼 수 있는 글을 모아 이 책을 내게 됐습니다. 물론 이 책에 포함되지 않은 유용한 글도 언제든 기술 블로그에서 참고할 수 있습니다. 앞으로도 새로운 글들을 계속 공유해나갈 것이고요.

이 책을 읽는 여러분도 지식을 쌓고 꾸준히 경험을 퍼트릴 기회를 많이 가졌으면 좋겠습니다. 그래서 지식 공유와 확장의 선순환에 동참하고 더 큰 영향력을 발휘할 수 있기를 기대합니다.

2023년 초가을
우아한형제들 CTO 송재하

이 모든 것의 시작,
우아한형제들의 데브렐

이 책으로 독자 여러분을 만나게 된 시작에는 우아한형제들이 오랜 시간 쌓아온 데브렐Developer Relations, DR(이하 DR) 활동이 있습니다. 기술 블로그에서 글로 소통하는 일 역시 DR의 여러 활동 중 하나인데요, 꾸준히 하다 보니 수많은 글이 쌓였고 그 글을 모아 이렇게 책으로 내게 되었습니다. 그래서 거창하게 제목을 '이 모든 것의 시작'으로 붙여봤습니다.

DR의 활동 범위는 정의하기에 따라 무척 넓은데요, 우아한형제들 DR 팀은 그동안 내외부 개발자에게 회사의 매력을 전달하고 함께 성장할 수 있도록 노력해왔습니다. 우아한형제들에서 생각하는 DR과 특히 기억에 남는 활동이 무엇인지 담당자의 생생한 이야기를 들어볼까요.

데브렐이란

기술 블로그, 우아한테크 유튜브 등을 통해 우아한형제들의 DR 활동을 접한 분이 적지 않지만, DR이 정확하게 무슨 뜻인지 아는 분은 많지 않습니다. 쉽게 말해서, PR^{public relations}이 일반인을 대상으로 기업을 알리고 가치를 높이는 활동을 의미한다면, DR^{developer relations}은 개발자를 대상으로 하는 일련의 활동입니다. 우아한형제들의 DR은 내외부 개발자 간의 기술 교류 및 소통 기회를 만들어 함께 성장할 수 있도록 돕는 다양한 활동을 하고 있습니다.

우아한형제들은 PR만큼이나 DR 활동을 중요하게 생각합니다. DR 활동을 전담으로 하는 조직인 DR팀이 있으며, 각자 전문성을 가진 팀원이 '개발자 교류'를 목표로 여러 프로그램을 담당합니다. 개발자는 아니지만 개발자 및 개발조직에 관한 관심과 이해를 바탕으로 일하고 있습니다. PR이나 DR 모두 대상자만 다를 뿐, 회사의 매력을 전달하는 것이 핵심입니다.

기업들이 전담 팀까지 두면서 DR 활동을 하는 이유는 무엇일까요? 개발자용 제품을 서비스하는 기업이라면 자사 제품을 더 적극적으로 알리기 위해서, 개발자가 제품을 더 잘 사용할 수 있는 방법을 '개발자의 언어'로 소통하기 위해서일 것입니다.

개발조직의 규모를 급격하게 키워야 하는 조직이라면 단기간에 좋은 인재를 많이 채용할 목적으로 DR 활동을 고려할 수도 있습니다. 투자를 계속 유치해야 하는 스타트업이라면 투자자들에게 매력적으로 보이기 위해 '기술 회사'라는 브랜딩이나 입지를 만드는 데 DR을 활용할 수도 있습니다.

단기적으로는 조직의 전략 및 상황에 따라 DR의 목표가 다양할 텐데요, 궁극적으로는 개발조직의 양적, 질적 성장을 추구할 것입니다. 꾸준한 DR 활동을 통해 기술과 경험을 알리면 더 많은 인재를 영입하게 될 것이고, 영입한 인재들이 만족하며 오래 다닐 수 있게 개발 문화와 역량 강화에 투자할 것이며, 결과적으로 조직 규모가 확장되고 내실도 다지게 될 것입니다. 이러한 이유로 DR 활동의 목적을 단순히 외부 홍보로 치부할 수는 없습니다.

계속 다니고 싶은 회사의 기술 문화를 만든다는 것

DR 활동이 진짜 의미가 있으려면 외부와 내부, 양방향을 고려해야 합니다. 우리 조직의 기술력을 외부로 알리는 일만큼 내부 개발자들이 소통하고 성장할 수 있는 문화를 만드는 일도 중요합니다. 우아한형제들의 DR은 이 두 가지를 모두 동일하게 중요한 목표로 생각하고 있습니다. 외부로 유튜브 테크 세미나, 기술 블로그, 기술 콘퍼런스 활동을, 내부로는 개발조직의 조직력을 탄탄하게 하기 위해 기술 온보딩 프로그램, 스터디 운영, 직무 교육 등의 활동을 병행하고 있습니다.

최근 입사한 개발자를 대상으로 한 내부 설문 결과에 따르면, 대다수가 우아한형제들에 재직 중인 '지인'을 통해 회사의 문화나 분위기를 미리 파악한 후 입사를 최종 결정했다고 합니다. 이처럼 타 직군에 대비하여 온오프라인 커뮤니티가 활성화되어 있는 것이 개발자 분야의 특징이라고 생각합니다. 아무리 잘 포장해 외부에 홍보해도 재직자의 만족도가 낮으면 효과가 없습니다. 그래서 DR팀은 개발자들이 일하기 좋은 조직을 만드는 것을 매우 중요하게 여기고 있습니다.

설문조사 〈2018 Job Seeker Nation Study〉에 따르면 무려 30%의 입사자가 첫 3개월을 채우기 전에 퇴사한다고 합니다. 입사한 지 얼마 안 된 신규 입사자에게 우리 회사에 남아 함께하고 싶다는 확신을 주려면 어떻게 해야 할까요. 심리적 안정감과 신뢰를 바탕으로 문화에 바르게 적응할 수 있도록 돌봐야 합니다. 그래서 많은 기업은 입사자를 위한 온보딩 프로그램을 꼼꼼히 설계하고 지속적으로 모니터링합니다. 우아한형제들에서는 여기서 한 단계 더 나아가 직군의 특성에 맞춰 개개인을 더 세심하게 살핍니다. 코드 리뷰, 회고, 문서화, 기술 세미나 등 공유와 소통 문화가 자리 잡혀 있습니다.

DR팀은 기존에 없던 활동을 새롭게 만들기보다는 이미 진행된 좋은 사례를 발굴해 더 많은 조직에 전파시키고 정착시키는 지원을 해왔습니다. 그 결과 지금은 DR팀에서 주최하는 활동뿐만 아니라, 각 조직별 혹은 세부 직무별(서버, 프론트엔드, 앱 등) 그룹 안에서도 노하우와 지식을 활발하게 공유하고 있습니다.

즐겁게 배우면서 성장할 수 있도록

지금까지 DR이 무엇인지, 우아한형제들의 DR팀은 특히 어떤 가치를 중요하게 생각하며 활동하는지 알아봤습니다. 이제 구체적으로 DR 활동 중 기억에 남는 몇 가지를 꼽아보겠습니다.

밤샘의 추억, 우아한형제들의 해커톤 '우아톤'

특히 기억에 남는 DR 활동으로 대부분 입을 모아 우아톤을 꼽습니다. 우아톤은 우아한형제들 구성원 누구나 참여할 수 있는 사내 해커톤으로, 구성원 3~5명이 한 팀을 이뤄 24시간 안에 서비스를 구현해내는 행사입니다. 업무에서 벗어나 새로운 아이디어를 실현해 볼 수 있는 시간을 주고, 수상 팀에게는 상금과 실제 배민 서비스에 적용할 수 있는 기회를 제공합니다.

우아톤이 기억에 남는 이유는, 밤샘 행사인 만큼 동료들과 함께 밀도 있게 몰입하고 성취하는 현장을 생생하게 느낄 수 있어서인데요, 다양한 직군, 다양한 소속의 구성원이 공통된 관심사로 한데 모여 각자의 능력을 발휘하고 합심하여 문제를 해결하는 과정을 볼 수 있는 기회입니다.

우아한형제들은 사내 행사에 진심이기에 진짜로 다들 밤을 새우며 아주 열심히 참여합니다. '이걸 하루 만에…?'라는 생각이 절로 드는 신박하고 대단한 결과물이 쏟아져 나옵니다. 우아톤이 무박 2일 간 진행되다 보니 아무래도 구성원들이 육체적으로나 정신적으로 힘들 수밖에 없는데요, 이러한 환경에서도 열정을 다해 참여하는 모습이 감동적이기도 하고, 우아톤을 통해 구성원들이 결속력을 다지고 성취하는 경험을 가지는 데에 기여했다는 점에서 운영진 또한 큰 보람을 느낍니다. 실제로 참여하는 구성원과 운영진 모두에게 우아톤은 '재밌는데, 힘든데, 재밌다…'로 기억됩니다.

우아톤은 강제가 아니라 자발적으로 참여하는 행사인데, 바쁜 와중에도 늘 생각보다 많은 구성원이 참여합니다. 2023년에는 '배민 서비스에 접목하는 생성 AI 서비스'가 주제였고 총 109명, 23개 팀이 참여했습니다. 해커톤을 하는 회사는 많지만 단순 이벤트로 그치는 경우가 많은데, 이번 우아톤은 처음부터 서비스에 접목할 수 있는 아이디어로만 한정했고 수월하게 작업할 수 있도록 미리 기반을 준비해두었습니다.

실제 해커톤이 진행되는 기간은 이틀이지만 운영진(DR팀)은 훨씬 전부터 많은 것을 준비합니다. 주제를 선정하고 구성원의 참여를 독려합니다. 미리 팀을 꾸리지 못한 구성원이 소외되지 않도록 개인 신청을 따로 받고 적합한 팀에 합류할 수 있게 합니다.

• 구성원 스스로도 열심히 구인 활동을 하는 현장 •

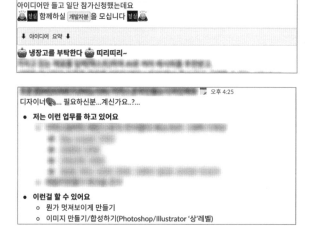

2023년처럼 '생성 AI' 서비스를 주제로 한다면 활용할 수 있는 데이터를 미리 준비해야 합니다. 데이터 담당 부서에서 데이터 비식별화 작업 후 사용 가능한 형태로 데이터를 제공해야 하고요. 사용해야 할 환경에 익숙하지 않은 참여자를 고려해 사전 교육도 진행합니다. 실제 서비스에 적용할 만한 프로토타입을 만들어야 하지만 실제 운영 중인 서비스에는 당연히 영향을 주면 안 되니 최대한 쉽게 구현할 수 있는 테스트 환경과 보안 가이드도 정리해야 합니다. 해커톤은 대회의 성격도 가지고 있어 수상 팀을 가리게 됩니다. 해커톤 취지에 맞고 사업성이 있는지까지 고려한 공정한 심사 기준을 세우기 위해 유관 부서와 여러 차례 논의를 거쳐 준비해야 합니다.

온오프라인을 넘나들며 진행되는 해커톤에는 필요한 디자인 작업도 많았습니다. 우아톤의 키 비주얼, 온라인 홍보 포스터부터 참가 모집, 굿즈 제작, 오프라인 포토존, 배너까지 DR팀의 전담 디자이너가 수많은 온오프라인 결과물을 만들어냅니다. DR팀에서는 심미성과 효율성의 중간을 지키기 위해 지나치게 꾸미지 않으면서 내용을 확실하게 전달하는 디자인을 추구합니다. 해커톤을 위한 디자인 역시 '어떻게 하면 가독성을 높이면서 효과적으로 전달할 수 있을까' 고민하며 만들어낸 결과물입니다.

준비할 것도 많고 준비 기간도 긴 해커톤을 예로 들었지만 변화하는 회사의 상황에서도 변하지 않는 중심 가치를 생각하고 균형을 맞춰가기 위해 내부 구성원의 성장을 고민하고 대비하는 것이 DR팀의 큰 과제라 생각합니다. 우리가 지금 하는 기술 관련 고민이 무엇인지 어떻게 헤쳐나가고 있고 그 과정에서 쌓은 노하우는 무엇인지를 많은 분과 공유하는 것도 DR팀의 몫입니다.

좋은 것은 널리 알려 나누려는 노력

DR팀의 첫 번째 공유 활동은 2016년부터 꾸준히 해온 '기술 블로그'라고 할 수 있습니다. 이 책 전체가 그 얘기를 다루고 있으니 '기술 블로그' 외에 다른 활동을 하나 소개할게요.

DR팀에서는 매달 우아한테크 유튜브 채널에서 '우아한테크세미나'를 진행합니다. 다양한 연사를 초대해 진행하는 공개 세미나인데요, 우아한형제들 내부 구성원을 초대해 이야기를 들어볼 때도 있고 외부 연사를 초대할 때도 있습니다.

2023년에 가장 인상 깊었던 세미나는 4월에 진행한 '우아한 테크리더 4인의 공감 토크쇼'라는 패널 토크 형식의 세미나였습니다. 우아한형제들에 재직 중인 테크리더와 시니어 개발자로 살아가면서 느끼는 고민을 공유하는 자리였습니다. 우아한형제들의 테크리더가 어떤 마음으로 구성원들과 일을 대하고 있는지, 한편으로 외부 신청자 중 선별한 시니어 개발자들은 우아한형제들의 테크리더에게 어떤 부분을 궁금해하는지를 눈앞에서 확인할 수 있어서 정말 좋았습니다. 일방적인 토크쇼 형태에 그치지 않고 서로 얘기 나눌 수 있는 시간을 마련하여 본격적인 교류의 장을 열었던 부분이 인상 깊었습니다.

'우아한테크세미나'는 온라인으로 발표를 생중계합니다. 그래서 DR팀은 이른 아침부터 화면 밖에서 바쁘게 움직입니다. 최종 발표 자료를 확인해 디자인을 다듬고 생중계 순서를 확인하고 마이크, 오디오, 모니터 장비를 설정하고 테스트합니다. 온라인 중계에 사용하는 OBS 프로그램에 필요한 장면을 순서대로 만들고 테스트하는 일도 모두 직접 합니다.

방송 3~4시간 전부터 발표자와 리허설을 거치며 자료와 송출 환경도 보완하고요.

방송이 시작되고 발표자가 내용을 전달하는 중에도 DR팀은 채팅 창을 관리하느라 무척 분주합니다. 프로그램 기획, 대본 작성, 섭외, 촬영, 연출, 운영, 편집 등을 총괄하는 거죠. 완벽히 준비했다 해도 장비 연결이 헐거워져 화면이 갑자기 꺼지거나(No Signal!), 마이크가 말썽을 부리거나 하는 등 '헉!' 소리 나는 사고가 발생하기도 합니다. 이럴 때는 다른 부서뿐 아니라 발표자로 참여한 분들, 심지어 발표를 시청 중인 분들까지 한마음이 돼 문제를 해결할 수 있게 돕고 응원을 보내는데요, 시급한 오류를 해결하고 한숨 돌릴 때쯤이면 적극적으로 지원해주는 분들 생각에 뭉클해지기도 합니다.

• 생중계 현장 - 수많은 카메라와 모니터 그리고 무엇보다 중요한 전선들 •

지금까지 우아한형제들 DR팀의 이야기를 몇 가지 에피소드에 담아 전해드렸습니다. 많은 조직에서 내외부 구성원(잠재 구성원) 성장과 좋은 개발 문화 안착을 위해 같은 고민을 할 텐데요, 마지막으로 DR 활동을 하려는 조직은 특히 무엇을 고려하면 좋을지 정리해보겠습니다.

불확실성을 잘 견뎌야 한다

DR팀이라는 조직은 불확실성을 잘 견뎌야 하는 조직입니다. 다른 직군과는 다르게 참고할 자료나 누적된 경험이 많지 않습니다. 그렇다 보니 업무 방향을 스스로 정의하고 과제를 만들어가야 할 때가 많습니다.

초기에는 최대한 많은 개발자를 만나기를 추천합니다. 개발자의 이야기를 귀 기울여 듣고 고충을 해결할 수 있는 방법을 찾는 것부터 시작하는 것이 좋습니다. 소수와 함께하는 고민상담소, 다수가 정보를 나누는 밋업이나 세미나, 타운홀, 교육 등 필요한 프로그램을 만들어 나갑니다.

이때 정량적인 지표도 기록해놓아야 합니다. 초반에는 참여 인원, 만족도, 조회수 등이 의미 있는 지표가 될 수 있습니다. DR팀도 방금 언급한 기본적 지표 외에도 구독자 대상의 심층 인터뷰, 외부 개발자 대상의 인지도 조사, 내부 개발 문화에 대한 설문조사, 그리고 DR 활동에 영향을 받아 지원한 입사 지원자 수 등을 지표로 함께 보고 있습니다. 팀 활동 초기에는 정량적 지표를 설정하기가 어렵기 때문에 미루거나 기록하지 않는 경우도 많은데, 최대한 빠른 시일 안에 지표를 설정하고 테스트하면서 보완해나가는 것이 좋습니다.

다양한 조직과 협업은 필수

DR 활동은 팀 소속 인원뿐만 아니라 회사의 구성원 모두와 함께 해야 합니다. 예를 들어 기술 블로그 글 작성자, 콘퍼런스나 세미나 발표자는 회사의 구성원입니다. 구성원이 자발적이고 적극적으로 경험과 지식을 나눠주어야 활동을 지속할 수 있습니다. 적절한 주제와 발제자를 찾는 것은 개발자와의 개인 친분으로만 될 수는 없습니다. 기술조직을 충분히 이해하고 조직 특성과 현황에 늘 관심을 두어야 합니다.

HR과의 긴밀한 협업 역시 중요합니다. DR 활동의 궁극적인 목표는 개발조직과 구성원의 양적, 질적 성장이기 때문에 시기에 따른 HR의 전략과도 맞아야 합니다. 개발조직, HR, 교육, 조직 문화 부서 등 많은 부서와 긴밀히 소통해 현재 회사가 어떤 전략을 취하고 있는지 파악해 빠르게 반영해야 합니다.

모두의 꾸준하고 적극적인 참여로 완성되는 DR 활동

여러 이야기를 했지만 사실 우아한형제들의 DR 활동이 다른 곳에서 찾아볼 수 없는 특별한 활동은 아닙니다. 그래도 특별한 점을 꼽자면 어느 곳보다 꾸준히 활동해오고 있다는 점입니다. 꾸준한 활동이 가능한 것은 개발자 성장을 중요하게 생각하는 경영진의 철학과 회사의 지원이 있어서입니다. 그리고 무엇보다 구성원의 적극적인 참여와 시도가 없었다면 그 어떤 일도 가능하지 않았을 것입니다.

꼭 DR이라는 이름을 가진 팀이 아니더라도 구성원의 성장, 기술 공유에 관심이 많은 조직이라면 작은 것부터 바로 시작해보기 바랍니다. 우아한형제들의 DR 경험을 더 자세히 듣고 싶다면 언제든 연락하세요. 다양한 DR 경험을 나누며 개발자도, DR 담당자도, 함께 커나가길 늘 희망합니다.

우아한형제들 DR팀(dev_relations@woowahan.com)
박수현, 구은희, 유영경, 이유라, 권도연, 김지은

1장

배민다움 만들기

🦴 01
내가 경험한 B마트 프론트엔드의 온보딩 프로세스

#온보딩　　#프론트엔드　　#B마트

 권기석

2021.12.21

　우아한형제들 B마트서비스팀의 웹 프론트엔드 개발자 권기석입니다. B마트 프론트엔드 파트에서 진행하는 신규 입사자를 위한 온보딩 프로세스를 회고해보려고 합니다. 온보딩에 성공하려면 무엇에 집중할지 어떤 방향으로 진행할지 구체적으로 목표를 세울 필요가 있습니다. B마트 프론트엔드의 온보딩은 파일럿 프로젝트를 진행하면서 협업 문화와 개발 문화에 적응하도록 구성되어 있습니다.

　먼저 팀에서 안내해준 파일럿 프로젝트를 통해 달성하고자 하는 목표는 다음과 같습니다.

- 위키/지라/제플린을 활용한 협업 방식 파악하기
- 기술 선택/설계/개발 단계에서 팀원에게 피드백받기
- 실제 서비스에서 활용되는 API를 활용하고, 이를 바탕으로 한 페이지 개발로 도메인 파악하기

실제로 파일럿 프로젝트의 안내도 **요구사항 분석 → 설계 → 문서화 → 임무 분담 → 개발 → 배포 → 회고** 과정을 모두 포함하고 있고, 작게나마 B마트 프론트엔드의 전체 개발 사이클을 직접 경험해볼 수 있는 구조입니다. 온보딩 프로세스의 의도가 명확하게 드러나 있는 덕분에 배포하기까지의 팀 개발 문화는 물론 협업 문화까지 전체적으로 체험해보는 것에 집중하자는 목표를 달성할 수 있습니다.

협업을 위한 스트레칭

B마트 프론트엔드 파트에는 개발 외에도 적극적인 소통과 정보를 공유할 수 있는 다양한 문화가 정착되어 있습니다. 저는 이를 협업을 위한 스트레칭이라고 부르는데요, 대표적으로 데일리 스크럼과 회고, 문서화, 자유 주제 워크숍이 있습니다. 이제부터 하나하나 알아보겠습니다.

데일리 스크럼과 회고

업무 시작 전에 함께 모이는 데일리 스크럼 시간을 가집니다. 이 시간에 실제 업무에 참여하는 것처럼 파일럿 프로젝트의 진행 상황이나 이슈를 공유합니다. 이 외에도 한 주를 되돌아보는 주간 회고도 함께 진행하는데요, 주간 회고는 한 주를 마무리하는 금요일에 다음과 같이 진행합니다.

- 배포 일정을 함께 보면서 이슈 체크
- 일주일 간 공유한 정보 소개 및 관련한 내용에 관해서 이야기

- 논의가 필요한 내용에 대해서 회고 시간을 활용해서 논의 진행
- 한 주간 진행했던 업무에 대해서, 진행하면서 겪은 이슈를 공유하며 마무리

팀원들끼리 자주 소통할 수 있는 문화가 정착되어 있어서 파일럿 프로젝트의 진행 과정과 이슈 상황들을 공유하기 쉽고, 별 스스럼없이 궁금한 것을 쉽게 물어보고 도움을 요청할 수 있습니다.

투명하고 상세한 문서화

B마트 프론트엔드 파트에는 문서를 기반으로 투명하고 상세하게 공유하는 문화가 정착되어 있습니다. 프로젝트를 진행하면서 겪은 이슈에 대한 히스토리를 문서로 기록합니다. 그래서 이후에 작업할 사람이 쉽게 히스토리를 찾아볼 수 있어 큰 도움이 됩니다. 프로젝트의 히스토리를 남기는 문서화 방식은 다음과 같습니다.

- **1단계** : 프로젝트/피처의 작업 시작 전에 대략적인 스케치를 진행하는 과정입니다. 프로젝트의 배경 및 무엇을 어떻게 진행할지에 대한 내용을 작성합니다.
- **N단계** : 이슈 및 문제 해결 과정 등 프로젝트의 히스토리를 작성하는 과정입니다. 파일럿 프로젝트를 진행하면서 설계 과정을 N단계 히스토리로 작성하며 문서화 방식에 적응하게 됩니다.
- **마지막 단계** : 프로젝트/피처의 작업 후 회고를 진행합니다. 1단계에서 작성했던 내용을 바탕으로 성과/비교 중점으로 작성합니다.

고도화/개선이 필요한 피처 또한 분기별로 문서화해서 기록합니다. 다음 분기에는 어떤 고도화 작업이 필요하고 개선할지 계획을 세우고, 구체적인 할 일 목록을 작성해 관리합니다. 저 역시 처음 입사해 다양한 문서를 읽고 작성하게 되었는데, 팀에서 어떤 개선 작업을 하는지 그리고 앞으로 목표는 무엇인지를 파악하는 데 도움을 받을 수 있었습니다.

그 밖에도 신규 입사자의 이해를 돕는 업무 가이드와 코드 컨벤션을 비롯한 개발 가이드부터, 팀에서 겪은 트러블 슈팅과 해결 방법 등 B마트 프론트엔드 파트에서 필요한 모든 히스토리가 문서화되어 있을 정도입니다. 그 덕분에 기술적인 내용 외에도 면밀하게 협업할 수 있습니다.

일반적으로 문서화는 코딩 그다음인 경우가 많습니다. 하지만 B마트 프론트엔드 파트에서는 업데이트되지 않은 문서를 발견하면 즉시 최신 내용으로 업데이트하는 것이(예외도 있지만 대부분은) 우선입니다. 그만큼 문서화가 중요한 문화로 자리 잡고 있습니다. 실제로 온보딩을 진행하면서도 문서가 잘 작성된 덕분에 많은 궁금증의 해답을 언제든지 쉽게 찾을 수 있었습니다.

자유 주제 워크숍

자유 주제 워크숍은 지식 공유를 자연스럽게 할 수 있는 문화를 만드는데 일조하고 있습니다. 발표 순서를 정해놓고 돌아가며 발표하고 싶은 주제를 가져와서 금요일마다 공유합니다. 주제가 정해져 있지 않아서 개발을 효율적으로 할 수 있는 테크닉부터 아키텍처의 소개와 같이 다양한 이야기들이 주제로 선정됩니다. 무엇보다도 정보를 말로써 잘 풀어 설명할 수 있는 역량이 중요하다고 생각하는데, 한 번씩 강사가 되어봄으로써 자연스럽게 이런 역량도 길러낼 수 있는 문화입니다. 워크샵으로 진행한 내용도 공유될 수 있게 모두 기록합니다.

협업 도구 활용해보기

온보딩 첫 과제는 앞으로 있을 협업에 사용할 도구(위키, 지라, 제플린)에 익숙해지는 것입니다. 직접 경험해보는 것만큼 좋은 방법은 없기에, 파일럿 프로젝트의 진행도 실제로 협업하는 것처럼 협업 도구를 사용해보도록 안내받았습니다.

• 파일럿 프로젝트 진행 과정 •

실제 업무 프로세스와 동일하게 진행할 프로젝트의 제플린 디자인 시안이 주어집니다. 그 후 프로젝트의 요구사항 분석을 거쳐 기술 스택을 선정하는 것부터 어떻게 개발을 진행할지까지 직접 설계할 기회가 주어집니다.

이 과정을 문서로 정리해봄으로써 팀의 문서 작성 방식에 익숙해지도록 돕습니다. 왜 이런 선택을 했고 앞으로 어떻게 프로젝트를 진행할 계획인지를 문서에 담아 팀원들에게 투명하게 전달하면 적절한 피드백을 받을 수 있습니다.

마지막으로는 이렇게 완성된 설계 내용을 바탕으로 직접 일정을 산출해서 작업 단위를 나눠보기도 하고, 지라를 이용해서 티켓(이슈)을 생성합니다.

실제 서비스 중인 페이지 개발로 도메인 파악하기

파일럿 프로젝트는 실제 운영 중인 B마트의 이벤트/쿠폰 모음 페이지를 구현하는 과제였습니다. 팀에서 실제로 서비스하는 페이지를 파일럿 프로젝트로 진행해 얻을 수 있던 장점이 많았습니다.

실제 서비스 API 요청 활용

이벤트 목록 조회, 쿠폰 조회 등 서버로부터 데이터를 받는 실제 서비스 API 문서를 직접 탐방하며 B마트의 API 도메인과 응답 형태를 이해할 수 있었습니다. 또한 그 데이터를 프로젝트에 직접 적용해서 프론트엔드,

백엔드 사이에서의 협업 과정을 경험했습니다.

팀이 서비스하는 프로젝트에 대한 이해

'나는 이런 식으로 개발했는데 팀에서는 어떻게 개발을 했을까?' 궁금할 때면 직접 코드를 찾아다니면서 팀의 코드 스타일이나 서비스 흐름과 프로젝트 구조를 자연스럽게 파악할 수 있었습니다. 한번은 사용자가 가진 쿠폰이나 장바구니에 담긴 물품 수를 조회할 때 API 요청에 넣어줄 테스트 사용자의 정보가 필요했습니다. 사내 테스트 앱을 활용해서 테스트용 사용자를 생성하고 생성한 사용자의 값을 뽑아내는 실제 테스트 업무 프로세스를 이때 미리 경험해볼 수 있었습니다.

아낌없이 주는 코드 리뷰

파일럿 프로젝트의 코드 리뷰도 실제 업무와 동일하게 팀 규칙에 맞추어 진행했습니다. B마트에서는 더 효과적인 코드 리뷰 문화로 거듭날 수 있게 도와주는 코드 리뷰 봇이 있는데요, 코드 리뷰 봇은 PR^{Pull Request}을 요청했을 때 저 대신에 랜덤으로 선정된 리뷰어 인원들에게 새로운 PR이 요청되었음을 알리는 메시지를 슬랙으로 호출과 함께 보내줍니다. 또 PR에 새로운 코멘트와 리뷰가 달렸을 때, 그리고 승인될 때마다 슬랙으로 바로 알림을 줍니다.

B마트 리뷰 매니저 앱 1:46 PM
윤태원(ytw0728)님의 comment@이벤트 쿠폰 모음 페이지
파일럿

E2E 테스트 구현 및 구현 마무리

이렇게 사용되는 값이 dependency array에 들어가지 않는 경우는 되도록 발생하지 않는 것이 좋아보여요!
useEffect를 "리액트 라이프사이클"로써 인식하고 구현하는 경우에 생겨나는 경우가 많은데용.
useEffect는 리액트 라이프사이클보다는 데이터에 대한 이펙트를 다루는, 데이터 간 동기화를 위한 메서드라는 것을 생각해보면 좋을 것 같습니다!

더 보기

@권기석/B마트서비스팀은 확인해주세요!

 B마트 리뷰 매니저 앱 10일 전
Approve 되었습니다!
MR 타겟:

E2E 테스트 구현 및 구현 마무리
날짜:
2021-11-25 17:14:46 +0900

Approve 현황:
2/2
진행자
마광휘

모든 Approve가 완료되었습니다!

이전까지 프로젝트를 진행하면서, 매번 팀원들에게 PR 주소와 함께 리뷰를 요청하는 메시지를 전달했습니다. 반복적인 일을 수동으로 해야 해서 번거로운 데다, 다른 일을 하는 팀원들에게 직접 부탁하기가 부담스러웠습니다. 코드 리뷰 봇이 리뷰어를 랜덤으로 선정해 적절히 분산해준 덕분에 매번 PR을 요청할 때나 리뷰를 남길 때마다 메시지를 직접 보낼 필요가 없어지고, 부담감도 많이 덜어줘서 상당히 편리했습니다.

하지만 코드 리뷰 봇보다 더 리뷰에 진심인 이들이 있었으니 바로 B마트 프론트엔드 팀원들이었습니다. 평소와 같이 하나의 PR에는 2명의 리뷰어가 할당됨에도 프론트엔드 팀원 5명 모두가 하나의 PR에 피드백을 달아줄 정도로 온보딩 파일럿 프로젝트에 아낌없이 많은 관심을 표현해줬습니다. 이렇게 적극적인 코드 리뷰 문화를 체험하다 보니 저 역시 코드의 품질을 더 중요시하는 마음가짐을 갖게 되었습니다.

팀원들이 남겨준 코드 리뷰의 내용으로는 ❶ 일관된 코드 스타일과 아키텍처를 유지하는지 확인, ❷ 더 나은 코드 방법을 제시하고, 기술적인

지식, 노하우 공유, ❸ 기존의 팀 프로젝트에서 활용되고 있는 방식을 통해 팀의 개발 히스토리를 파악하기 등이 있었습니다.

협업에 알맞은 코드에 대해서도 피드백을 자주 받았습니다. 그중 저와 같은 신입 개발자에게 유용한 피드백을 몇 가지 남겨봅니다.

확장하기 좋은 코드

다음은 프로젝트에서 사용될 색상을 한곳에 모아 저장하는 간단한 코드입니다. gray1과 gray2 사이에 추후 #333333이 들어와야 하는 상황에 대비해야 하며, 이 값을 새롭게 gray6과 같이 의미가 명확하지 않은 변숫값으로 확장하는 것에도 문제가 있다는 피드백을 받았습니다.

이러한 설계는 추후 변경에 취약하고, 협업할 때 어려움을 야기할 수 있다는 문제점을 지적해주고, 다음 코드와 같이 확장 가능한 코드의 예시를 제시해줬습니다. 이전까지는 정해놓은 색상 외에 새로운 색상이 추가되는 것 같이 언제든 변경 사항이 생길 수 있다는 걸 고려하지 못했음을 깨달았습니다.

• 피드백받기 전 코드 •

```
const colors = {
  gray1: '#222222',
  gray2: '#444444',
  gray3: '#888888',
  gray4: '#e6e6e6',
  gray5: '#f6f6f6',
```

```
};
```

```
const colors = {
  gray_100: '#222222',
  // 추후 사이 값이 추가된다면, gray_150으로 사용할 수 있고, 그 외에도
  99가지의 사이 값이 들어갈 수 있다.
  gray_200: '#444444',
  gray_300: '#888888',
  gray_400: '#e6e6e6',
  gray_500: '#f6f6f6',
};
```

E2E 테스트의 의미

E2E 테스트[*] 코드를 처음 작성할 때 피드백 전 코드를 보면 E2E 테스트 코드의 의미를 정확하게 녹여내지 못하고, 페이지 안에서의 거시적인 기능이 올바르게 동작하는지에 대해서만 작성했습니다. 이에 대해서 다음과 같은 피드백을 받았습니다.

- E2E는 코드만으로 실제 앱에서 코드가 어떻게 동작할지를 그려볼 수 있어야 하고, 사용자가 앱을 이용할 수 있는 구체적인 플로를 이해하는 것에 유의하기
- 사용자는 '쿠폰 탭에서 스크롤을 내려 10번째 쿠폰을 선택한다'와 같이 사용할 상

---

[*] End-To-End Test. 소프트웨어 테스트 방법의 한 종류로 사용자 관점에서 처음부터 끝까지 시스템의 흐름을 테스트하는 방식

황을 여러 묘사할 수 있는 단위로 쪼개어 작성해볼 것

- API 응답에 대한 테스트가 들어 있는 부분에서 UI 단의 E2E 테스트에 집중하고, API 응답에 대한 테스트를 API 코드 단으로 분리하기

피드백 받은 후의 코드를 이전 코드와 비교하며 사용자 관점에서 앱이 사용하는 흐름에 맞추어 테스트 케이스를 추가했습니다. 단위, 통합, E2E 등 각 테스트 코드를 작성할 때는 해당 테스트가 가지는 의미를 명확하게 부각할 수 있게 작성하는 것이 중요함을 경험할 수 있었습니다.

입사 후 6주의 시간이 흘러 온보딩 프로세스가 마무리되었습니다. 처음에는 내가 뭘 모르는지조차 모르기 때문에 '무엇을 질문해야 하는 걸까?'와 같은 막막함이 있던 것 같습니다. 제가 경험한 온보딩을 한 문장으로 표현하자면 '질문을 던질 수 있게끔 질문 리스트를 한가득 모아놓은 보따리'입니다. 보따리에서 새로운 과제를 하나씩 꺼낼 때마다 모르는 것이 생겨났고, 그럴 때마다 자연스럽게 팀원들에게 질문을 하며 차근차근 팀 문화에 적응할 수 있었습니다. 무엇보다도 온보딩 프로세스를 진행하면서 팀원들이 매번 어려움은 없는지 물어봐주고 어려움이 있다면 함께 문제 해결을 해주는 건 물론이고, 항상 아낌없이 피드백을 준 덕분이었습니다.

🔑02
결제시스템팀을 소개합니다

#결제시스템팀 #조직문화 #개발자일상

 이주현
2019.08.06

저는 우아한형제들에 입사해 결제시스템팀에서 일한 지 3년이 넘었습니다. 지금은 구성원으로서 회사, 사람, 팀, 인프라, 코드, 문화 등 다양한 변화에 적응하고 있지만, 한때 우아한형제들은 너무나 가고 싶은 회사였습니다. 지금도 저는 다른 회사를 외부에서 바라보면 궁금한 점이 많습니다. '저 회사는 어떤 언어를 사용할까? 어떤 인프라를 가지고 있을까? 배포는 어떻게 하지?'라고 말이죠. 우아한형제들의 각 팀은 자신에게 맞는 언어, 프레임워크, 문화 등 다양한 개발 방법, 인원 구성을 가지고 있기 때문에 결제시스템팀의 이야기는 한 가지 사례로 보면 좋겠습니다.

우아한 아침이 밝았습니다

출근하면 모두 아침 인사를 해줍니다. 출근 시간까지 30분이나 남았는데 대부분 일찍 도착해 있네요. 결제시스템팀은 기획자 6명, 개발자 7명 총 13명으로 이루어져 있습니다. 아직 업무 시간까지는 여유가 있기 때문에 페이스북을 하고, 커피를 마시거나, 잡담을 하고 기술 블로그를 살펴보는 데 시간을 보냅니다. 어제 해결하지 못했던 코드를 다시 살펴보는 사람도 보이네요.

아침 회의

결제시스템팀은 빌링, 비즈머니, 포인트 총 세 가지 도메인을 맡고 있습니다. 9시 30분부터 각 시스템의 개발자들이 모여 아침 미팅을 합니다. 돌아가며 어제 했던 일, 이슈, 오늘 할 일에 대해 짧게 공유합니다. 이렇게 이야기를 하다 보면 서로 다른 도메인에 대해 이해할 수 있고 더 좋은 문제 해결 방법을 얻을 수도 있습니다.

저는 결제 시스템을 맡고 있습니다. 입사 전 생각한 결제 시스템의 역할은 여러 결제대행사를 묶어 사내 서비스에 제공하는 것이라고 생각했습니다. 그런데 그건 당연한 거였고 하는 업무가 생각보다 많아 놀랐습니다. 결제, 영수증, 대사, 관리자 그리고 수많은 배치들… 외부 시스템과 연동이 많다 보니 생각하지 못했던 이슈도 많이 생깁니다. 2019년 초에는 중소상공인 우대 프로젝트를 진행해 배달의민족 업주들의 카드 수수료 부담을 덜게 했습니다. 제가 진행한 업무가 직접적으로 도움이 되었고 뉴스에도 나오니 신기하면서 뿌듯했습니다.

스프링 부트와 JPA

우아한형제들의 많은 시스템이 스프링 부트Spring Boot로 이루어져 있습니다. 결제시스템팀에서 개발 중인 모든 프로젝트도 마찬가지입니다. 모두 그레이들Gradle 기반 멀티 모듈 구조를 가지고 있습니다. 또한 모든 프로젝트에서 JPA*를 사용합니다. 사내에는 스프링 능력자들이 많은데, 능력자들은 잘 풀리지 않는 문제를 명쾌하게 해결해줍니다. 또한 스프링 부트 새 버전이 정식 릴리스되기도 전에 변경점을 파악합니다. 또한 버전에서 업그레이드 시 주의할 점을 사내 위키에 정리해줍니다.

스프링 부트 배치

회의가 끝나고 각자 자리로 돌아가 업무에 집중합니다. 드디어 집중 모드를 발휘할 때가 왔습니다. 그런데 슬랙에 배치 실패 알림이 왔네요. 오전은 시간이 빨리 갈 것 같습니다. 확인 결과 외부 시스템과 연동하는 데이터에 문제가 있습니다. 바로 기획/운영자와 어떻게 해결할지 아이디어를 공유하고 패치 작업을 시작합니다.

저희 팀은 수많은 배치가 있습니다. 모두 스프링 부트 배치Spring Boot Batch를 이용하며 많은 문제를 해결합니다. 한 번에 처리되는 데이터 수만 해도 엄청나기 때문에 고민할 포인트가 많습니다. '총 10억 개의 데이터 프로세스 중 9억 9천만 번째에서 예외가 발생하면 어떻게 하지? 스프링 배치 테스트 케이스는 어떻게 작성할까? 스케줄은 관리는 어떻게 할까?'

---

* Java Persistence API. 자바 진영에서 ORM(Object-Relational Mapping) 기술 표준으로 사용되는 인터페이스 모음

코드 리뷰

저는 관심 없던 회사라도 코드 리뷰 문화가 있다고 한다면 갑자기 좋게 보이기 시작합니다. 그만큼 코드 리뷰는 개발 문화의 중요한 부분이며, 코드 리뷰 문화를 정착시키려면 팀원 모두가 함께 노력해야 하기 때문입니다. 점심 시간까지 시간이 남았네요. 리뷰할 거리가 없는지 굶주린 하이에나처럼 두리번거립니다. 우아한형제들에서는 코드 리뷰 도구로 업소스Upsource를 사용합니다. 인텔리제이Intellij에 플러그인을 설치해서 사용할 수도 있기 때문에 리뷰로 요청된 소스와 변경 지점을 쉽게 파악하고 의견을 나눌 수 있습니다. 리뷰를 받고 나면 코드가 눈에 띄게 발전된 것이 느껴집니다. 정말 돈을 내고서라도 코드 리뷰를 받고 싶었는데 회사에서는 공짜라 너무 좋습니다.

오늘 점심 뭐 먹지?

변수 네이밍보다 더 고민하는 시간이 다가왔습니다. '오늘 점심 뭐 먹지?' 저희 사무실은 '작은집'이라고 불립니다. 왜 '작은집'이냐구요? 우아한형제들은 이사를 참 많이 다녔답니다. 작은 스타트업에서 시작해 회사가 성장할 때마다 보금자리를 늘려야 했죠. '큰집'으로 불리는 메인 사무실을 비롯해서 새로 생긴 사무실을 작은집, 옆집, 삼촌집이 있습니다. 그중 하나가 잠실역 9번 출구에서 엎어지면 코 닿을 곳에 위치한 저희 사무실입니다. '같점(팀과 같이 점심 먹기)'을 해도 되고 핵인싸라면 개인 약속이 많을 테니 '따점(따로 점심 먹기)'을 해도 됩니다. 요즘같이 더운 날에는 배달의민족답게 미리 주문해서 회사 밖으로 나가지 않고 먹을 때도 있습니다.

커피 한 잔 마시고 다시 사무실로

스프린트 회의

오늘은 2주에 한 번 있는 스프린트 시간입니다. 개발자가 모두 모여 진행했던 업무에서 아쉬웠던 점과 좋았던 점을 공유하고 앞으로 2주 동안 해보고 싶은 일을 정리합니다. 이러한 스프린트 회의는 지라Jira와 위키Wiki를 이용해 관리합니다. 그동안 제가 처리한, 앞으로 제가 처리할 티켓들을 보고 있노라면 '내가 마냥 월급을 훔치고 있던 건 아니구나'라는 생각이 들어 뿌듯합니다.

배포

저희 팀은 깃 플로Git Flow 전략을 사용합니다. 새로운 기능, 수정에 대한 요구사항이 생기면 제일 먼저 지라 티켓을 생성합니다. 그런 다음 develop 브랜치로부터 ticket 브랜치를 생성한 뒤에 코딩을 시작합니다. 이러한 과정은 이미 널리 알려진 방법이고 많은 분이 애용하고 계실 거라 생각합니다. 모든 작업이 마무리되면 release 브랜치를 생성하고 테스트 서버에 배포한 뒤 이상이 없으면 main 브랜치로 운영 서버 배포를 진행합니다.

이 과정을 매끄럽고 편안하게 진행하기 위해 저희는 반드시 테스트 케이스를 작성합니다. 테스트 없는 코드는 커밋 직후 죽어버립니다. 어떤 동료도 그것을 건드리고 싶어 하지 않을 겁니다. 우리는 팀입니다. 모두가 신뢰하고 이해할 수 있는 방향으로 진행해야 합니다. 팀원 모두가 노력한 덕분에 지금은 테스트 케이스가 당연한 것이 되었습니다. 테스트 라이브러리는 주로 JUnit 4, 스팍* 신규 프로젝트에는 JUnit 5를 사용합니다.

CI/CD 도구로는 젠킨스Jenkins를 사용합니다. 젠킨스로 테스트도 돌리고 빌드, 배포도 하지만 이 외에도 여러 용도에 마르고 닳도록 사용합니다. 결제 시스템은 배시bash와 파이썬으로 만든 스크립트도 많이 사용합니다. 위에서도 말씀드렸지만 배포하는 순간에도 사용자 요청을 버리면 안 됩니다. 무중단 배포는 어떻게 할까요? L4 스위치에서 신경 써야 할 부분은 무엇일까요? L4가 없다면 어떻게 할까요? 젠킨스 서버에 하드웨어 장애가 발생하면 어떻게 할까요? 이런 고민은 끝이 없습니다.

파일럿 프로젝트

저희 팀은 신규 입사자가 있으면 파일럿 프로젝트를 진행합니다. 팀에서 운영 중인 서비스와 관련된 과제를 주고 약 2주일 동안 개발합니다. 기존에 팀에서 사용하고 있는 지라, 깃, 스프링 부트, JPA, Vue.js를 기본적으로 사용합니다. 이번 과제는 대용량 데이터 처리가 포인트라 스프링 부트 배치까지 사용되었네요. 대망의 발표 시간에는 다른 팀 개발자들도 같이

---

*   Spock. BDD(Behavior Driven Development)용 테스팅 프레임워크

초대합니다. 코드뿐만 아니라 전반적인 아키텍처까지 궁금한 부분을 물어보고 발표자 생각도 들어보며 좋은 해결책을 만들어봅니다.

이벤트

오늘의 마지막 업무는 잠시 후 시작할 배달의민족 이벤트입니다. 국가에서 허락한 유일한 디도스^{DDoS*}가 발생할 예정입니다. 개발자 모두 만일에 대비해 모니터링 시스템을 살펴보며 몰려들 트래픽에 대비합니다. 우아한형제들의 모든 시스템이 많은 트래픽을 처리하지만 특히 결제 시스템은 돈과 관련되어 있기 때문에 신경 써야 할 부분이 많습니다. '결제 시 타임 아웃이 발생하면 어떻게 할까? 결제 요청이 급증할 땐 어떻게 처리할까? 결제 취소 요청이 실패하면 어떻게 해야 하지? 같은 고민을 하게 되죠. 버려지는 트래픽이 발생하면 안 됩니다. 우리에게는 작은 트래픽 하나지만 누군가에게는 번거로움과 피해로 이어질 수 있습니다.

먼저 들어가보겠습니다

이번 이벤트도 무사히 지나갔습니다. 맘 편히 퇴근할 수 있겠네요. 앞으로 배달의민족 사용자는 더 늘어날 겁니다. 대용량 트래픽을 안정적으로 처리할 수 있는 방법은 무엇이 있을까요? 스케일 아웃^{Scale-out}이 무조건

---

* '분산 서비스 거부(Distributed Denial-of-Service)'의 줄임말로 대량의 트래픽을 발생시켜 웹사이트 또는 네트워크 과부하와 시스템 마비를 일으키는 사이버 위협

정답일까요? 애플리케이션을 개선하고 엔진엑스*, 리눅스 커널^{Linux kernel} 등에서 튜닝 포인트를 만들어낼 수 있지 않을까요? 이처럼 하고 싶은 이야기가 많습니다. 비즈머니와 포인트 시스템 그리고 AWS, 데이터베이스 등… 이런 질문을 품고 퇴근합니다.

---

*   NGINX. 가벼우면서도 강력한 오픈 소스 웹 서버 프로그램

요즘 우아한 개발

🔑03
우아한형제들에서
시니어 개발자로 일하면 어떨까?

#시니어개발자   #개발문화   #매니저   #실무자

 채슬기, 홍예지
2023.05.30

우아한형제들만 특별해? 우아한형제들이 유일해? 그렇게 물어보신다면 그건 확실하게 답할 수 있습니다. 아니요! 하지만 다양한 개발자에게 공통으로 나왔던 이야기를 솔직하게 담아 우리는 이런 문화를 추구하고, 지향하며 나아가고 있다는 사실은 말하고 싶습니다. 우아한형제들에서 시니어 개발자로 일하면 어떤 느낌인지 이야기해보겠습니다.

> "밭이 기름진 것과 작물이 풍부한 것은 다르다. 우아한형제들의 작물은 아직 더 많은 성장이 필요하지만 밭은 기름지다. 시니어로서 직접 경험하고 해볼 수 있는 것이 많다."
>
> 시니어 A

시니어는 현대 사회에서 '레벨이 높은, 연장자, 선배'를 의미합니다. 회사에서의 시니어 또한 일반적으로 연차, 직급에 따라 구분합니다. 하지만 시니어를 단순히 연차, 직급에 따라 구분하는 건 어렵습니다. 9년 경력에서 10년 경력으로 넘어가는 순간 마법처럼 시니어가 되는 건 아니니까요. 다음 문장을 한 번 읽어보세요.

- 주어진 일만 잘해야지 생각했는데 조금씩 동료와 팀이 잘하는 것까지 신경 쓰게 되었을 때
- 나무가 아닌 숲을 보게 되었을 때
- 일을 잘하기 위한 틀을 만드는 것에도 관여하게 될 때

본문을 읽으면서 '어? 나도 이럴 때가 있는데'라고 생각하는 자신을 발견한다면 이미 시니어로서 발걸음을 시작했다고 보면 됩니다. 시니어로 변신하는 마법 같은 순간은 없지만 내가 아닌 동료/팀/회사까지 영향력을 준다면 당신은 시니어로 가는 그 길 위에 서 있는 겁니다.

시니어의 성장과 좋은 동료

Q. 시니어도 성장할 수 있나요?

일반적인 의미에서 성장이란 '새로운 경험을 통해 경험치가 쌓이는 것'입니다. 하지만 성장의 의미는 시기마다, 상황마다 달라집니다.

주니어	시니어
맡은 일을 문제 없이 잘 처리하는 것	동료가 더 잘할 수 있게 도움을 주는 것
일의 목적을 알고 능동적으로 문제를 해결하는 것	일이 주어지기 전에 먼저 필요한 일을 알게 되고, 팀이 그 일을 잘하기 위한 밑바탕을 만들어두는 것
제품의 가치를 시장에 내보내는 것	제품에 더 큰 가치를 담아 시장에 내보내는 것. 기술뿐만 아니라 동료와의 협업, 성장할 수 있는 기회 등을 고려해서 문제를 해결하는 것

경력이 점점 쌓이다 보면 새로운 환경과 언어를 배우는 데서 얻는 성장에는 어느 정도 한계가 있고, 개발 능력만큼이나 동료에게 얼마나 긍정적인 영향을 주느냐, 후배 개발자들을 어떻게 성장시키느냐도 함께 고민하게 되죠. 이직을 할 때도 '이 회사에 얼마나 긍정적인 영향을 줄 수 있을까? 회사가 관습적으로 해오던 일에 새로운 시선으로 기여할 수 있을까?'에 대해 고민하게 되고요.

그래서 우리는 시니어의 성장을 '주변에 주는 영향력'으로 정의하기로 했습니다. 꼭 리더가 아니더라도, 실무를 하면서도 주변 개발자들에게 긍정적인 영향을 주고 새로운 경험을 할 수 있게 기회를 열어주는 것. 그리고 이런 영향력을 발휘하기 위해 자신의 시야를 넓히는 것이 시니어에게 중요한 성장이죠.

그렇다면 우아한형제들은 성장할 수 있는 환경일까요? 외부에서 바라보는 우아한형제들의 이미지 중 하나가 '주니어가 좋아하는 회사. 주니어가 성장하는 데 도움이 되는 제도가 많다'입니다. 네, 맞습니다. 성장에 대한 열정이 넘치고 이를 위해 노력하는 주니어 개발자들이 많습니다. 그렇기 때문에 시니어로서 좋은 영향력을 발휘할 수 있는 기회도 역시 많습니다.

"사실 전 직장에 대한 만족도가 굉장히 높았습니다. 그냥 여기서 정년퇴직하면 되겠다 싶을 정도로요. 근데 시니어가 되니 이제 내가 하고 싶고, 잘할 수 있는 일만 하는 건 한계가 있다 생각이 들었습니다. 시니어의 성장 포인트는 '얼마나 다른 사람의 성장에 도움이 되느냐'라고 생각하는데 그런 관점에서 저는 우리 회사가 '노다지'라 생각합니다. 열정적이고 똑똑하고 성장에 대한 니즈가 큰 주니어가 많습니다. 그런 분들께 영향력을 발휘하면서 내 성장을 할 수 있는 환경인데, 너무 좋지 않나요?"

시니어 A

"이미 완성된 실력과 좋은 협업 태도를 가지고 계신 주니어들이 많아요. 제 의견에 대해 귀 기울여주고 역으로 좋은 제안도 해줘서 적당한 긴장감을 가지고 함께 일하고 있답니다. 매우 빠르게 성장하는 편이라 타사의 이직 제안도 많이 받는 건 제 입장에선 조금 속상하지만요."

시니어 B

Q. 저는 관리자 트랙이 아닌 실무자 트랙을 유지하고 싶은데 가능한가요?

시니어 개발자의 커리어 고민 중에 빠지지 않는 것이 바로 관리자 vs 실무자 트랙 간의 선택입니다. '아직은 재밌게 일하는 게 더 중요해서 크게 고민하고 있지 않다', '사람들 간의 소통에 자신 없어서 실무자 트랙을 가고 싶다', '주니어일 때부터 사람들을 챙기고 일하기 좋은 환경을 만들어주는 것에 관심이 있어서 자연스럽게 팀장의 길로 가게 되었다'까지 시니어의 대답은 다양했습니다.

우아한형제들은 공식적으로 관리자 트랙과 전문가(실무자) 트랙을 나눠서 개인의 커리어패스를 쌓을 수 있게 지원하고 있습니다. 회사/조직/개인의 상황과 요구를 모두 고려하여 충분히 논의한 후 개인의 성장 방향을 결정하면 됩니다.

• 관리자 트랙과 전문가 트랙 •

관리자 트랙	전문가 트랙
기술적인 지식과 더불어 조직 관리 및 구성원 관리 능력, 리더십을 바탕으로 개발조직을 이끌어 감	기술적인 문제 해결에 집중하고 기술적으로 도전하고 과제를 맡아 성과를 내거나 회사의 전반적인 기술력 향상을 이끌어 감

리더로서의 새로운 챕터를 맞이하는 구성원을 위해서는 전사교육팀, 온보딩팀, DR^{Developer Relations}팀 등 정말 많은 부서들이 촘촘하고 세심하게 온보딩 과정을 설계하고 있습니다. 리더로서의 고민을 맞춤 해결해주기 위해 언제쯤 어떤 케어를 하면 좋은지 가이드를 주는 리더십 교육부터, 우아한스터디, 우아한테크세미나, 테크니컬 라이팅 코칭까지 구성원들의 성장을 위한 기회가 많습니다. 각자가 느끼는 성장의 의미는 다 다르겠지만 우아한형제들은 각 챕터에 맞는 '성장' 환경을 만들기 위해 부단히 노력하고 있습니다.

• 신임 리더 온보딩 프로그램 로드맵 •

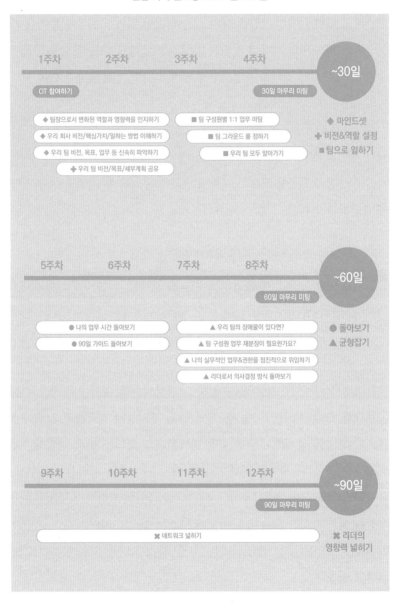

| 1주차 | 2주차 | 3주차 | 4주차 | ~30일 |

OT 참여하기   30일 마무리 미팅

◆ 팀장으로서 변화된 역할과 영향력을 인지하기   ■ 팀 구성원별 1:1 업무 미팅   ◆ 마인드셋
◆ 우리 회사 비전/핵심가치/일하는 방법 이해하기   ■ 팀 그라운드 룰 정하기   ✚ 비전&역할 설정
◆ 우리 팀 비전, 목표, 업무 등 신속히 파악하기   ■ 우리 팀 모두 알아가기   ■ 팀으로 일하기
✚ 우리 팀 비전/목표/세부계획 공유

| 5주차 | 6주차 | 7주차 | 8주차 | ~60일 |

60일 마무리 미팅

● 나의 업무 시간 돌아보기   ▲ 우리 팀의 장애물이 있다면?   ● 돌아보기
● 90일 가이드 돌아보기   ▲ 팀 구성원 업무 재분장이 필요한가요?   ▲ 균형잡기
                                 ▲ 나의 실무적인 업무&권한을 점진적으로 위임하기
                                 ▲ 리더로서 의사결정 방식 돌아보기

| 9주차 | 10주차 | 11주차 | 12주차 | ~90일 |

90일 마무리 미팅

✖ 네트워크 넓히기   ✖ 리더의
                                                 영향력 넓히기

요즘 우아한 개발

"이전 회사에서도 리더십 교육을 들은 적이 있어요. 그런데 우리 회사 리더십 교육을 들으면서 진짜 배민스럽다고 느꼈어요. 전사교육팀과 온보딩팀에서 1주차 단위로 어떤 고민을 해야 하는지 가이드를 주고 한 달에 한 번씩 식사하면서 이야기를 나눌 수 있는 자리를 마련해 줘요. 처음 리더가 되면 막막해서 이야기하다가 울컥하고 눈물 나는 순간들도 있는데 그걸 진심으로 케어해주려는 게 인상적이었어요."

시니어 F

Q. 연차가 쌓이다 보니 진짜 어려운 건 '사람'이더라고요. 우아한형제들에는 어떤 사람들이 있나요?

'최고의 복지는 좋은 동료다'라는 말이 있습니다. 계속 이 회사에서 일하고 싶게 만드는 것도, 이직을 생각하게 되는 요인도 바로 동료입니다. 우선 우리가 생각하는 회사란 '평범한 사람들이 모여 비범한 일을 이루어 가는 곳'인데요, 이런 회사를 만들기 위해 필요한 좋은 동료를 정의해 보자면 '누구의 일로 나누지 않고 함께할 각오가 되어 있는 사람'입니다. 이런 동료가 함께 한다면 심리적 안정감은 물론이고, 같이 일하면서 배울 점이 많다고 생각하게 되죠. 시니어들은 협업을 하는 과정에서 분명히 각자 하기 싫은 업무가 있을 텐데도 '제가 볼게요!'라고 뛰어드는 동료들이 많다는 사실에 새삼 놀랐다고 해요.

"이전 회사를 다닐 때는 항상 이런 생각을 가지고 회사 생활을 했어요. '저렇게는 하지 말아야지' 그런데 우아한형제들에서는 주변 동료들을 보면서 처음으로 '이런 걸 해야겠다'라고 생각하게 되었어요. 동료들을 보면서 '이런 걸 하면 내가 더 성장할 수 있겠구나'라고 느끼며 많이 배워요."

시니어 A

우아한형제들 개발자 대상으로 최근 진행한 설문에 따르면 '입사 후 가장 만족하는 부분' 중 1위가 '함께 일하는 동료'였습니다. 각자 생각하는 '좋은 동료'의 정의는 다르지만 우아한형제들의 구성원은 대부분 나의 동료를 최고의 동료로 생각하고 있어요. 여러분이 생각하는 좋은 동료는 어떤 동료인가요? 지금 좋은 동료와 함께 일하고 있나요?

• 우아한형제들 개발자가 생각하는 좋은 동료 설문 결과 •

- '이 분이 있으니 든든하다, 어떤 일이든 같이 할 수 있겠다'라는 생각이 드는 분들이 좋은 동료라 생각하는데 우아한형제들에 그런 분이 많다.
- 실력이 뛰어난 분들이 많다. 그분이 슬랙, 위키에 공유하는 내용이나 발표할 때 도움을 많이 받는다. 내가 배울 수 있는 사람이 좋은 동료이다.
- 우리 회사는 각자의 서비스에만 집중하는 게 아니라 공유와 협업이 매우 잘되는 분위기라서 좋은 분들이 좋은 영향력을 줄 수 있는 기회도 많다고 생각한다.
- 기술적으로 잘하는 동료도 좋지만 동료에게 자신감, 안정감을 느낄 수 있게 도움을 주는 분이 많은 것 같다.
- '착한 사람'이 좋은 동료라고 생각한다. 착하다는 것은 성격적인 기질뿐만 아니라 '이해의 폭이 넓음'을 의미한다. 업무량이 많아지고 힘들어지면 자기만 생각하기 쉽다. 이전에 나도 그런 경험을 많이 했다. 그런데 우아한형제들은 착한 사람이 많다.

개발 문화와 근무 환경

Q. 조직 문화가 좋다는 이야기는 들었는데 개발 문화는 어때요?

흔히 '개발 문화는 팀마다 다르다'라고 얘기하고는 합니다. 하지만 분명 전사적으로 가진 공통의 DNA는 존재합니다. 시니어들이 만장일치로 뽑아준 우리 개발 문화 DNA는 바로 '공유'였어요. 더 구체적으로 정의하자면 '공유에 대한 심리적 문턱이 낮은 문화'입니다. 각 팀에서는 문제를 해결한 히스토리를 위키나 전사 슬랙을 통해 다 같이 공유하고, 같은 문제를 겪지 않기 위해 서로의 노하우를 축적해나가고 있습니다.

또한 직무별로 개발 그룹을 형성해서 밋업, 스터디를 진행하고 소소한 업무 관련 질문들을 자유롭게 주고받습니다. '이런 것도 공유해도 되나?'라고 생각하는 부분까지 공유하는 경우가 많아서 비슷한 기술 스택과 고민을 하는 분들에게 서로 큰 도움이 된다고 해요.

> "솔직히 별거 아닌 것도 너무나 쉽게 공유해요. '저런 것까지 공유하나?' 싶을 때도 있어요. 공유하는 사람도, 공유받는 사람도 그런 상황이 너무나 자연스럽고 문턱이 매우 낮아요. 그래서 내가 뭔가를 공유하고 싶을 때 고민이 되지 않아요."
>
> 시니어 A

> "팀/파트 외 직군 그룹에 따른 소통도 매우 활발해요. 저는 팀 외에도 서버 개발 그룹에 소속되어 있는데 여기서 많은 정보를 얻어요. 비슷한 기술 스택과 비슷한 고민을 하고 있는 분들이 모여 있어서 지식을

공유하고 고민을 함께 나눌 수 있어서 좋아요."

시니어 B

• 지식과 노하우를 공유하기 위한 수많은 슬랙 채널 •

#be-today-i-learned 오늘 나는 무엇을 알았고 공부했나? (백엔드)	**#jg-ios-함께자라기** iOS 관련 스몰톡, 스터디 모집, 콘텐츠 공유, 이슈 문의
#jg-engineers 전사 모든 직군 그룹 개발자 채널	**#z-기술블로그** 개발 블로그 모음
#wg-우형-android-정보공유 안드로이드 개발 관련 정보 공유	**#우아한테크러닝** 기술직군 교육 프로그램 안내, 소통

그리고 또 하나의 DNA는 '심리적 안정감'입니다. 우아한형제들 구성원은 피드백에 좀 더 열려 있고 다른 의견을 비난으로 받아들이지 않는 태도가 바탕에 깔려 있습니다. 빠르게 과제를 해결하다 보면 타 부서와의 협업이 매끄럽지 않을 때도 있지만, 이 과정에서 각자의 목소리를 낼 수 있고 결국 잘 해내기 위한 본질에 집중하면서 서로 맞춰가려고 하는 문화가 심리적 안정감을 형성하는 주된 요소입니다.

"내가 무슨 말을 해도, 내가 부득이한 사정으로 자리를 비워도, 어떤 오류가 발생해도 나는 우아한형제들 안에서 안전하고 괜찮다고 느끼고, 목표 달성과 문제 해결을 위해 동료들과 함께 노력하고 있어요."

시니어 C

Q. 시니어라고 온보딩을 안 해주는 건 아니겠죠? 온보딩은 잘 이루어지고 있는지, 잘 적응할 수 있을지 걱정됩니다.

전사 공통으로 진행하는 웰컴온 프로그램, 컬처 캠프 외 DR팀이 주관하는 '개발직군 온보딩 프로그램'을 매월 운영하고 있습니다. 우아한개발자가 소통하고 성장하는 법, 위키 활용법, 장애 대응/개발 환경/배포 환경, 서버개발그룹과 웹프론트개발그룹에서 각각 알아둬야 하는 내용까지, 맡은 서비스와 직무는 다르지만 우아한형제들이라는 울타리 안에서 역량을 잘 발휘할 수 있도록 도와줍니다.

또한 놓치는 부분을 줄이고 더 활발히 공유할 수 있도록 코드 리뷰 및 페어 프로그래밍을 팀 규칙으로 삼고 있습니다. 이러한 문화는 새롭게 적응이 필요한 신규 입사자가 더 빠르게 히스토리를 파악하고, 도메인(해결할 문제 영역이나 요구 사항)에 대한 두려움을 낮추는 데 큰 도움이 되고 있습니다.

코드 리뷰는 시니어 입장에서 좀 부담스러울 수 있습니다. 많은 걸 알려줘야 할 것 같고, 시간적으로도 부담 되는 게 사실이니까요. 하지만 꼭 시니어라고 해서 알려주기만 하는 입장이 아닌, 열정 넘치는 주니어들을 통해 배우는 것도 많고 자유롭게 의견을 주고받으며 느껴지는 긍정적인 자극도 많습니다. 또한 이런 문화를 계속 유지한다는 것 자체가 '우리가 서비스에 얼마나 애정을 가지고 열심히 하는지'를 대변한다고 생각합니다.

"페어 프로그래밍은 꼭 유지하려고 노력하고 있는 것 중 하나입니다. 혼자 진행하면 실수가 생길 확률이 높고 지식 공유가 안 돼서 반드시 페어로 진행하고 있어요. 신규 입사자가 페어로 진행하면 굉장히 빠르게 적응하고, 안 해봤던 도메인에 대한 두려움도 많이 없어져요."

시니어 D

Q. 일도 많고, 코드 리뷰까지 하면… 기술 부채들은 언제 처리하나요?

우아한형제들 하면 빼놓을 수 없는 문화가 바로 '피트스탑'입니다. 피트스탑이란 1년에 한 번 2주간, 진행하고 있는 과제를 멈추고 팀 상황을 재정비하고 그동안의 기술 부채를 해결하는 우아한형제들만의 제도입니다.

실무도 해야 하고, 주변 동료들 성장도 챙겨야 하고, 코드 리뷰에 페어 프로그래밍까지… 열심히 달리다 보면 당장의 우선순위가 높지 않아서 쌓아둔 기술 부채가 눈덩이처럼 늘어나 큰 부담이 되는 상황이 오고야 맙니다. 사실 2주라는 기간이 팀에 쌓인 모든 기술 부채를 해결하기에는 짧은 기간이지만, 이 기간이 있다는 것만으로도 '이건 피트스탑 때 하자'라는 심리적 안정감을 주는 것 같아요. 그리고 팀 리더 입장에서는 꼭 정해진 기간만 피트스탑 기간으로 삼는 것이 아니라 중간중간 팀만의 피트스탑 기간에 대해 생각하게 되어 전체적인 선순환으로 작용하고 있습니다.

> "피트스탑은 가장 자랑하고 싶은, 개발자에게 최고의 복지라고 생각합니다. 기술 부채, 리팩터링 등 자꾸 미뤄두게 되는데 그러다 보면 코드를 건드릴 수 없는 지경까지 이르게 됩니다. 그리고 이런 기술 부채의 끝은 '퇴사'로 이어집니다. 그런데 1년에 2주 모든 서비스를 쉬면서 피트스탑을 할 수 있게 회사에서 챙겨줘서 너무 좋아요."

시니어 E

요즘 우아한 개발

Q. 자녀가 있는 시니어 개발자입니다. 육아와 일을 잘 병행할 수 있는 환경일 까요? 육아에 관련된 제도나 복지는 어떤 게 있을까요?

좋은 개발 문화, 동료 외에도 나에게 가장 중요한 것은 걱정 없이 일에 더 몰입할 수 있는 환경일지 모릅니다. 그중 가족, 육아에 대한 부분도 빼놓을 수 없고요. 육아에 관련된 복지는 정말 많지만 크게 특별 육아 휴직과 우아한 어린이날을 소개하고 싶어요. 특별 육아 휴직이란 자녀와 더 많은 시간을 보내며 가족과 함께할 수 있도록 한 달이라는 시간을 선물해드리는 복지입니다. 초등학교 2학년 이하의 자녀가 있는 구성원이라면 이용 가능하고 월급도 나와요! 또한 어린이날 전날 혹은 다음 날을 '우아한 어린이날'로 지정하여 북적이는 어린이날을 피해 자녀와 오붓한 시간을 보낼 수 있도록 휴가를 지원해드립니다.

아무리 육아 휴직 제도나 휴가를 갖춘 곳이라도 실제로 편하게 활용할 수 있을지 궁금한 분도 있을 것 같아요. 우아한형제들에서는 임원을 포함해 많은 구성원들이 휴직 제도를 활용하고 있고, 특히 우아한 어린이날은 휴가로 자동 반영되어 당연히 사용하는 복지로 느끼고 있습니다. 또한 30분 단위로 자유롭게 사용할 수 있는 휴가 제도는 급하게 자녀의 유치원, 학교에 방문해야 하는 일정이 있거나 등/하원을 맡아야 하는 경우 큰 도움이 된다고 하며, 특히 월요일 오후 1시부터 근무하는 제도는 월요일 오전을 온전히 가족과 보낼 수 있어서 가장 큰 만족도를 보여주고 있습니다.

"자녀가 있는 분들은 사실 일을 하면서 여러 가지 신경을 쓸 수밖에 없고 그게 업무에 영향을 미칠 수밖에 없어요. 그런데 어린이날 전날 휴가라든지 이미 회사에서 많은 것을 고려하여 만든 제도들이 있어서 업무에 더 몰입할 수 있어요. 갑자기 아이가 아플 때나 긴급 상황이 발생하면 30분 단위 휴가를 이용해서 해결합니다. 그리고 동료들이 이 부분에 대해 같이 걱정해줄 뿐 휴가 사용에 대해선 전혀 터치하지 않아요. 진짜 좋죠."

시니어 A

"팀에 아기 아빠들이 많은데 일단 육아를 잘할 수 있는 근무 환경과 제도가 갖춰져 있고 아이들이 좋아할 만한 이벤트도 많아요. 현재 진행하고 있는 사내 방문 이벤트도 그렇고 우아한 어린이날도 마찬가지예요. 가족들이 좋아할 만한 제도와 이벤트가 많아요."

시니어 B

"주말에 처리하지 못하고 꼭 주중에 처리해야 하는 개인적인 일이 은근히 많은데 월요일 오전에 이런 것을 처리할 수 있어서 좋아요."

시니어 C

이렇게 우아한형제들은 일과 가정이 양립할 수 있는 환경을 만들어 드리고자 노력하고 있습니다. '회사가 변하지 않으면 구성원에게 변화가 없다'라는 생각으로 언제나 가족을 1순위로 두는, 가족에 진심인 회사랍니다.

각자 주어진 상황이 다르고 선호하는 근무 환경도 다르지만, 우아한형제들은 '규율 위의 자율'이라는 신뢰의 원칙을 바탕으로 가장 몰입할 수 있는 근무 환경을 만들어갈 수 있도록 계속 고민하고 있습니다. '어떻게

요즘 우아한 개발

하면 우리가 일을 더 잘할 수 있을까?' 계속 고민하는 것 자체가 좋은 근무 환경의 바탕이 아닐까요?

• 우아한 어린이집 •

지금까지 우아한형제들에서 시니어 개발자로 근무하면서 생길 수 있는 궁금증을 풀어봤습니다. 마지막으로 인터뷰에 참여한 개발자들의 한마디를 전달하면서 마무리하겠습니다.

"다른 회사와 비교했을 때 우아한형제들의 특징은 심리적 안정감을 주는 회사라는 겁니다. 시니어일수록 실수를 했을 때 질책이나 책임의 크기가 더 커지기 마련인데요, 책임을 묻는 것보다 다 같이 해결하려고 노력하고 다시 발생하지 않게 하는 데 집중합니다."

"지금 계신 회사가 좋고 성장하고 있다면 굳이 이직을 추천하진 않습니다. 시니어에게 이직은 더 현실적으로 고려해야 할 게 많으니까요. 하지만 제가 우아한형제들을 추천하는 이유는 '이만한 회사가 또 있을까?'라는 생각 때문입니다. '우아한형제들 이미 다 성장한 거 아니야?'라고 하시는 분들도 있는데, 아직도 굉장히 다이내믹하게 변하고 있습니다."

"오랫동안 개발을 했지만 아직도 뭔가를 만들어보고 싶다는 불꽃이 있는 분들께 추천합니다."

04
공통시스템개발팀의
코드 리뷰 문화 개선 이야기

#코드리뷰   #깃허브   #MR

 배대준

2021.12.23

깃허브에서 Merge Request(이하 MR)를 생성했는데 리뷰어는 묵묵부답이고 직접 요청하자니 업무를 방해하는 건 아닌가 걱정한 적이 있나요? 공통시스템개발팀에도 MR이 쌓이는데 리뷰가 늦어져 고민이었던 때가 있었습니다. 리뷰이는 리뷰를 기다리고 리뷰어는 수많은 MR을 확인하느라 고통받고 있었습니다.

기존 코드 리뷰 문화는 이랬습니다.

1 리뷰어가 이해하기 쉽게 MR 내용 작성

2 같은 파트원의 승인 이후에 머지

크게 부족해 보이는 부분은 없는데, 왜 리뷰가 쌓였을까요? 고민 결과 리뷰어가 요청을 확인하고 리뷰를 작성하는 과정에서 생각보다 많은 품이 든다는 결론이 나왔습니다. 따라서 리뷰어가 적은 노력으로 코드 리뷰를 잘할 수 있는 환경을 갖추기로 했습니다.

적은 노력으로 리뷰 잘하기

1. MR 템플릿 사용하기

기존에는 MR 작성 규칙이 없었고 때로는 설명이 부족한 경우도 있었습니다. 따라서 일관된 방식으로 작성하도록 MR 템플릿을 만들었습니다.

• 완성된 MR 템플릿 •

해결하려는 문제가 무엇인가요?
*

어떻게 해결했나요?
*

Attachment

* 이번 MR의 Front 동작을 이해를 돕는 GIF 파일 첨부!

* 리뷰어의 이해를 돕기 위한 모듈/클래스 설계에 대한 Diagram 포함!

• 작성 예시 •

해결하려는 문제가 무엇인가요?

* TS2305: Module "react-router" has no exported member 'useHistory'.
오류를 내면서 빌드가 깨집니다.

다른 모듈에 의해 react-router 버전이 5 → 6으로 올라간 게 문제입니다.

어떻게 해결했나요?

* 사용하는 react-router의 버전을 package.json에 명시합니다.

MR 템플릿을 적용한 이후로 전체적으로 MR 내용도 좋아졌고 리뷰이도 MR 작성에 대한 고민이 줄어들어 편해졌습니다.

2. 매일 아침 알람으로 오는 MR 목록

클라우드스토리지개발팀에서 매일 아침 MR 목록을 슬랙 알람으로 받는 걸 보고 저희 팀도 이용하기 시작했습니다. 파이썬 깃랩을 이용해서 파이썬 코드를 작성한 후 배치를 등록하면 슬랙이 매일 지정한 시간에 알람을 울려줍니다. 알람에 D-n 표기를 추가해서 우선순위를 쉽게 파악할 수 있게 보완했습니다.

(수지)도산아 코드리뷰는 했어? 앱 1:46 PM
@here🐰5개의 머지 리퀘스트가 여러분의 관심을 기다리고 있어요:

> [D-0][COMDEV-4297]
> **backoffice-auth!** 1091 (*created 15 hours ago & updated 1 second ago*)

> [D-1][COMDEV-4164]
> **backoffice-auth!** 1082 (*created 2 hours ago & updated 1 second ago*)

> [D-2][COMDEV-4163]
> **backoffice-auth!** 1088 (*created 18 hours ago & updated 1 second ago*)

3. 칸반 리뷰 최대치 초과 시 우선 리뷰하기

그러나 알람만으로는 충분하지 않았고, 칸반에서 리뷰 MAX(최대치) 초과 시 모든 팀원이 업무를 중단하고 리뷰하기로 규칙을 정했습니다. 또한 업무에 집중하기 위해 진행 중인 업무(개발) 티켓을 동시에 여러 개 만들지 않고 하나씩 순서대로 진행하기로 결정했습니다.

• MAX 알림이 뜬 칸반 리뷰 •

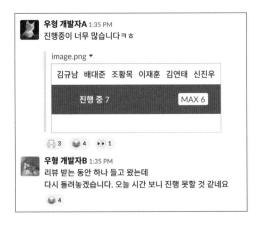

4. 코드 리뷰 규칙 문서 추가하기

MR 템플릿으로 어느 정도 양식은 갖췄으나 MR 크기와 코멘트 방식이 사람마다 달라서 추가 규칙을 문서로 작성했습니다. 문서 역시 클라우드스토리지개발팀에서 이미 잘 작성해놓아서 저희 상황에 맞게 변경했습니다.

• 코드 리뷰 규칙 문서 •

> ### 리뷰어 규칙
>
> 리뷰어가 적은 노력으로 코드 리뷰를 잘할 수 있게 아래 규칙을 신경 써주세요.
>
> **코드 리뷰의 설명은 최대한 자세하게 작성되어야 합니다.**
>
> - 리뷰 작성자는 본인이 알고 있는 사항을 리뷰어들도 알고 있을 것이라는 가정을 버리고 코드 리뷰에 대한 충분한 문맥이 전달되게 코드 리뷰 설명을 자세히 작성해주세요.
> - MR 템플릿에 맞춰서 작성해주세요.
>
> **작은 MR을 유지하세요.**
>
> - 리뷰어들이 코드 리뷰에 들어가는 시간을 줄이고 최대한 많은 버그를 미리 발견해낼 수 있도록 코드 리뷰 크기는 삭제를 포함해서 최대 300줄 미만으로 유지해주세요.
>   - MR 크기가 작아야 하는 이유는 별도 링크를 참고해주세요.
> - 적합한 MR 단위는 어떻게 되나요?
>   - 하나의 티켓에서 여러 개의 MR을 작성해도 됩니다.
>   - 리팩터링 작업은 분리해주세요.
>   - 〈작게 쪼개기〉 링크를 참고해주세요.

라벨로 코드 리뷰의 우선순위를 표시하세요(D-n 규칙).

- 코드 리뷰가 완료되어야 하는 시점을 D-n 형식의 라벨로 코드 리뷰에 추가해 주세요. 예를 들어 D-3은 3일 이내에 코드 리뷰가 리뷰어에게서 확인되어야 한다는 의미입니다.

- 이슈가 없는 코드 리뷰는 D-3 라벨로 표기하고 당장 긴급하게 시스템에 반영되어야 하는 사항은 D-0 라벨로 표기해서 모든 리뷰어가 긴급하게 코드 리뷰를 하도록 해주세요.

- 매일 라벨을 업데이트해주세요.

- D-0이 된 다음 날까지 어느 리뷰어도 코드 리뷰를 시작하지 않았다면 리뷰 작성자는 스스로 해당 변경 사항을 코드베이스에 반영(Merge)할 수 있습니다.

최소 한 명의 리뷰어에게 리뷰를 받아야 합니다.

- 같이 프로젝트를 진행하는 팀원들의 코드 리뷰를 받습니다.

- 필요하면 같이 프로젝트를 진행하지 않는 팀원을 리뷰어로 할당해서 요청합니다.

피드백을 반영하면 코멘트를 남겨주세요.

- 피드백에 변경한 내용이 무엇인지 리뷰어에게 알려주세요.

리뷰어 규칙

코드 리뷰의 코멘트에 코멘트를 강조하고 싶은 정도를 표기하세요(Pn 규칙).

- 리뷰어는 코드 리뷰의 코멘트에 코멘트를 강조하고 싶은 정도를 Pn 규칙에 맞춰서 표기해주세요.

  - P1 : 꼭 반영해주세요(Request changes)

  - P2 : 적극적으로 고려해주세요(Request changes)

- **P3** : 웬만하면 반영해주세요(Comment)

- **P4** : 반영해도 좋고 넘어가도 좋습니다(Approve)

- **P5** : 그냥 사소한 의견입니다(Approve)

리뷰 작성자를 칭찬해주세요.

- 리뷰어는 코드 리뷰에 별달리 코멘트할 내용이 없다면 변경 사항을 작업하기 위해 수고한 리뷰 작성자를 칭찬하는 코멘트를 남겨주세요.

5. 자동화로 쌓이는 리뷰 줄이기

기존에는 D-n 라벨을 매일 아침 리뷰이가 직접 변경했습니다. 그러다 보니 어느 순간부터 잘 사용하지 않게 되어 자동화의 필요성을 느꼈습니다. 이것 또한 파이썬 깃랩을 이용해서 파이썬 코드 작성 후 배치를 등록했습니다. 라벨 자동화 규칙은 다음과 같습니다.

- 라벨이 없으면 D-5 추가
- 하루씩 감소(예 : D-5 → D-4로 변경)
- D-0이 되면 리뷰어 승인 없이 머지할 수 있게 승인 규칙 제거

pre-commit을 사용해 포매팅을 자동화하여 리뷰가 필요한 오류를 미리 줄이기도 합니다. 현재 사용하는 언어의 린트인 Ktlint[*]와 ESLint[**]를 깃

---

[*] 코틀린 코드 스타일을 검사하고 맞춰주는 도구
[**] 코드를 분석해 문법 오류나 안티 패턴을 찾아주고 코드 스타일을 맞춰주는 자바스크립트/JSX의 정적 분석 도구

훅^{Git Hook} pre-commit을 이용해서 커밋하기 전에 실행합니다. 또한 MR 생성 시 CI에서 린트를 실행해 컨벤션을 지켰는지 추가로 확인합니다.

이제는 다음과 같이 일하기 때문에 '쌓이는 리뷰'가 많이 줄었습니다.

- 매일 아침 9시 30분(월요일은 오후 1시)에 D-n 라벨을 수정 후 슬랙으로 알람 발송
- MR 단위는 최대한 작게
- 일관된 양식으로 작성된 MR
- 리뷰가 쌓이면 업무 중단 후 리뷰 먼저 처리

여전히 생성되는 MR은 많지만 바쁠 때는 중요한 MR을 먼저 리뷰하기 때문에 효율적으로 일할 수 있게 되었습니다. 코드 리뷰는 중요하지만 때로는 여러 이유로 소홀해질 때가 있습니다. 저희는 리뷰어가 적은 노력으로 리뷰에 집중할 방법을 계속해서 생각했고 결과적으로 1년 전보다 코드 리뷰를 효율적으로 할 수 있게 되었습니다.

✎05
팀 문화의 탄생

#팀문화만들기　　#KPT

 손권남

2020.05.13

가끔씩 저는 우리 팀의 팀 문화에 대한 질문을 받곤 합니다. 그때마다 매번 단편적인 답을 드리곤 하면서 한 번 정도 우리의 팀 문화를 정리했으면 좋겠다고 생각했습니다.

하지만 우리 팀이 행하는 팀 문화 자체보다는 그 문화가 형성되어 가는 과정이 더 중요하지 않을까 하는 생각이 들어 그 둘을 함께 정리해보았습니다.

우리 팀은 기본적으로 2주 단위 스프린트를 진행합니다. 스프린트의 시작 첫날(보통 월요일)에 플래닝을 하고, 마지막 날(보통 금요일)에 회고를 합니다. 플래닝된 결과로 도출된 업무는 포스트잇으로 만들어 벽의 보드에 나누어 그려둔 'Plan', 'In Progress', 'In Review', 'Done'(완료, 배포됨) 칸을 따라 이동하며 현재 플래닝대로 어느 정도 진척되고 있는지를 벽만 봐도 알 수 있게 했습니다.

그리고 매일 아침 데일리 스탠드업 미팅에서 '어제 한 일', '오늘 할 일', '문제가 될 만한 것들'을 매우 짧게 서로 공유하고 업무를 시작합니다. 스프린트 마지막 날에는 회고를 하며 그간 있던 일이나, 각자의 감정 등을 나누는 활동과 함께 KPT^{Keep, Problem, Try}를 진행합니다. 바로 이 KPT를 통해 팀의 문화가 탄생하고 변화하고 폐기되기도 합니다.

Keep, Problem, Try란 무엇인가?

KPT는 회고 과정의 한 단계로 다음을 의미합니다.

- **Keep** : 잘하는 점. 계속 했으면 좋겠다 싶은 점
- **Problem** : 뭔가 문제가 있다 싶은 점. 변화가 필요한 점
- **Try** : 잘하는 것을 더 잘하려면, 문제가 있는 점을 해결하려면 우리가 시도해볼 것들

먼저 보드에 세 단어를 적고 포스트잇을 붙일 수 있도록 공간을 나눈 후 각자 포스트잇 한 장에 한 항목씩만 적어서 Keep과 Problem 아래에 붙입니다. Keep은 파란색 계통, Problem은 빨간색 계통으로 적어 넣으면 보드가 명확히 구분되지 않더라도 알아보기 쉽습니다. 붙인 포스트잇을 토대로 우리가 뭘 잘하고 있고 그것을 지속했으면 하는지(Keep), 우리에게 어떤 문제가 있고 개선됐으면 하는지(Problem) 이야기합니다.

Try 보드에는 Keep 중에서도 더 개선할 점이 있거나, 새로운 시도를 해보고 싶은 점을 적어 붙입니다. Problem을 해결하기 위해 우리가 시도해

볼만한 점 역시 각자 포스트잇 한 장에 한 항목씩만 적어서 Try 보드에 붙입니다. Try 쪽지들을 보면서 서로 토론하며 더 다듬고, 투표를 통해 다음 스프린트에서 해볼 Try 아이템을 선택해서 액션 아이템으로 명명합니다. 액션 아이템을 선택할 때는 보통 투표를 해서 2~3개 정도만 골라내는데 너무 많이 나와버리면 오히려 집중력이 떨어지기 때문에 개수를 줄이는 편입니다.

　작은 하트 스티커 등을 각자 3개 정도씩 가지고 원하는 아이템에 투표해서 가장 많은 표를 받은 것을 선택합니다. 이제 선정된 액션 아이템을 수행하거나, 혹은 잘 수행되는지 확인하고 가이드할 사람을 한 명 지정하고, 팀 스프린트 보드에 잘 보이게 써둡니다. 그리고 실제로 이를 수행합니다. 이제 KPT를 통해 만든 우리 팀의 액션 아이템 몇 가지만 살펴보겠습니다.

똑같은 질문을 100번 하면 100번이라도 대답해주겠어요

　• Keep : 마음 편히 질문할 수 있는 분위기가 좋다.

　우리 팀에서 경계하는 것 중에 하나가 '반복되는 같은 질문에 신경질적인 반응을 보이는 것'입니다. 질문하길 꺼리는 분위기가 생기면 그로 인해 중요한 문제를 '괜히 질문해서 한소리 듣지 말자, 설마 이게 맞겠지, 그냥 내보내자' 식으로 확인 없이 그냥 배포했다가 바로 장애로 이어지는 일이 발생합니다. 또한 현실 비즈니스 도메인의 현재와 지속적인 변화는 한 사람이 완벽하게 파악할 수 없습니다. 서로 보완하지 않으면 어딘가는 구멍이 나게 마련입니다.

그래도 같은 질문이 계속된다는 것은 업무 프로세스상 문서화가 덜 됐거나, 의사소통의 명확성이 떨어지는 등의 문제가 있다고 볼 수도 있습니다. 또어쩌면 해당 비즈니스 프로세스 자체가 문서화로는 해결되지 않을 정도로복잡할 수도 있습니다(실제 비즈니스를 하면 이 경우가 매우 많습니다).

질문하는 것을 막아서는 안 되겠지만 질문이 왜 반복되는지, 그럴 필요가 없게 만들 수는 없는지 고민이 필요해 보입니다. 문제의 초점을 '질문하는 사람'에서 '질문받는 사람'으로 돌립니다. 질문하는 사람에게 "왜 자꾸 질문해요?"라고 나무라는 게 아니라, **'왜 자꾸 같은 질문이 나올까? 내가 질문을 덜 받으려면 어떻게 할까?'**라고 생각해보는 것이지요.

- **Try** : 위키 등에 프로젝트 문서 잘 정리하기. 사실 이건 좀 위험한 Try이다. '잘 해보자'는 보통 잘 안 되는 경우가 많다. 그래도 어쨌든 잘 정리해보자.
- **Try** : 코드 리뷰 혹은 일상적인 상황에서 질문이 나온다면, 그것은 코드가 명확하지 않다는 뜻. 코드를 개선해 가독성을 높이거나, 그렇게 코드를 짤 수밖에 없는 이유를 리뷰 즉시 주석으로 남기거나 관련 테스트 코드를 작성해두자.

보통 코드에 주석 다는 것을 죄악으로 보는 경우가 있는데, 이는 코드가 '무엇을 하는지'에 관한 주석일 때에 그렇습니다. '무엇'은 변수나 메서드 네이밍으로 충분히 주석 없이 처리할 수 있는 경우가 많습니다. 하지만 '왜 하는지'는 다른 문제입니다. 예를 들어 고객에게 줄 돈에 500원을 더하는 코드가 있다고 치죠. 상수의 이름은 그 이유를 알려주지 않습니다. 현실 비즈니스의 세계는 결코 논리적이지 않습니다. 온갖 황당한 이유로 코드가 꼬이기 마련이며, 거기에 명확한 이유를 적어두지 않으면 나중에 다른 개발자가 보고서 '이건 왜 이러지? 버그 아냐?' 하고 다른 사람들에게 왜 그랬는지 물어보게 되고, 그걸 개발한 개발자조차도 왜 그랬는지는 이미 까먹었고, 버그였나 보다 하고 코드를 삭제했더니 갑자기 고객 센터 전화기에 불이 나기 시작합니다. 사실은 다 이유가 있습니다.

그래서 코드와 최대한 가까운 거리에 주석으로 이유를 적어두는 것이 좋습니다. 최소한 관련 사항이 명시된 문서 링크라도 달아두어야 합니다. 주석보다 더 나은 방법은 500원을 더하는 테스트 코드를 명확하게 작성해두고, 테스트 코드의 메서드명 혹은 설명description에 이유를 적어두는 겁니다.

> • **Try :** 신규 입사자는 처음 보는 외부인의 시선으로 문서를 읽으면서 따라 하기 때문에 잘 안 되는 점, 빠진 부분 등을 찾아내기 좋은 입장이다. 신규 입사자에게 문서를 보여주면서 질문을 받고, 질문받은 사항은 문서의 부족한 부분이니 채워넣거나 수정하자.

신규 입사자뿐만 아니라 페어가 바뀌는 상황에서도 비슷한 효과가 생기게 됩니다. 그럴 때 질문이 나오면 그걸 기회로 삼아 문서를 발전시키는 계기로 삼습니다.

그 밖에 질문이 많이 나오는 원인 중에서 근본적으로 비즈니스 프로세스 자체가 말도 안 되게 복잡한 경우도 있습니다. 몇 년에 걸쳐 누적된 땜질식 정책 변화는 아무리 봐도 이해가 안 될 만큼 복잡합니다(그런 예가 아마도 세금 관련 법이 아닐까 싶습니다). 이러한 복잡한 비즈니스 프로세스 자체를 간결하게 바꿀 수 있는 방법은 없을까 하는 고민과 실천을 하기도 합니다.

채팅을 통한 소통의 규칙

- **Problem** : 코로나19로 인해 재택 근무가 시작되었다. 바로 옆에서 의사 소통하던 상황에서 대부분 채팅과 화상 회의로만 의사소통이 진행되다 보니 어디서 무슨 일이 일어나는지 파악하기 힘들다.

재택 근무가 시작되었고, 슬랙이나 기타 메신저로 의사 소통을 해야 하는 상황이 되었습니다. 보통 바로 옆에서 팀원들이 대화를 나누다 보면 옆에서 듣다가 실제로 그 문제를 가장 잘 아는 사람이 빠르게 대화에 참여해서 문제를 해결하는 일이 생기거나, 최소한 무슨 일이 진행되는지라도 자연스럽게 공유하는 상황이 되곤 합니다. 하지만 이제 의사소통 채널이 채팅이 되면 그런 게 불가능해집니다.

- **Try** : 업무상 대화는 항상 팀 채널방에서 공개적으로 스레드를 만들어서 하기

업무상 대화를 슬랙의 팀 혹은 공개 채널에서 공개적으로 하면 몇 가지 장점이 있습니다. 남이 뭘 하는지를 알 수 있고, 바로 옆에서 대화하는 것이 자연스럽게 들리듯, 팀 채팅방을 훑어보면서 상황 파악을 할 수 있게 됩니다. 또한 대화 참여자들은 재택 근무 시에 '나 여기서 이렇게 열심히 일하고 있어요'하고 자연스럽게 티낼 수 있습니다.

개인 간 대화의 또 다른 심각한 문제는 열심히 대화를 나눴는데 알고 보니 그 사람은 해당 사항을 전혀 모르는 사람이었고 사실은 다른 사람한테 질문해야 하는 상황입니다. 혹은 상대방이 휴가자인 경우도 매우 많지

요. 개인 대화창을 사용할 때에는 이제 다시 모든 대화를 처음부터 시작해야 합니다. 공개 대화를 하면 원래 담당자가 보고 있다가 대화에 먼저 끼어들 수도 있고, 아니면 간단한 멘션만으로도 기존 대화 내용을 공유해서 계속 이어나갈 수 있게 됩니다.

슬랙의 스레드 기능은 과도하게 남들에게 노이즈를 발생시키지 않아도 되게 해줍니다. 하지만 스레드를 사용할 때에도 유의해야 할 점이 있습니다.

- **Problem** : 스레드의 첫 대화에 대화 참여자들에 대한 멘션만 하고 실제 내용은 스레드 안에서 적었더니, 밖에서 스레드를 클릭하기 전까지는 대화 내용을 파악할 수 없어서 모르고 지나가게 된다. 멘션을 받은 사람은 열심히 일하다가 주의를 빼았겼는데 정작 왜 빼았겼는지 이유를 알 수 없고 다음 말이 나올 때까지 마냥 기다려야 한다.
- **Try** : 대화 스레드의 첫 문장에서 항상 대화의 목적을 분명하게 밝히기

그래야 주의력을 빼앗긴 사람은 그에 대해 빠르게 보상이 되고, 밖에서 보는 사람들도 별다른 수고 없이 상황 파악을 하고 대화에 끼어들지 혹은 지켜볼지 아니면 그냥 하던 일을 계속 할지 여부를 판단할 수 있게 됩니다.

테스트 코드를 작성하고 코드 커버리지 높이기

- **Keep** : 단위 테스트를 잘하는데, 계속 더 잘하면 좋겠다.

요즘 대부분 개발자들은 단위 테스트*를 짭니다. 특히 자신이 만든 코드를 스스로 끊임없이 변화시켜야 하는 우리 같은 서비스 개발 회사의 개발자들은 단위 테스트가 코드가 변화할 때 기존에 잘 작동하던 코드가 깨지지 않게 하는 데 꼭 필요한 요소임을 알고 있습니다. 그래서 항상 테스트 코드를 작성하려고 노력합니다. 그런데 이걸 더 잘할 수 있는 방법이 없을까요?

> • Try : 젠킨스에서 빌드를 할 때 가장 최근 코드 커버리지Code Coverage를 기록하고, 그것보다 커버리지가 떨어지면 빌드를 실패하게 하자.

이제, 코드 커버리지**가 떨어지는 것을 방지하려면 젠킨스에서 지속적으로 개발 브랜치를 빌드하면서 코드 커버리지가 떨어지면 빌드 실패 알람을 보내도록 했습니다. 이런 상황이 되면 개발자들은 열심히 노력해서 코드 커버리지를 높여서 회복시켜야 합니다. 그리고 기존보다 더 높아지면 기준치를 다시 높여서 더 떨어지지 않게 합니다. 이 작업은 젠킨스 JaCoCo 플러그인과 그레이들 JaCoCo 조합으로 진행합니다.

테스트 코드를 작성하면서 주의할 점이 있는데, 코드 커버리지에 지나치게 집착하면 assert 문 없이 대충 코드를 순서대로만 실행하는 테스트 코드를 작성하는 경우가 발생합니다. 올바르게 결과를 검증하지 않는 테스트 코드는 테스트 코드가 아닌 것으로 봅니다.

---

*   테스트 유형 중 소스 코드의 특정 모듈(메서드)이 의도한 대로 작동하고 요구사항을 충족하는지 확인하는 방식

** 소프트웨어의 테스트 케이스가 얼마나 충족되었는지 나타내는 지표 중 하나로, 테스트 코드가 실제로 프로덕션 코드를 몇 퍼센트 검증하고 있는지 나타낸다.

정적 분석을 하자

정적 분석은 KPT를 통해서 시작하기로 결정했다기보다는 원래 회사가 하고 있던 일이라 자연스럽게 우리 팀도 하는 일입니다. 소나큐브^{SonarQube}를 사용해 팀의 소스 코드를 정적 분석하는데 테스트 코드를 못 짰거나, 테스트 코드가 있더라도 소나큐브가 안 좋은 습관으로 간주하는 항목 혹은 중복 코드 등을 분석해 수정합니다.

- **Keep** : 소나큐브 코드 정적 분석 도구를 이용해 코드 품질을 관리한 덕분에 몇 번 버그를 미리 탐지할 수 있었다. 계속 잘 사용하면 좋겠다.
- **Problem** : 소나큐브가 프로젝트 빌드 시스템 젠킨스와 별도로 존재하다 보니 정적 분석에 위반 사항이 있어도 잘 모르고 넘어가게 된다. 그래서 명백하고 쉬운 버그가 배포되었다.

이 경우 우리가 쉽게 내는 결론은 '배포 전에 소나큐브를 꼭 확인해보자' 같은 식이 되기 쉬운데, 우리는 그것도 지키기 쉬운 일은 아니라고 결론을 내렸습니다. 이게 정말 잘 지켜지려면 결국 빌드 서버와 연동이 되어야만 했습니다.

소나큐브에는 Quality Gates라는 기능이 있습니다. 이 기능은 프로젝트별로 버그 등 정적 분석 위반이 얼마간 발생할 경우 소나큐브 안에서 해당 프로젝트를 Unstable 혹은 Fail 등으로 경고를 내보낼 수 있게 해줍니다. 그리고 Quality Gates는 SonarScanner for Jenkins Plugin을 사용하면 젠킨스 파이프라인의 waitForQualityGate( )를 이용해 젠킨스와 소나큐브

간 상호 연동을 할 수 있습니다.

이제 젠킨스에서 프로젝트를 빌드하면 소나큐브 Quality Gates를 호출하고 결과를 받아서 Quality Gates가 프로젝트 품질을 Fail로 표시할 경우 해당 빌드 자체를 Failure로 처리할 수 있게 되었습니다. 젠킨스만 봐도 정적 코드 분석 결과의 성공/실패 여부를 항상 확인할 수 있게 된 것이지요. 이로써 더 안전하게 배포할 수 있게 되었습니다.

페어 프로그래밍으로 개발 안정성 높이기

- **Keep** : 페어 프로그래밍을 계속 하면 좋겠다.

우리 팀은 애자일 개발 방법론에서 보편적으로 권장하는 페어 프로그래밍을 하고 있습니다. 페어 프로그래밍이란 항상 2명 혹은 그 이상이 모여서 한 대의 컴퓨터로 프로그래밍을 하는 겁니다. 페어 프로그래밍은 가장 많은 Keep을 받은 항목이기도 합니다. 페어 프로그래밍에 관한 Keep 의견은 다음과 같습니다.

- **Keep** : 가급적 스프린트마다 페어를 변경한다.
- **Keep** : 한 페어는 하나의 컴퓨터를 사용해서 개발한다. 보통은 코드를 작성하는 사람의 PC를 사용하며, 코드 작성자가 교체되면 PC도 코드 작성자의 컴퓨터를 사용한다. 각 개인의 PC 설정이 워낙 달라서 남의 PC를 사용하면 효율성이 매우 저하되기 때문이다. 깃을 사용해서 브랜칭이 쉬워진 상황에서는 컴퓨터 자체를 교체하는 것이 그리 어렵지 않다. 페어용 브랜치에서 계속 push해가면서 자리를 바꾸면 된다.

• **Keep** : 어떤 업무가 매우 여러 스프린트에 걸쳐 있고, 시급성이 높아서 페어가 바뀌면 오히려 시간이 너무 지체될 수 있다면 스프린트가 바뀌어도 페어 교체하지 않는다.

페어 프로그래밍이 효율적인지 여부에 대해서는 많은 논란이 있는 것으로 알지만, 대부분의 결론은 '장기적으로는 더 유리하다'인 것으로 알고 있습니다. 저는 다음 사항 때문에라도 페어 프로그래밍을 해야 한다고 봅니다. 이미 수조 원을 다루는 회사로서, 개발자 한두 명에게 핵심 비즈니스의 존립을 의존하는 것은 개발비 조금 아끼겠다고 수억 원의 손실을 볼 수도 있다는 얘기가 됩니다. 한두 명의 휴가 혹은 퇴사로 인해서 프로젝트 전체의 존립이 위협받는 일이 발생해서는 안 됩니다. 이런 것을 Bus Factor, Truck Factor, Lottery Factor라고 부릅니다. Bus Factor란 예를 들어 1명만 퇴사해도 문제가 생기는 팀보다 5명이 퇴사해야 문제가 생기기 시작하면 더 좋은 상태를 말하는데, 이를 높이는 가장 확실한 방법이 페어 프로그래밍이라고 생각합니다.

특히 중요한 비즈니스 구현은 여러 명이 함께 볼수록 오류 확률이 줄어듭니다. 혼자 하다가 오류가 발생하는 상황은 이미 여러 번 겪어봤는데, 그때마다 회고를 하면 나오는 얘기는 '두 명 이상이 함께 작업하자'였습니다. 그리고 그걸 실천해야겠지요. 제가 거의 확신하는 게 있는데, 바로 제가 내일 당장 회사에 나오지 않아도 우리 팀이 아무 일도 없었던 듯이 돌아가리라는 사실입니다.

우리가 올바른 방향으로 가고 있는지는 통합 시연으로 확인해보자

2019년 봄, 우리는 전사가 한 방향으로 향해 비즈니스 프로세스를 개선하고 시스템을 새로 구축하는 작업을 했습니다. 프로젝트 기한도 당연히 정해져 있었습니다.

- **Problem** : 매우 많은 팀이 참여하는 초 고밀도 프로젝트에서 우리가 올바로 가고 있는지 확인이 필요하다.
- **Try** : 일주일마다 개발 목표를 잡고 통합해서 잘 돌아가는지 개발자와 기획자가 모두 모여 데모하기

이러한 상황에서 프로젝트가 끝나가는 시점이 되어서야 "우리 다 함께 모여서 테스트해봅시다!"라고 하면 보통 실패로 끝나는 것 같습니다. 우리가 올바로 가고 있는지, 수많은 팀이 올바르게 사태를 이해하고 의사소통을 하는지를 확인하려면 통합 시연Demo이 효과적입니다.

통합 시연이란 애자일 개발 방법론에서 자주 나오는 항목인 '지속적인 통합'을 실천한 것입니다. 오픈 일정은 정해져 있습니다. 오픈 직전의 전사 완전 통합 테스트 전까지 개발을 끝내야만 합니다. 그 시기까지 일주일 단위로 할 일을 나누고, 일주일마다 그것이 달성되었는지 통합 시연을 보여줍니다. 실제로 일주일마다 시연을 하면 제대로 작동하는 경우가 별로 없습니다. 그리고 제대로 작동해도 문제가 발생합니다. 작동은 했지만 옆에서 데모를 보던 기획자가 "저건 제가 얘기했던 게 아닌데요?"라고 한마디 툭 던지게 되죠.

통합 시연의 목표는 성공이 아니라 실패를 빠르게 잡아내는 데 있습니다. 최선을 다해 시연을 준비하되 뭐가 문제인지 파악하는 데 주안점을 둡니다. 실패를 비난하는 것은 시연의 목표가 아닙니다. 시연의 목표는 ❶ 여러 팀이 만든 각종 API는 의도대로 구현되었고, 호출되고 있는가? ❷ 기획자의 의도대로 구현된 것이 맞는가? ❸ 기획자의 의도대로 했지만 오히려 불편한 점 찾기 등이 있습니다.

여러 번에 걸친 시연으로 이런 사항들을 계속 잡아내며 프로젝트는 완벽하지는 않았지만 큰 문제없이 오픈했습니다. 개인적으로 이러한 통합 시연이 주는 심리적 효과도 매우 크다고 봅니다. 1년 뒤의 목표만 보고 있다면 현재 상태가 막연하게 보이지만, 1주일에 한 걸음씩 무엇을 했는지 살피면 성취감도 느낄 수 있고 집중력도 오래 유지할 수 있습니다.

- **Problem** : 프로젝트의 막바지에 기능적 요구사항들이 거의 구현됐으나 버그가 곳곳에서 발견되었는데 데모 준비 때문에 버그를 잡을 시간이 없다.
- **Try** : 데모 중단. 이제 버그를 잡는 데 집중한다.

하지만 절대적인 규칙은 없습니다. 바꿔야 하면 바꿉니다. 사실 요즘에는 시연을 잘 안 합니다. 일단 이렇게 통합 테스트를 할 일이 별로 없고, 저희 팀의 제품에는 UI가 거의 없다 보니 기획자들에게 UI를 의미 있게 보여주는 시연도 별로 없었기 때문입니다. 하지만 이게 언제 어떻게 다시 바뀔지는 모릅니다.

KPT에서 주의할 점

KPT를 하면서 몇 가지 주의할 점이 보였습니다.

첫째로 남 탓을 해서는 안 됩니다. 내 문제가 아니고 남의 문제^{Problem} 혹은 남의 잘한 점^{Keep}을 내가 개선^{Try}할 수는 없습니다. 칭찬하든지 비난만 할 수 있겠죠. 문제의 초점을 남이 아닌 나로 옮겨서 살펴봐야 내가 할 일 ^{Try}이 도출될 수 있습니다.

두 번째는 구체적이고 실천적이어야 합니다. 제 경험상 회고를 하고 나면 꼭 나오는 얘기가 있습니다. "이번에 소통이 안 돼서 장애가 났습니다. 공유를 잘합시다." 이건 하나마나한 얘기입니다. 공유를 잘할 수 있는 구체적인 방안이 Try로 도출되어야 합니다. 만약 우리가 도출한 Try가 '문서화를 잘하자', '공유를 잘하자' 이런 식이라면 KPT를 다시 수행해야 합니다. 실제로 있었던 예는 다음과 같습니다.

- **Problem** : 광고 상품이 추가되면 유관 부서에 공유해줘야 하는데 안 해줘서 데이터 정합성이 안 맞는 일이 발생했다.
- **처음 나온 Try** : 상품이 추가되면 x, y, z 팀에 잘 알려주도록 합시다.
- **구체적 Try** : 상품을 추가하는 코드가 호출되면 유관 팀을 모아둔 그룹 메일을 자동 발송하는 기능을 넣도록 합시다. 유관 팀이 변경되면 그룹 메일에 해당 팀을 추가/삭제해주면 됩니다.
- **더 근본적인 Try** : 광고 상품의 추가와 무관하게 작동하는 보편적 시스템을 구축하자(여기까지는 아직 못 갔음).

위에 든 예들은 다소 큼직한 것들만 정리한 겁니다. '남은 회식비를 어떻게 쓸지' 같은 문제도 나옵니다, 회고하다가 회고에 대한 KPT를 통해 회고 자체를 개선하기도 합니다. 또한 앞에서 말한 것들이 모두 다 정식으로 회고의 KPT 시간에 이뤄진 것도 아닙니다. KPT를 반복하다 보면 우리도 모르는 사이에 일상의 문제에서 KPT 형태로 대화를 하는 자신을 발견하기도 합니다.

그리고 여러 번 반복하다 보면 Keep만 반복해서 나오고 Problem/Try는 나오지 않는 상황이 오랜 시간 계속 되기도 합니다. 그럼에도 저는 KPT가 회고 시간에 공식 순서로 있는 게 좋다고 생각하는 편입니다. '내가 이런 문제를 얘기해도 될까?'라고 생각하고 있을 때 공식적인 기회가 있으면 문제점 등이 더 자연스럽게 끄집어져 나오는 것 같습니다.

누군가가 우리 팀 문화의 핵심이 무엇이냐고 묻는다면, 팀원들이 언제나 문제점Problem이나 계속 했으면 하는 점 혹은 계속 더 잘하기 위해 했으면 하는 점Keep을 꺼내놓고 논의해 새로운 시도Try를 할 수 있는 체계가 갖춰졌다는 점을 꼽고 싶습니다. 그냥 눈치껏 그렇게 하는 게 아니라요.

절차는 절차일 뿐, 대단한 무언가가 아닙니다. 항상 스스로 물어봐야 합니다. 우리가 절차를 이용하는지, 우리가 그 절차에 그냥 속해 있는지 말이죠. 팀 문화로 예를 든 여러 가지는 제가 보기엔 좋은 서비스를 만들기 위한 수단입니다. 우리가 이용할 도구일 뿐, 그 자체가 목적이 아닙니다. 그렇기에 상황에 따라 적절히 다듬어나가야 하며 Keep/Problem/Try가 그 팀 문화 다듬기의 좋은 수단이 되어줄 겁니다. 우리 팀의 문화는 한 번에 된 것이 아니라 2년 이상에 걸쳐 구축되었고 앞으로도 지속적으로 바뀔 겁니다.

🍗 06
우아한형제들에서 PM끼리 소통하는 법,
카르페피엠

#PM   #성장   #교류

 홍지현
2023.05.19

우아한형제들에서 PM^{Product Manager}의 직무는 아래와 같이 정의하고 있습니다.

"고객에 대한 이해를 바탕으로 제품 전략과 방향을 제시하고, 이에 대한 구체적인 실행 방안을 수립하며, 필요한 모든 자원을 활용하여 이를 실행함으로써 더 나은 고객 가치를 창출합니다."

PM은 서비스, 플랫폼에 대해서 요구사항 분석을 시작으로 프로젝트 목표를 설정하고, 해결 방안을 제시하며 그 결과를 측정하게 되는데요, 전반적으로 서비스에 대해 A to Z까지 다양한 경험을 할 수 있는 매력이 있다고 생각해요. 그럼 혹시 우아한형제들 구성원 중 PM 직군이 몇 명 정도 되는지 짐작이 되나요? 무려 200여명! 200명이 넘는 PM분들이 우아한형제들에 계십니다. 하나의 앱을 만들기 위해 많은 PM과 여러 유관부서에서 각자의 역할을 다해 힘써주고 있습니다.

카르페피엠!

코로나19가 우리 생활로 들어온 지 벌써 3년이 흘렀는데요, 우아한형제들의 업무 원칙으로 통하는 '송파구에서 일을 더 잘하는 11가지 방법' 중 '잡담이 경쟁력이다'를 실천하기 매우 어려운 상황이 되어버렸어요. 그동안 랜선 입사자도 많고, 아무래도 회사 규모가 계속 커지고 조직 구조는 점점 더 촘촘해지면서 PM들끼리도 서로 교류할 수 있는 시간이 줄어들 수밖에 없더라고요. 인원은 늘어나고, 환경적으로는 사내 네트워크가 제한적이다 보니, 소통하고 공유하며 업무하는 데 있어서 큰 영향을 미칠 수밖에 없었어요. '다른 팀에서는 어떻게 일을 하는지 궁금해요!', '우리 팀에서 하는 일을 다른 팀에게도 알리고 싶어요!', '혹시 우리랑 비슷한 고민을 하는 팀은 없을까요?' 등의 의견도 들리기 시작했고요.
이런 갈증을 어떻게 해소하면 좋을지 고민하면서, 우아한형제들에서는 PMR 활동을 시작하게 되었습니다. PMR이란 Product Manager Relations의 약자로 PM 관점에서 '우아한형제들 PM의 성장과 교류'를 위한 일 문화를 고민하고 실천하는 활동입니다. 먼저 PMR에서 공식적으로 첫 시도를 한 '카르페피엠'을 소개해드리려고 해요.
우선 PM끼리 업무적인 소통과 네트워킹이 자연스럽게 이루어질 수 있는 자리를 만들어보면 어떨까 생각했는데요, 여러 고민 끝에 전사교육팀과 함께 PM만을 위한 타운홀을 기획하게 되었습니다. 타운홀이라고 하면 너무 딱딱하고 거리감이 드는 느낌이 있어, 누구나 부담 없이 참석할 수 있는 말랑말랑한 이름으로 지어봤어요. 바로 카르페피엠! CarpePM! 현재를 즐기라는 뜻을 가진 '카르페디엠'이라는 말을 많이 들어봤을 거예요. 그래서 오늘이라는 소중한 기회에 PM들끼리만 할 수 있는 생각, 경험을 나누어보자는 뜻에서 PM 타운홀 '카르페피엠'이 생겨났습니다!

PM들의 첫 만남

그리하여 드디어 시작된 첫 만남! 처음을 기념해보고자 오프라인 행사로 기획했고, 롯데타워의 더큰집 38층 트랙방에서 많은 PM들이 모였어요. 100명 가까이 수용 가능한 공간이 꽉 찰 정도였답니다. 한 해가 마무리 되는 시점이어서 '첫 모임이지만 2022년 결산 느낌으로 진행해보자'라는 의견이 있었습니다. 우아한PM의 밤에도 출연하셨던 김기성 님이 2022년 제품의 회고 시간을 준비했고, 한 해를 돌아보는 PM만의 프로젝트 시상식도 가졌어요. 프로젝트 시상식의 경우에는 PM들이 직접 사연을 접수하고 추천하는 참여형으로 선발되었기 때문에 수상자에게는 좀 더 의미 있는 상이지 않았을까 싶어요. 열정맷돌상, 오래기다렸상, 연구대상, 둥근해가떡상, 언젠가오픈할상 등 PM들이 진행한 프로젝트들에 위트 한 숟갈을 추가하여 상 이름을 만들어서 전달했어요.

아무래도 PM은 여러 팀에 나뉘어 목적조직 또는 기능조직에 따라 업무를 할 수밖에 없는 상황이에요. 그래서 나와 협업하는 유관부서가 아니라면 다른 PM들은 어떤 과제를 어떤 방식으로 고민하고 해결해나갔는지 서로 잘 모르는 경우도 생길 수밖에 없더라고요. 첫 카르페피엠을 통하여 다른 팀 PM은 어떻게 일을 하는지 두 팀을 추천받아, 과제를 시작하게 된 배경부터 어떤 고민을 했고, 어떻게 풀어나갔는지 등 나만의 이야기를 공유하는 시간을 가져봤어요.

그리고 공식적인 첫 행사가 끝난 후, 맛있는 음식과 함께 애프터파티도 했는데요, 처음 만나는 PM도 있었던지라 조금은 어색한 분위기. 그것도 잠시, 서포터즈와 함께 미리 준비한 질문 카드로 아이스브레이킹을 할 수 있었어요. 행사 이후에는 참여자들의 반응이 너무 좋더라고요. 앞으로 중요 과제뿐만 아니라, 묻힌 과제들이나 힘들었던 과제들까지도 함께 이야기해보는 시간도 가지면 좋겠다는 생각이 들었답니다.

온라인에서도 만나요!

카르페피엠은 1회성으로 끝나는 것이 아닌, 주기적인 소통을 이어나가는 것이 목표였기 때문에, 다음 카르페피엠도 준비했고 이번에는 줌 웨비나를 통해 온라인 만남을 시도해봤어요. 온/오프라인을 구분하지 않고 PM들끼리 서로 소통, 공유하면서 성장하는 자리를 만들고 싶었고, 2023년부터 우아한형제들은 근무지자율선택제에 맞춰서 다양한 곳에서 일하는 분들이 있었거든요. 다만 온라인에서 만나는 것은 처음이다 보니, PM들의 생생한 반응은 오로지 채팅 창으로만 느낄 수 있어서 시작 전에 아이스브레이킹 겸 멀리서 근무하신 분이 있는지 여쭤보기도 했어요. 강릉, 제주, 그리고 저 멀리 호주에 계신 분도 있더라고요!

치킨과 질문은 미루지 않는다!

카르페피엠에서는 PM들의 질문사항을 익명으로 접수받고 있는데요, 이름하여 '치킨과 질문은 미루지 않는다!' PM들이 궁금해 하는 것들을 모아서 카르페피엠에서 답변드리려고 하고 있어요. PM의 '우수타' 버전이라고 할 수 있을 것 같아요. '우수타'란 매월 첫째 주, 셋째 주 수요일 오전 11시에 시작하여 30분 동안 진행되는 우아한형제들만의 수다 문화예요. 우아한 수다 타임, 줄여서 '우수타'라고 불러요. 구성원들이 회사나 대표에게 궁금한 점, 불편하거나 개선하고 싶은 점에 대해 익명으로 자유롭게 질문하고 답변을 나누는 시간이에요.

한 번은 다음과 같이 신입 PM 고민이 접수되었습니다. "저는 이제 막 PM으로서 첫 발을 디딘 신입 PM입니다. PM으로서 역할을 잘 수행할 수 있도록 본인의 능력치를 향상하려면, 어떤 공부와 노력을 시작하면 좋을까요?" 명확한 답을 내릴 수 없는 질문이라고 생각되어 N년차 분들에게 먼저 도움을 요청해봤어요. 하지만 "아직도 나는 고민을 하고 있다!"라는 답변을 주셨고, "그럼 우리 다같이 한번 이야기해보는 건 어떨까" 하는 제안이 나와 잼보드를 열었습니다! 혼자서 할 수 있는 것부터 업무에도 적용해보고, 주변에 도움을 받는 것까지 다양하게 답변을 달아주었어요. 익명으로 접수되고, 익명으로 답변이 달려 누가 무엇을 달았는지는 모르지만 오히려 그래서 장점이 되었던 것 같고요. 오프라인이 아닌 온라인에서도 이렇게 소통할 수 있다고 새삼 깨달았어요.

잼보드에서 우아한 PM들과 함께 이야기했던 팁들은 다음과 같습니다.

혼자서 할 수 있는 것

- 내가 좋아하는 게 뭔지, 잘하는 게 뭔지 파악하기
- 부족한 부분 말고도, 강점에 집중하기
- 나는 어떤 강점을 가진 PM이 되고 싶은지?
- 지금 속한 조직에서 PM에게 기대하는 역할/역량이 어떤 것일지?
- 이 제품을 잘 만들기 위해 무엇이 필요한지부터 생각해보기

업무에도 적용해보기

- 다른 PM/팀의 문서나 과제 상황 살펴보기
  (일하는 방식, 고민하는 내용, 전/후 체크리스트 등)
- 정책을 파악하며 서비스 많이 사용해보기
- 구체적인 단기 목표를 세우고, 성취하기
- 일에 대한 동기부여와 즐거움을 찾아보기
- 지금 기획 방향이 맞는지 계속 생각하기
- 유스케이스use case 공부해보기
- '이 과제를 왜 해야 하는 거지?'라는 이유를 생각하기

다양한 방식으로 자주 만나요!

PMR에서는 카르페피엠 외에도 PM님들의 성장과 교류를 지원할 방안을 고민하며 여러 활동을 시도하고 있습니다. 먼저 2개월을 주기로 PM 스

터디가 진행되고 있는데요, 그동안 사용자 타기팅과 추천 로직, 슬랙 워크플로 활용, PM을 위한 사업기획, 회고, 피그마 등 여러 다양한 주제로 스터디를 했어요. 여러 스터디 중 타기팅 추천 스터디의 '이끔이'(스터디 리더를 PM 사이에서는 이끔이라고 불러요)를 초대하여 어떻게 진행했는지 생생한 후기도 들을 수 있었어요. 각자 PM의 역할로 맡고 있는 업무가 한도 초과였지만, 소중한 시간을 쪼개어 만나서 그런지 더 열정적인 모습을 느낄 수 있었고 무엇보다도 함께할 동료를 얻었다는 부분도 좋더라고요. 그리고 함께 일하는 개발자들이 PM 스터디 문서를 보고 PM을 칭찬하는 슬랙을 보았을 땐 제가 다 뿌듯했습니다.

PM들이 우아한형제들에 입사한 후 제품에 대한 이해도를 높이고 다른 조직과의 협업을 더 잘할 수 있도록 PM 온보딩도 꾸려보고 있습니다. 저는 이 프로그램을 '오픈클래스'라고 부르고 싶은데요, 팀 내 온보딩 자료들을 유관 부서라면 함께 들어볼 수 있는 자리를 마련하여 공유하는 시간을 계속해서 가져보려고 해요. 파일럿으로 진행했을 때, 참석하셨던 분들이 앞으로 이런 자리가 있으면 유관 부서와 업무하는 데에 많은 도움이 될 것 같다고 좋은 피드백들을 주었어요.

이렇게 PMR에서는 카르페피엠을 시작으로 PM들이 느끼고 있는 소통, 공유, 네트워킹, 성장에 대한 갈증 등을 해소하고자 노력하고 있습니다. 우선 다가오는 여름에는 상반기 결산으로 다시 오프라인에서 만나보려고 해요.

2장

프론트엔드
개발자로
성장하기

🔑01
나의 첫 프론트엔드
개발팀 이야기

#만다오   #UI/UX

 김하루
2022.08.04

저는 우아한형제들 만다오팀에서 프론트엔드 개발자로서 첫 커리어를 시작하게 되었어요. 만다오팀의 정확한 이름은 웹프론트개발그룹 웹생산성도구개발TF이지만 여기서는 만다오팀이라고 간단하게 부를게요. 웹생산성도구개발TF에서는 만다오 말고도 다양한 생산성 도구를 개발하고 있답니다.

만다오는 코드 작성 없이 손쉽게 웹 앱을 만들 수 있는 에디터입니다. 우아한형제들 구성원이 사용하는 사내 도구인데요, 2022년 현재 배달의민족 앱과 만화경 앱 중심으로 적극적으로 활용되고 있습니다. 에디터에서 클릭 몇 번으로 텍스트 블록이나 이미지 블록을 추가하고 프로모션 페이지를 제작할 수 있어요.

하루 님, 이 팀이 잘 맞을 것 같아요

우아한형제들의 채용 프로세스를 진행하고 있을 때 저는 희망 소속팀 작성 마감 기한을 앞두고 고민에 빠졌어요. 지원자의 희망 순위가 중요하게 작용한다는 소문이 있었거든요. 저는 UI/UX 측면에서도 적극적으로 의견을 낼 수 있는 환경을 원했고, 그래서 프론트엔드 개발자가 퍼블리싱과 디자인에도 주도적으로 참여할 수 있는 팀이 있을지 궁금했어요. 인재영입팀에 문의 메일을 드렸더니, 친절하게 다음과 같은 답변을 전해주셨어요.

"저희 우아한형제들에서는 모든 프론트엔드 개발자가 퍼블리셔의 역할을 함께 가지며, 퍼블리싱을 주도하는 조직은 없습니다. 디자인의 경우 디자이너들만 소속된 배민디자인실이라는 큰 조직이 있고, 필요 시 협업하는 형태로 업무를 진행합니다. 하루 님께서 말씀해주신 포인트를 고려하면, 웹/앱 컴포넌트 디자인에 적극적으로 참여하며 구현할 기회가 많다는 관점에서 웹프론트개발그룹이 가장 근접할 것 같습니다."

웹프론트개발그룹을 추천하는 내용이 담긴 이메일 회신을 참고해 희망 소속팀 작성을 무사히 마쳤습니다. 그리고 원하던 웹프론트개발그룹 만다오팀에 합류하게 되었습니다!

'미니 만다오'부터 천천히

만다오팀에서는 본격적으로 프로젝트에 투입되기 전에 3주간 온보딩 프로젝트를 진행합니다. 서서히 팀에 스며들 준비를 하는 기간이라고 할 수 있어요. 온보딩 프로젝트의 요구사항은 미니 만다오를 직접 만들어보는 거예요. 만다오의 아주 핵심적인 부분만 구현해보는 거죠. 기존의 코드를 참고하지 않고, 직접 구현해보고 프로젝트의 이해도를 더 높일 수 있는 과정이에요.

만다오에서 블록은 width, margin과 같은 스타일 속성을 가질 수 있는데요, 타입스크립트로 코드를 작성하면 이런 스타일 속성을 숫자로 관리할지 문자열로 관리할지 지정할 수 있습니다. 저는 이런 스타일 속성을 16px과 같이 단위를 붙여 문자열 타입으로 관리했어요. 16과 같이 숫자만 저장하는 것보다 단위 정보를 통째로 관리하는 것이 더 유리할 것으로 생각했거든요. 그런데 사용자가 입력한 숫자 값(예 : 14)과 기존의 값 중 어느 것이 더 큰지 판단하려면 결국 숫자 16이 필요하더라고요. 그래서 16px에서 단위를 일일이 제거해야 하는 상황이 계속해서 생겼어요. 코드 이곳저곳에 반복해서 단위를 떼었다 붙였다 하는 과정을 추가해줘야 하는 불편함이 느껴졌어요.

중간 코드 리뷰를 통해 이런 프로퍼티는 숫자 타입으로 관리하는 것이 더 효율적이라는 피드백도 받을 수 있었는데요, 어차피 만다오에서 사용하는 대부분의 단위가 픽셀 단위이기도 했고요. 이렇게 직접 시행착오를 경험한 후에 실제 만다오 코드를 읽으니 그 내용을 이해하는 데 더욱 도움이 되었습니다.

또, 전사 기술 스택인 리액트와 타입스크립트, 처음 사용해보는 상태 관리 라이브러리, UI 라이브러리 등의 기본적인 사용법을 자연스럽게 익혔습니다. 코드 외적으로도 사내 위키Wiki에 문서를 작성하고, 지라Jira의 이슈 단위로 업무 일정을 관리하는 등 입사 전 경험해보지 못한 프로젝트 관리 방식까지 함께 습득할 수 있었어요. 이렇게 실제 프로젝트에 투입되

요즘 우아한 개발

기에 앞서 예행 연습을 충분히 할 수 있어서 개발 경력이 없는 상태에서도 새로운 업무 환경에 원활히 적응할 수 있었습니다.

잡담이 경쟁력이다

사실 아쉽게도 아직 팀원들을 오프라인에서 본 적이 한 손으로 꼽을 정도예요. 코로나19 바이러스로 인한 전사 재택 기간에 입사해서 사무실로 출근한 날이 많지 않았거든요. 그렇지만 만다오팀은 비대면 환경에서도 활발하게 대화를 주고받고 있습니다. '송파구에서 일을 더 잘하는 11가지 방법' 중 '잡담이 경쟁력이다'라는 항목이 있는데요, 이 방법을 실천하며 슬랙 채널에서 정말로 많은 이야기를 나누고 있어요.

코드를 보다가 궁금한 점이 생기면 슬랙의 음성 채팅 기능인 허들^{Huddle}을 신청합니다. 허들에서는 음성으로 대화를 하는 동시에 화면 공유도 할 수 있는데요, 같은 화면을 보면서 코드 행간의 의미를 질문할 수 있다 보니 더욱 빠르게 도움을 받을 수 있어요. 또, 소소하게 재밌는 이야기로 웃음이 넘쳐날 때도 많아요. 이렇게 소통하다 보니 오프라인으로 자주 만나지 못했지만 금세 팀원들과 친해질 수 있었습니다.

만다오팀이 특별한 이유

만다오팀은 오로지 프론트엔드 개발자로만 구성된 팀으로, 프로젝트의 한 사이클에서 발생하는 업무를 프론트엔드 개발자 5명이 자급자족(?)한다고 볼 수 있어요. 입사 후 온보딩 프로세스부터 실제 업무를 시작하기까지

만다오팀에서는 프론트엔드 개발자에게 정말 많은 기회가 열려 있다는 것을 알 수 있었어요.

만다오팀에서는 매일 아침 데일리 스크럼 시간을 가져요. 이때 개선이 시급한 부분이나 어떤 신규 기능에 대한 니즈가 있는지도 공유합니다. 이 과정에서 팀원 모두가 함께 제품 기획을 다듬고 UI/UX를 고민할 수 있는데요, 이런 측면에서 만다오팀의 모든 개발자는 동시에 제품 오너라고도 볼 수 있지 않을까 싶습니다. 프론트엔드는 물론이고 서버를 직접 구성하면서 백엔드 개발까지 경험할 수 있고, 만다오를 사용하는 기획자, 마케터를 대상으로 운영 지원 업무도 경험할 수 있습니다. 하나의 기획을 구현하고 운영까지 끌고 나가면서 작게나마 프로젝트 관리 경험도 할 수 있어요.

개발자가 기획합니다

입사 2개월 차였던 어느 날 만다오 홈 화면 개편 니즈가 스크럼 중 안건으로 나왔어요. 홈 화면 개편 작업은 화면 전체를 아예 새롭게 구성하는 작업이었습니다. 원래 있던 기능의 일부를 개선하는 일반적인 작업에 비해 규모가 큰 편이었습니다.

저는 요구사항을 정의하고 UI/UX를 고민하며 디자인을 개선해나가는 과정을 특히 좋아합니다. 그래서 이 작업을 제가 맡으면 정말 재밌게 할 수 있을 거라는 확신이 들었고 용기를 내어 해보고 싶다고 말씀드렸습니다! 그렇게 바로 홈 화면 개편 담당자가 되었는데요, 선뜻 기회를 주셔서 내심 놀라고 기뻤습니다. 나중에 들었지만, 자신이 관심 있는 일을 맡았을 때 더 집중해서 잘 수행할 수 있기 때문이라는 얘기를 들었습니다.

만다오 홈 개편 작업을 시작하면서 제가 첫 번째로 할당받은 지라 티켓은 화면 '설계'였습니다. 프론트엔드 개발자에게 코드 한 줄 작성하지 않고 오직 UI/UX만 고민하는 태스크가 할당되다니, 제게는 꽤나 신기하고 즐거운 일이었어요. 디자인 작업에 들어가기에 앞서 현재 만다오 홈페이지가 수행하는 역할은 무엇인지, 어떤 점이 더 개선되면 좋을지부터 위키 문서에 적어보았습니다. 스크럼 중 공유받은 니즈와 제가 평소 메모해두었던 부분을 참고해서 개선 포인트를 정리했어요. 이 과정을 통해 요구사항을 더 구체화할 수 있었습니다.

개발자가 디자인도 하고요

기획을 어느 정도 마무리하고 난 후, 팀 피그마Figma에서 이런저런 UI를 그려보며 디자인 작업을 시작했어요. 작년 우아한테크코스 과정을 진행하면서 피그마로 UI 작업하는 과정을 많이 경험해본 덕분에 금방 적응해서 그릴 수 있었습니다.

이후 팀원들과 UI 초안을 발전시키는 자리에서 다양한 아이디어가 모였어요. 이를 바탕으로 한 차례 개선 작업을 마치고 나니, 이전보다 사용성이 훨씬 개선된 게 느껴졌어요. 그래서 그 과정이 정말 즐거웠답니다. 마지막으로 그룹장님의 승인까지 받고 개편 디자인이 확정되었습니다.

프론트엔드 개발자이지만 서버 개발도 합니다

입사 후 m/d라는 용어를 새롭게 배웠습니다. 한 사람의 1일 업무량을 뜻하고, '맨데이'라고 읽는데요, 만다오 홈 개편 작업의 디자인을 마치고 구현을 시작하면서, 개발 기간이 총 7일 소요될 것으로 일정 산출을 했습니다. 티켓도 3개로 잘게 쪼개서 꽤 구체적이고 현실적인 일정 산출이라고 생각했죠.

그런데 실제로는 2배에 가까운 시간이 소요되었습니다. 초보 개발자인 저는 화면에 표시할 앱 목록을 받아오는 API를 새로 만들어야 한다는 사실을 간과해버렸죠. DTO*가 뭔지도 모르던 제가 NestJS 공식 문서를 보면서 벼락치기를 했습니다. 다행히 기존에 잘 작성된 코드가 있는 덕분에, 기본 문법만 익히는 것만으로도 필요한 API를 작성할 수 있어요. DB 테이블을 조인하는 부분에서 애를 먹었지만, 이 부분도 팀원들의 도움으로 잘 마무리할 수 있습니다. 일정 산출을 잘하지 못한 건 아쉬웠지만, 직접 만든 API에 요청을 보내고 응답이 잘 돌아오는 것을 보니 뿌듯했습니다.

개발자가 직접 운영 지원도 해요

만다오팀은 #support-mandao라는 서포트 채널을 운영합니다. 이 채널을 통해 만다오 사용자가 궁금한 점이나, 저희 만다오 개발자들의 지원이 필요한 부분을 듣고 도와드리고 있습니다. 사실 아직도 서포트 채널에 글

---

*   Data Transfer Object. 계층 간 데이터 전송을 위해 도메인 모델대신 사용되는 객체. 중요한 정보를 노출하지 않고 시스템 간 원활한 통신이 가능하다.

       요즘 우아한 개발

이 올라왔을 때, 어떻게 안내해야 할지 몰라서 헤매는 경우도 있어요. 그래서 선배 개발자들의 도움을 많이 받고 있는데, 경험을 쌓아 하루빨리 혼자서도 문제없이 운영 지원을 해내고 싶은 욕심도 있습니다.

정말 이 팀이 잘 맞는 것 같아요

2022년 5월 10일, 처음으로 제 손으로 배포를 한 날이자, 앞서 소개해 드렸던 개편된 만다오 홈 화면을 처음으로 선보인 날입니다. 베타 환경에서 배포했던 홈 화면에 부족한 점이 많았는데, 만다오 개발자 선배들이 소중한 피드백을 전해준 덕분에 잘 보완해서 무사히 배포할 수 있습니다. 홈 화면이 공개된 후, 서포트 채널을 통해서 만다오 사용자들이 격려 말씀을 보내주셨어요. 업무 미팅에 갔는데, 회의 참석자로부터 홈 화면을 포함해 계속해서 추가되는 기능들이 예쁘고 편리하다는 피드백을 들을 수도 있었어요.

사실 개편된 홈 화면이 예뻐 보이는 건 우리 디자이너분들이 이벤트 지면을 예쁘게 뽑아준 덕분입니다. 그래도 팀원들과 계속해서 어떻게 하면 더 편하게 사용할 수 있을지, 고민하고 신경 썼던 부분들을 정확히 알아주는 사용자가 많아서 매우 기뻤습니다. 사용자의 목소리를 이렇게 가까이서 들을 수 있다는 점도 만다오팀의 큰 매력인 것 같아요. 입사 후 '갈 수 있는 팀 중에 제일 잘 맞는 팀에 왔다'라는 표현을 종종 써왔는데요, 그만큼 즐겁게 몰입해서 일할 수 있기에 참 감사한 마음이 듭니다. 좋은 분들과 함께하며 다양한 경험을 할 수 있는 우아한형제들에서 앞으로도 프론트엔드 개발자로서 즐겁게 성장해나가고 싶습니다.

✎02
개발자를 위한
셀프 서비스 디자인 시스템

#디자인시스템   #셀프서비스

 임보영, 이미라, 이윤희

2021.10.20

    2020년 1분기에 사장님들을 위한 포털인 배민사장님광장의 셀프 서비스(사장님들이 직접 배민 앱에서 가게 설정 등을 수정할 수 있는 서비스) 전면 개편 프로젝트를 진행했습니다. 셀프 서비스를 만들면서 적용했던 디자인 시스템에 관해 개발자 관점에서 이야기를 해보려고 합니다.

    디자인 시스템에서 시스템이란 **'복잡한 사회적 체계의 맥락에서 구조와 행동을 통제하는 규칙들의 집합체'**에 가깝습니다. 저희는 단순히 UI/UX 가이드라인이 정의된 UI 템플릿이 아닌, **프로토콜과 같은 매우 강력한 규칙**으로 시스템을 만들고 이를 바탕으로 디자인 시스템을 만들었습니다.

    셀프 서비스 개편은 50여 페이지, 140여 다이얼로그, 10여 API 호스트, 150여 REST/GraphQL 엔드포인트와의 연결이 되어 있는 작지 않은 프로젝트였습니다. 게다가 다양한 크기의 기기들에 대응하는 반응형 제작도 기다리고 있습니다.

거기에 주어진 일정은 2개월, 워킹데이로는 40일이었습니다. 단순히 계산하면 풀타임 프론트엔드 개발자 5명이 하루에 한 페이지씩 만들어야 하는 분량입니다. 하지만 아직 디자인이 나오지 않은 상태였고 QA*를 위한 시간도 미리 확보해야 했습니다. 지면도 많고 복잡도도 높았지만, 정보를 컴포넌트화해서 재사용성을 높이면 더 효율적으로 빠른 시간 안에 개발할 수 있겠다는 생각에 디자인 시스템을 도입하기로 했습니다. 아래는 셀프 서비스 디자인 시스템의 구조입니다.

• 셀프 서비스 디자인 시스템 •

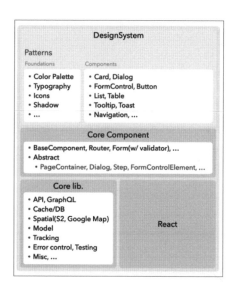

---

*   Quality Assurance. 프로젝트의 기능 검증 및 품질 테스트

코어 컴포넌트

코어 컴포넌트는 대부분 추상 클래스로 구성되어 있으며 이를 상속받아 스택을 쌓아 올리는 구조로 설계되었습니다. 이 중 BaseComponent와 PageContainer를 자세히 살펴보겠습니다.

BaseComponent

BaseComponent는 모든 컴포넌트가 상속받아야 하는 기본 클래스 컴포넌트입니다. 이 컴포넌트는 크게 세 가지 역할을 수행합니다.

첫 번째, 새로운 생명주기를 정의합니다.

두 번째, 이벤트를 자동으로 해제합니다. 컴포넌트가 마운트될 때 하는 다양한 처리 중에는 DOM 요소나 컴포넌트에 이벤트를 설정하는 경우가 있습니다. 이때 설정된 이벤트를 해제해야 하는데 종종 이를 빠뜨릴 때가 있습니다. 이를 방지하고자 on 메서드를 만들었습니다.

마지막으로, 웹 로그 관련된 tracking 멤버 변수가 있으면 자동으로 로그를 전송해줍니다. 이 값을 설정하면 마운트 시 자동으로 서버에 로그를 전송해서 데이터 시각화나 A/B 테스트에 사용할 수 있습니다.

PageContainer

추상 클래스인 BaseComponent를 상속받는 또 다른 추상 클래스로 URL이 있는 모든 페이지가 상속받아야 하는 컴포넌트입니다. PageContainer

를 상속받는 컴포넌트는 반드시 해당 페이지의 뷰 로그를 남기도록 추상 변수를 사용해 강제했습니다. 도메인별로 페이지 점검이 이루어질 때 점검 화면을 보여줄 수 있도록 서버 상태를 관리하는 변수도 마련해두었습니다.

코어 라이브러리

CachedEntity

CachedEntity는 서버 사이드에서 많이 쓰이는 캐시 관리 기법이 적용된 추상 클래스입니다. 자주 변하지 않는 데이터의 경우 CachedEntity의 인터페이스에 맞춰서 구현하면 TTL^time to live*이 지원되는 디스크/메모리 캐싱 기능을 사용할 수 있습니다. CachedEntity의 인터페이스를 통해 메모리 캐시 확인, IndexedDB 확인, API 호출 순서로 데이터를 조회합니다. 조회된 데이터는 IndexedDB와 메모리에도 캐시하고 재활용합니다. CachedEntity 자체는 복잡한 구조로 이루어졌지만 실제로 활용할 때는 간단한 코드만으로 복잡한 기능을 동작시킬 수 있습니다.

화면 구성요소

본격적으로 폼 같은 구성요소를 만들고 각 화면에 빠르게 적용했습니

---

* 데이터의 유효 기간을 나타내는 방법으로 캐시의 성능이나 프라이버시 수준을 향상시키는 데 사용됨

다. 단순 UI만을 구현한 컴포넌트가 아닌 컴포넌트 간의 관계를 고려해 다양한 규칙들을 정의했습니다. 그덕분에 화면 구성에 드는 고민 시간을 줄일 수 있었습니다.

이렇게 만든 카드 컴포넌트는 유연하고 확장 가능한 카드 형식의 콘텐츠 컨테이너이며, 선택적으로 추가할 수 있는 카드 헤더와 카드 레이아웃 (행/열 정렬) 컴포넌트를 제공합니다. 카드 하위에 있는 아이템들을 재구성해서 노출시키고 있어서 나중에 레이아웃이 변경되더라도 기존 코드들을 수정하지 않고 카드 컴포넌트에서 재조립할 수 있다는 장점이 있습니다.

상속 구조

구성요소를 만들 때 공통적인 부분은 최대한 추상 클래스에 구현해, 비즈니스 로직과 관련된 부분만을 작성하도록 영역을 격리했습니다. Dialog 컴포넌트는 비즈니스 로직이 들어가는 화면에만 집중하도록 만든 대표적인 추상 컴포넌트입니다. 컴포넌트는 상속받는 곳에서 메서드를 오버라이드*해 커스텀이 가능하도록 설계되었습니다.

Dialog 컴포넌트

Dialog 컴포넌트는 정보 또는 경고 메시지를 표시해 사용자에게 보여주

---

* 부모 클래스에서 상속받은 메서드를 재정의하는 것

요즘 우아한 개발

는 추상 클래스입니다. 전역 스토어로 관리되며, 화면에 그려주는 부분은 Root Component에서 담당합니다. 모든 다이얼로그는 Dialog 컴포넌트를 상속받고 추상 메서드renderBody를 구현해야 합니다.

특수한 상황에서는 renderTitle, renderFooter를 오버라이드해 다른 형태로 보이게 할 수 있고, 그보다 더 큰 변화가 필요한 경우 renderContent 전체를 오버라이드해 다이얼로그의 open/close 기능만 사용하고 완전히 다른 표현 형식을 가지게 할 수도 있습니다. 이처럼 하나의 상위 클래스를 만들어서 오버라이드를 통해 중복 구현해야 하는 부분들을 최대한 줄였습니다.

StepDialog 컴포넌트

StepDialog 컴포넌트는 Dialog를 상속받은 추상 클래스입니다. 긴 호흡의 UX 컨텍스트를 가진 화면들이 이전/다음 버튼으로 연결된 다이얼로그를 구현하는 데 사용됩니다. StepDialog는 대부분 여러 화면을 구성하는 데 하나의 데이터 객체를 사용합니다. 그래서 진행 상태, 사용할 데이터 등을 포함한 로컬 스토어를 가지며 다이얼로그 내의 UI들은 이 스토어 정보의 변화에 반응하게 되어 있습니다.

StepDialog를 만들 때 Step이라는 추상 클래스 컴포넌트를 상속받아 각 화면을 구현합니다. 그리고 StepDialog의 추상 메서드 renderSteps( )를 구현할 때 각 화면의 컴포넌트를 배열로 반환해 각 단계를 배열 순서로 노출시킵니다.

이처럼 디자인 시스템에서는 대부분 코드를 객체지향 추상 클래스로 구성해서 셀프 서비스 프로젝트를 진행할 때는 비즈니스 로직을 처리하는 데 집중할 수 있게 했습니다. 공통된 UI/UX와 규칙을 정의해 스타일에 대한 고민 없이 큰 틀에서의 디자인은 그대로 이어가도록 한 겁니다. 또한 새로운 컨텍스트가 필요한 부분들만 캐스케이딩cascading*해 사용하여 커뮤니케이션 시간은 줄고 업무 속도는 향상되었습니다.

지금까지 디자인 시스템의 도입 과정과 생산성을 높이는 시스템 설계 경험을 소개해보았습니다. 디자인 시스템을 구축하고 끝나는 것이 아닌 지속적으로 보완하고 개선하기 위한 장치로써 매주 워크숍을 진행하고 있고, 여기서 다양한 코드를 함께 만들고 논의하며 신뢰를 쌓아가고 있습니다.

---

* 　적용된 스타일 중 어떤 스타일을 선택할지 우선순위를 결정하는 원리

요즘 우아한 개발

🐝 03
콜라 좀 쉽게 담을 수 없나요?

#안드로이드   #사용성   #검색

 윤효정
2019.02.25

배민 앱 개발팀에서 배달의민족 안드로이드 앱을 만드는 개발자입니다. 앱 클라이언트에서 메뉴 탐색 사용성을 개선할 목적으로 메뉴 검색과 퀵메뉴를 만든 이야기를 풀어봅니다.

메뉴 고르기가 수고롭다

음식점에 처음 방문한 손님은 벽에 걸린 메뉴판을 훑어보면서 메뉴를 고르는 액션을 시작합니다. 이 벽 저 벽에 걸린 메뉴가 한눈에 들어오지 않으면, 비슷한 메뉴끼리 정리되어 있는 책자를 보면서 음식을 눈에 익힙니다. 고민이 많은 손님은 앞뒤로 넘겨보면서 반복된 행동을 하기도 합니다. 자주 오는 손님은 메뉴판 없이 곧바로 주문하고요.

배민 앱에서 메뉴 고르는 방법은 위아래로 스크롤하면서 일일이 메뉴를 들여다보는 방법 한 가지였습니다. 메뉴가 많은 가게에서는 스크롤 액션만으로 한눈에 다 들어오지도 않습니다. 또 보통 음료는 맨 밑에 있기에 콜라를 추가하려면 스크롤을 끝까지 내려야 합니다. 목록이 길수록 불필요한 스크롤 액션 횟수가 늘어납니다. 콜라를 항상 주문하는 저 같은 고객은 콜라를 담을 때마다 메뉴 검색이 있다면 하는 생각이 듭니다.

가게 상세에 메뉴 검색 기능이 드디어!?

2018년 12월 업데이트 과제로 가게 상세 화면의 메뉴 탐색 사용성 개선 과제가 잡혔습니다. 전에 호미부대TF라는 조직에 있었는데, 사용자의 편의성을 높일 목적으로 소소한 변경 사항을 개발하는 조직이었습니다. 메뉴 탐색 개선은 호미부대TF가 개선하려던 작업 중 하나였지만 TF 종료로 진행하지 못해 개인적으로 아쉬웠던 차였습니다. 게다가 먹는 것만 먹는 배민 사용자로서 꼭 있으면 하는 기능을 추가한다니 두 손 들고 환영하며 과제를 받았습니다. 그러나 첫 기획 및 디자인 리뷰를 받고 개발 일정을 잡았음에도 다른 작업이 높은 우선순위로 들어와 한 번 더 일정이 연기되었습니다.

기획 및 디자인 리뷰 자리에서 기대하던 메뉴 검색 기능의 스펙을 보겠습니다. UI 개발은 비교적 간단하고, 핵심은 검색어 스펙 같은데, 기획서에 명시된 검색어의 세부 스펙이 간단합니다.

1 '메뉴명'만 검색어 대상이다.

2 검색어가 메뉴명에 포함되면 검색 결과를 노출한다.

3 초성 검색은 지원하지 않는다.

생각보다 간단한 스펙에 여러 의문이 들었지만, 다른 작업이 더 있는 것 같아서 바로 작업에 착수했습니다.

메뉴 탐색 사용성 개선을 위한 퀵 메뉴

기존의 가게 상세에서 메뉴 목록은 메뉴군으로 그룹핑되어 노출되고 그룹 단위로 접거나 펼칠 수 있지만, 기본적으로 메뉴 그룹을 모두 펼쳐서 제공합니다. 그래서 한눈에 어떤 종류의 메뉴들이 있는지 볼 수 있고, 특정 메뉴 그룹으로 빠르게 갈 수 있는 방법을 제공하는 새로운 퀵 메뉴 위젯이 등장했습니다.

왼쪽 그림이 퀵 메뉴의 디자인 시안입니다. 흔히 쓰는 RecyclerView.FastScroller와 ScrollerTrack에 섹션 타이틀이 붙어 있는 형태(연락처에서 많이 보던 UI)와 유사한 것 같지만 다릅니다. 기획서나 정적인 디자인 시안만으로는 작업 범위가 얼마나 될지 감이 잡히지 않습니다. 이때 레퍼런스 앱이 등장합니다. 바로 구글 문서 앱입니다.

구글 문서 앱의 스크롤러 UI와 동작을 참고했다고 하지만 전에 써보지 않아서 사용하기에 낯설었습니다. 스크롤러를 몇 번 써보니 크게는 어떤 것을 만들겠다는 가늠이 되지만, 세부적인 구현 방법이 딱 떠오르지 않습니다. 커스텀 UI 컴포넌트를 새로 만드는 것은 하나부터 열까지 챙겨야 할 게 많아 까다로운 편이라 누군가 만들어둔 라이브러리가 있었으면 했습니다. 하지만 배민 앱의 가게 상세 뷰 구조가 복잡한 편이라 라이브러리를 그대로 적용할 수 있을거란 기대는 버렸습니다.

퀵 메뉴 대비 검색 기능 개발 스펙이 명확하고 적어 빠르게 끝날 것으로 보고 메뉴 검색부터 작업하기 시작합니다. 물론 퀵 메뉴보다 검색이 더 중요하다는 판단이 들기도 했고요.

세트 메뉴 디스플레이 모델을 재활용할 수 있지 않을까?

가게 상세 메뉴는 대표 메뉴, 세트 메뉴, 일반 메뉴로 세 가지 UI 스타일이 있고, 각각 RecyclerView.Adapter 디스플레이 모델로 관리되고 있습니다. 검색 결과 메뉴 아이템 모델은 이 중에 메뉴 사진과 메인 메뉴 배지 노출 여부에 열려 있는 SetMenuDisplayModel과 비슷한 모델(DisplayModelMapper, DisplayAdapterDelegate, layout.xml)을 재활용할 수 있을 것 같았습니다. UI 변경 사항이 잦은 배민 앱 특성상 관리 포인트를 줄이기 위해 새로운 화면에서 쓰는 아이템 모델은 새로 생성하는 편이지만, 이 메뉴 아이템 모델 UI 디자인 의도는 가게 메뉴의 디자인과 동일하게 디자인했고, 이후에도 가게 메뉴 디자인에 의존해 변경 가능성이 훨씬 크기 때문에 Mapper까지 재활용할 수 있었습니다.

검색 결과 디스플레이 모델 객체를 담은 리스트는 최초에 한 번만 생성하자

글자 입력 이벤트가 발생할 때마다 검색 결과를 가져오도록 스펙이 재

정리되었습니다. 매 이벤트마다 아이템 모델 리스트를 새로 매핑할까, 아이템 모델 리스트를 미리 매핑해 들고 있을까? 고민됩니다. 전자로 개발할 때 고려할 사항이 있습니다.

1 매 결과 생성 시 세트 메뉴와 일반 메뉴에 있는 대표 메뉴 중복 제거를 고려해야 한다.

2 이벤트1 발생 → DM 객체 생성 및 어댑터 모델 목록 추가 → adapter.notify → 이벤트2 발생 → 이벤트2가 발생할 때 별도 인덱스를 갖고 있지 않는 메뉴 목록의 노출 순서는 어떻게 보장할 것인가?

3 매번 모델을 새로 만드는 것이 뭔가 부담스럽다.

메뉴 모델이 몇 천 개씩 되면 힘들겠지만 100개 언저리를 오가는 정도라 고려사항이 적은 미리 만들기 방법을 선택하고 Presenter 모델 클래스를 정의합니다. 메뉴명으로 메뉴 검색 결과를 노출해야 하니, 메뉴명과 위에서 언급한 세트 메뉴 디스플레이 모델을 Pair 타입으로 잡아둡니다.

Presenter 모델 정의가 끝났으니, 입력 이벤트와 검색 결과를 연결해봅시다.

검색어 조건은 이대로 가야 하는 거니?

기획 초안 버전에서 검색어 조건 스펙은 이렇습니다.

1 검색어 대상은 '메뉴명'이다.

2 검색어가 메뉴명에 포함되면 해당 메뉴를 노출한다.

아주 단순한 2번 스펙은 한글 기준으로 같은 음절 단위 문자의 포함 여부를 보고 검색 결과를 보여준다는 것인데, 개발 테스트를 해보니 개인적으로는 아쉬운 결과물이 나왔습니다. 예를 들어 '이탈리안'으로 검색해 '이탈리안 피자'를 찾고 싶을 때 현상을 살펴보면 이렇습니다.

- 'ㅇ', 'ㅣ' 두 문자를 입력해야 처음으로 '이'를 포함한 메뉴명 검색 결과 목록이 나옵니다.
- '이1', '이2', '이3' … 이 검색 결과 상단에 있다면, '이탈리안'을 보기 위해선 다음 글자인 '이탈'까지 입력할 때도 역시, 'ㅌ', 'ㅏ', 'ㄹ' 세 문자를 입력해야 다시 결과를 볼 수 있습니다.
- 물론 '읕', '이타' 상태에서는 '이'의 이전 결과도 사라져 있습니다.

평소에 많이 쓰던 다른 서비스들의 검색 결과와 달라서인지 글자가 음절 단위로 완성될 때만 결과가 나오는 것이 부자연스러워 보입니다. 일반 사용자의 입장이 되어 키보드를 몇 번 눌러만 봐도 키보드 입력마다 검색해주는 건 알겠는데, 글자가 완성될 때만 검색 결과가 노출되어 검색 결과가 없다고 했다가, 있다고 했다가 빈번하게 바뀌는 것이 확실히 잘못되어 보입니다. 이런 완성형 한글 검색이라면 입력 이벤트가 발생할 때마다 결과를 보여주지 않고 검색 버튼으로만 검색 조회를 하는 것이 차라리 낫겠다 싶을 정도였습니다.

다시 말해, 제가 원하는 건 '입력 이벤트 사이에 흰색 화면(검색 결과 없음)이 빈번하게 노출되지 않았으면 좋겠다'입니다. 이걸 어떻게 구현할지 구체적인 요구사항으로 정리하기 위해, 제가 좋아하는 몇몇 서비스의 검색 기능을 간단히 살펴보았습니다. 둘러본 결과 한 번 검색어 입력이 시작되면 최대한 검색 결과 화면은 비어 있지 않는 것을 추구하는 것 같아 보였습니다. 유스 케이스 하나로 이 요구사항을 정리해봅니다. '이탈리안 피자'를 찾고 싶을 때, 입력한 값에 대해 기대한 결과는 이렇습니다.

1 ㅇ, ㅇㅌ, ㅇㅌㄹ, ㅇㅌㄹㅇ을 입력하는 동안 '이탈리안 피자'는 검색 결과에 항상 있어야 한다.

2 ㅌ, 타, 탈을 입력하는 동안 '이탈리안 피자'를 포함한 검색 결과는 항상 있어야 한다.

3 ㅌ, 타, 탈을 입력하는 동안 '이탈리~', '이타리~' 등이 검색 결과에 항상 있어야 한다.

4 이탈ㄹㅇ으로 입력해도 '이탈리안 피자'는 검색 결과에 항상 있어야 한다.

추가된 스펙은 두 개로 압축됩니다.

1 초성 검색을 지원한다.

2 마지막 입력된 글자가 종성이라면 다음 글자의 초성으로 사용되도록 쪼개서 다시 검색한다.

한글 초성 검색 오픈 소스를 커스텀해보자

처음 해보는 한글 자모를 활용한 개발을 시작했습니다. 한국어 지원 서비스들이 공개한 라이브러리가 있기를 기대하며 구글링을 해봅니다. 1번 스펙을 만족하는 오픈 소스가 있어 살펴보니 2번 스펙은 없군요. 흔한 개발자들은 이 정도는 다 만들어서 쓰나 봅니다. 처음부터 개발 일정이 빠듯하니, 하던 대로 오픈 소스를 파악하고 커스텀해봅니다. 먼저 조합된 한글에서 초성, 초중성을 발라냅니다.

1 한글 음절 단위(조합형 한글) 문자값이 Hangul Syllables 표*에서 몇 번째인지 인덱스를 구한 후, 중성과 종성의 조합된 총 개수로 나눠 초성의 인덱스를 얻습니다.

2 Hangul Jamo 표** 값 중에서 몇 번째에 위치했는지 초성 인덱스를 구한 후, 해당 초성 char 값을 얻을 수 있습니다.

3 추가로 Hangul Compat Jamo*** 값 중에서 추출하는 때에는 초성 인덱스를 이용해 추출하되, Hangul Jamo와 같은 인덱스로 얻어올 수 있도록 Hangul Jamo와 겹치는 값만으로 이뤄진 배열로 관리합니다(참고로 호환 자모는 initial consonants, medial vowels, final consonants을 의미하는 자음과 모음의 컬렉션과는 달리, 문자(Letter) 자체를 의미합니다. 즉 호환 자모의 'ㄱ'이라는 문자값은 초성이나 종성으로 간주할 수 있습니다).

4 초성, 호환 초성이 대상어에 포함된 것뿐만 아니라, 초중성으로 조합된 단어가 포함되었는지도 봐야 합니다. 초중성 종성 인덱스를 구해서 빼주면 초중성 단어의 char 값을 구할 수 있습니다.

검색 대상어(target)와 검색 패턴(pattern) 비교문을 작성합니다.

1 넘어오는 패턴값이 초성, 초중성인지 경우를 나눠서 비교합니다.

---

* https://unicode.org/charts/PDF/UAC00.pdf
** https://unicode.org/charts/PDF/U1100.pdf에 정의된 초성(0x1100~0x1112)
*** https://unicode.org/charts/PDF/U3130.pdf에 정의된 호환 초성(0x3131~0x314E)

요즘 우아한 개발

2 마지막 글자에 종성이 있으면 종성을 분리해서 다음 글자의 초성으로 붙여서 매칭해봐야 합니다. '갈'을 입력할 때 '가리비'가 나오려면 패턴을 '가ㄹ'로 변조해서 검색을 한 번 더 해야 합니다. '가ㄹ'을 포함하는 메뉴명은 '갈'을 포함하는 메뉴명보다 노출 순위가 낮아야 하므로 '갈' 패턴어로 메뉴명 리스트를 매칭 로직을 돌린 후 '가ㄹ'로 한 번 더 돌립니다. 다시 말하자면, 입력 중인 마지막 단어에 종성이 입력되면 메뉴명 리스트는 두 바퀴 for문을 돌게 됩니다.

이 정도만 자연스러워진 것 같습니다. 그 밖에 몇 가지 고려한 사항은 다음과 같습니다.

1 OS 하위 버전 단말기에서는 사용자의 키보드 입력 속도를 시스템의 뷰 업데이트 속도가 따라잡을 수 없어 지연되는 현상 검토
2 배민마켓에도 검색 기능 추가

딜레이 현상을 해결하기 위해서 업데이트 입력 이벤트에 대해 일정 시간 동안 중복 이벤트를 무시하도록 디바운싱* 처리했습니다. 최소 지원 버전인 API19/갤럭시 S3에서 테스트를 했으나, 사실 큰 차이를 보이지 않았습니다만 로직은 남겨뒀습니다.

배민마켓은 MVP(Model - View - Presenter) 코드가 분리되어 있습니다. 첫 개발 당시 해당 화면의 아이템 구성이 배너, 2단 메뉴, 메뉴그룹 더 보기, 하단 정보 등으로 UI 스타일이 달라, RecyclerView.LinearLayoutManager 하나로 관리하도록 메뉴 아이템 모델은 메뉴를 2개씩 담는 형태

---

*   debouncing. 연이어 발생한 이벤트를 하나의 그룹으로 묶어서 처리하는 방식

로 만들었습니다. 그런데 이 방식은 이벤트 처리마다 객체 생성을 피하고자 디스플레이 모델을 미리 담았기 때문에 검색 결과에 따라 달라지는 메뉴 순서에 대응할 수 없는 문제가 있었습니다. 이 문제를 해결하는 작업까지 진행해 예상 일정을 한 번 더 어기게 되었습니다. 검색 기능이 들어갈 것을 알고 있었음에도, 일정에 중첩된 RecyclerView 사용을 염두에 두지 않은 탓이었습니다.

테스트 케이스가 채워준 놓친 검색어 경우

드디어 퀵 메뉴 개발을 시작하려 했으나, 받침이 있지만 받침을 무시하고 메뉴가 노출되는 이슈가 올라왔습니다. '배ㅇ'로 검색할 때, '떡볶이(백원)' 메뉴명이 검색 결과에 노출되는 버그였습니다. '백'의 ㄱ 종성이 있음에도 초중성 '배'를 추려내고 다음 초성을 붙여 비교를 하고 있었나 봅니다. 정의 및 개발할 때 놓쳤던 경우였습니다.

매칭 로직을 패턴의 마지막 문자인 경우와 이전 문자인 경우를 나눠 비교하도록 수정합니다. 이전 글자는 초성을 포함하거나 같은 문자여야 하고, 마지막 글자는 초중성을 포함하거나 같은 문자여야 성공하도록 변경합니다.

간만에 개발자 본인 의지가 있는 기능을 넣는다니 기왕이면 쓸만하게 만들어야겠다는 욕심이 앞서 스펙을 불렸습니다. 검색 UI 개발이 예상보다 일찍 끝났기 때문에 한글 검색 조건 세부 스펙을 추가 정의하고, 개발, 테스트를 해서 만족스러웠습니다. 그러나 추가된 스펙 때문에 따라오는 이슈들로 개발 완료가 늦어졌고, 퀵 메뉴 개발을 시작해야 하는 시점을

요즘 우아한 개발

넘겼습니다. 결국 퀵 메뉴는 개발이 늦어져 배포 일정이 한 번 밀렸습니다. 결과적으로 불필요한 작업을 하느라 시간을 허비한 것은 아닐까라는 생각이 듭니다.

그 후 모든 기능이 배포되고 뒤늦게 알게 된 사실이 있습니다. 기능을 기획, 디자인한 담당자는 메뉴 탐색 개선 작업에서 검색보다 퀵 메뉴 기능에 더 공을 많이 들이고, 핵심적인 기능으로 바라봤다는 것이었습니다. 퀵 메뉴 기능이 훨씬 더 중요한 피처로 기획된 것임을 개발 전에 알았더라면 작업의 순서와 속도가 달라지지 않았을까, 개발자인 나 스스로가 편향된 사고를 좀 덜 수 있지 않았을까 하는 아쉬움도 남았습니다.

04
만드는 사람이 수고로운 UX 개발기

#웹프론트엔드   #UX

 이찬호
2022.12.26

"만드는 사람이 수고로우면 쓰는 사람이 편하고, 만드는 사람이 편하면 쓰는 사람이 수고롭다." 우아한형제들 사무실에서 쉽게 발견할 수 있는 문구입니다. 이 문구를 볼 때마다 나의 게으름이 서비스 사용자를 수고롭게 하는 건 아닌지 생각해보게 되는데요, 제가 개발하는 공급망 관리 서비스인 SCM은 발주를 넣는 내부 직원과 공급사에서 사용하는 백오피스 서비스입니다. 백오피스 서비스의 특성상 디자이너 없이 개발되는 경우가 대부분이고, 서버 개발자가 기능만 동작하도록 개발해서 사용할 때도 많습니다. 따라서 사용성은 쉽게 우선순위에서 밀리곤 하죠.

일반 고객용 서비스와 다르게, 백오피스 서비스는 사용자들이 하루 종일 업무에 사용합니다. 사용성이 고려되지 않은 서비스의 불편함을 감수하면서 하루 종일 고통받으며 업무를 하게 되지요. 이 때문에 사용자들 사이에서는 불편한 기능을 잘 활용하는 방법을 공유하기도 합니다.

저는 백오피스 서비스에 더 나은 UX를 제공해 백오피스 사용자의 업무 경험이 좋아지길 바랍니다. UX를 개선해서 사용이 편해지고 휴먼 에러도 방지한다면 더 나아진 업무 환경에서 업무 생산성을 높일 수 있기 때문입니다.

탭 UI : 탭 기반의 멀티페이지 관리 시스템

여러분은 일상적으로 웹 브라우저를 사용할 때 탭 하나에서 모든 작업을 처리하나요? 아니면 필요한 정보와 작업마다 탭을 번갈아 열며 작업하나요? 탭 하나에서 다양한 작업을 처리하는 것은 불편합니다. 작업 중인 페이지와 관련된 정보를 보존하기 위해 탭을 사용하는 방식에 다들 익숙할 겁니다.

여러 페이지를 오가며 작업해야 하는 백오피스 서비스에서 한 번에 하나의 페이지만 볼 수 있다면 작업이 얼마나 불편할까요? 이러한 문제를 해결하기 위해 페이지 단위의 서비스가 아닌, 페이지를 탭으로 관리하며 여러 탭(페이지)을 동시에 열어두고 작업할 수 있는 탭 UI를 개발했습니다.

• SCM에 적용한 탭 예시 •

탭 UI의 핵심 기능을 살펴보면 다음과 같습니다.

- 왼쪽 메뉴를 클릭하면 페이지가 바뀌는 대신 새로운 탭이 열립니다.
- 각 탭은 독립적인 상태로, 다른 탭으로 이동한 후에도 작업 중이던 내용을 그대로 유지할 수 있습니다.
- 작업 중(사용자 입력 중)인 페이지를 탭에 표시합니다.

이러한 편의성은 매우 매력적이지만, 이를 구현하기 위해 개발자로서 극복해야 할 수고로움도 있었습니다.

- **성능 이슈** : 열려 있는 탭이 많아질수록 DOM에 추가되는 엘리먼트도 증가합니다. 이로 인해 성능 저하가 발생할 수 있습니다. 이 문제를 해결하기 위해 활성화된 탭의 페이지만 렌더링하고, 나머지 탭의 엘리먼트는 DOM에서 제거하여 필요한 부분만 유지하도록 설계했습니다.
- **상태 관리의 복잡도** : Form을 다룰 때는 일반적으로 비제어 컴포넌트Uncontrolled Component를 사용하지만, 탭이 활성화되거나 비활성화될 때 컴포넌트가 삭제되면 비제어 컴포넌트가 가지고 있던 값도 함께 사라집니다. 이를 해결하기 위해 실시간으로 상태를 저장하고 관리하도록 제어 컴포넌트와 비슷한 방식을 도입했습니다.
- **탭 간 정보 동기화** : 예를 들어 상품 상세 페이지에서 수정 작업을 한 후 목록 페이지로 돌아오면 수정된 내용이 목록 페이지에도 반영되어야 합니다. 페이지 단위의 UI에서는 두 페이지가 별개이므로 이런 동기화가 비교적 간단하지만, 탭 UI에서는 이미 목록 페이지가 열려 있기 때문에 탭 사이 별도의 처리를 통해 수정 작업 후 목록 페이지로 탭을 이동했을 때 새로운 데이터를 받아올 수 있도록 설계했습니다.

프로젝트를 처음 구성할 때부터 이 탭 UI의 사용성을 최적화하기까지 정말 오랜 시간이 걸렸습니다. 그래서 새로운 프로젝트를 시작할 때도 탭 UI를 꼭 넣었으면 한다는 이야기를 듣곤 하는데요, 피드백을 들을 때마다 뿌듯함과 슬픔이 공존하곤 합니다.

입력 중인 상태 보호, 편집됨

다음으로 소개해드릴 UX는 '편집됨'입니다. 서비스를 사용하다가 실수로 [뒤로가기]를 누르거나, 여러 정보를 입력하던 모달을 닫아 입력 중인 정보가 날아간 경험이 있지 않으신가요? 우리가 자주 사용하는 프로그램에서는 기본적으로 편집 중인지를 체크하고 사용자가 창을 닫으려 할 때 수정 중인 내용에 대한 처리를 묻습니다.

• SCM에 반영한 편집됨 표기 •

SCM은 정보가 많은 데이터를 다루기 때문에 데이터를 입력하는 도중에 페이지를 새로 고침하거나, 모달에서 작업 중일 때 모달을 닫으면 데이터가 날아갈 수 있습니다. 이를 방지하기 위해 사용자 입력을 받는 모

든 페이지와 모달에 '편집됨' 상태를 넣었습니다.

• SCM에 반영한 닫기 방지 컨펌 •

편집 중인 탭 혹은 모달을 닫으려고 하면 변경 중인 내용이 있다는 것을 사용자에게 알리고, 정말로 닫겠냐고 묻습니다. [취소]를 누르면 작업 중이던 화면을 그대로 보여주고, [확인]을 누르면 작업 중인 탭 혹은 모달을 닫습니다.

편집됨 상태를 보여주려면 입력 중인 데이터와 같은 값인지 비교해야 합니다. 그리고 편집 중인지 확인하는 함수를 만들어서 모달 혹은 페이지를 닫는 함수의 맨 앞에 넣고 편집 중인지를 확인합니다. 편집 중이라면, 알림 창이 나타나 사용자에게 정말 닫을 것인지 확인합니다. 이 기능을 통해 실수로 화면을 새로고침하거나, 작업 중인 모달을 닫으려고 할 때에도 안전하게 입력 중이던 데이터를 보호할 수 있습니다.

요즘 우아한 개발

유효성 검증 시각화

SCM은 서비스 특성상 많은 데이터를 다루다 보니 필수 입력 값에 대한 유효성 검사를 잘 보여줘야 합니다. 그래서 고안해낸 것이 ValidationItem 입니다. ValidationItem은 필수로 입력해야 하는 값에 유효성 검사를 걸어 두고, 사용자가 내용을 올바르게 채웠는지 피드백하는 컴포넌트입니다. ValidationItem으로 사용자에게 최대한 빠른 피드백을 주고, 또 어떤 내용을 더 입력해야 프로세스가 진행되는지를 직관적으로 보여주고 싶었습니다. 등록하는 페이지 혹은 등록하는 모달에서도 사용하고, 상태 변경을 해야 하는 상황에서 안내용으로 사용합니다. ValidtaionItem은 간단하게 label과 valid 여부만 전달받습니다.

• 페이지에서 사용 예시. 필수 값을 입력했을 때 실시간으로 입력 여부를 보여준다 •

파일 다운로드 아이콘

백오피스 서비스답게 파일을 올리고 다운로드할 일이 많습니다. 파일 다운로드를 [파일 다운로드] 버튼, 혹은 파일 이름으로 된 링크로 사용했는데, 일관성도 부족하고 직관적이지 않았습니다. 이를 해결하기 위해 파일 아이콘을 만들었습니다. 아이콘을 찾아보았으나, 마음에 드는 파일 아이콘을 찾을 수 없어서 피그마를 이용해 직접 그렸습니다. 직관적으로 파일임을 알 수 있는 디자인 위에 비슷한 유형의 확장자끼리 색을 구분해 표시했습니다.

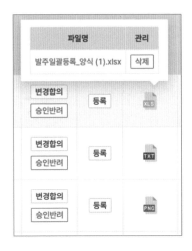

또한 다운로드 요청을 기다리는 동안 파일 아이콘 위로 로딩을 노출시켜 여러 번 누르지 않도록 사용자 경험을 개선했습니다. FileButton 컴포넌트에 fileName만 전달하면 파일 확장자를 분석해 적절한 아이콘을 자동으로 표시합니다. 컴포넌트에 마우스 커서를 올리면 툴팁 UI에서 파일 이름도 확인할 수 있죠.

'어차피 사용하는 사람도 많지 않은 백오피스 서비스인데, 이렇게까지 해야 하나요?'라는 의문이 생길 수 있습니다. 편한 UI/UX는 사용자가 인지하지도 못 한 채 그냥 편하게 사용하지만, 불편함은 바로 알아차립니다. 이런 불편함을 사용자 몫으로 떠안게 하는 것이 아니라 어떻게 하면 사용자가 더 편하게 서비스를 사용할 수 있을지 고민하는 것이 프론트엔드 개발자에게 중요한 가치라고 믿습니다. 동일한 기능을 제공하더라도 '만드는 이의 수고로움을 더해 쓰는 사람이 편한' 사용성을 제공하는 것이 배민다움이 아닐까 합니다.

요즘 우아한 개발

3장

백엔드
개발자로 성장하기

⚲01
개발자 머피의 법칙

#개발문화   #데이터베이스   #보안

 손권남
2019.09.19

머피의 법칙은 '항상 나한테만 재수 없는 일이 일어난다'는 의미가 아닙니다. '어떤 일을 하는 데에 둘 이상의 방법이 있고 그것 중 하나가 나쁜 결과disaster를 불러온다면 누군가가 꼭 그 방법을 사용한다'에서 시작해 '잘못되는 것은 꼭 잘못되게 마련이다'라는 의미입니다. 특정한 개인의 불행과는 상관없는 것이지요. 어차피 잘못될 것이니 자포자기 하라는 의미가 아니라 잘못될 가능성이 있다고 생각된다면 미리 대비하라는 말입니다.

프로그래머로 산 지 좀 되다 보니 '어, 이거 이렇게 하면 저렇게 잘못될 거 같지만, 에이 설마…' 이런 생각을 하고 넘어 갔다가 호되게 당한 경험이 꽤 많고 다른 사람이 그런 경우도 많이 봤습니다. 주로 백엔드 서버 개발자로서 어떤 일들을 겪었는지 저 자신의 경험과 주위에서 본 것을 정리해보았습니다.

사용자의 입력은 무조건 검증한다

판매할 상품 정보를 입력하는 화면을 개편했습니다. 업무 지시는 '몇 % 할인 이벤트 실시!'라고 내려왔으나 정작 데이터 입력은 할인 금액으로 받다 보니 매번 운영자들이 할인율에 따라 할인 금액을 계산해서 입력해야 하는 불편이 있었습니다. 그래서 할인 금액 대신 할인율을 입력하게 변경하기로 했습니다. 10,000원에 대해 10% 할인하면 기존에는 '1,000'이라고 입력했지만 이제는 '10'이라고 입력해야 하지요.

화면의 입력란에 '할인율: [ ] %'라고 친절하게 만들어두었습니다. 개발자 머피는 '이렇게 친절하게 안내도 해놨는데 설마 어떤 바보가 잘못 입력하겠어?'라고 생각하며 뿌듯해했습니다.

그런데 갑자기 몇몇 상품이 무료로 판매되기 시작했습니다. 기존 상품 정보를 입력하는 몇몇 운영자들이 하던 습관대로 할인율을 입력하는 곳에 예를 들어 10(%)이 아니라 1000(원)을 입력합니다.

그러나 어떠한 경고도 뜨지 않고 데이터가 반영되었습니다. 많은 상품들이 1000%씩 할인 판매되었습니다. 천만다행히도 돈을 고객에게 더 주지는 않았습니다. 각종 커뮤니티에 어디서 물건을 0원에 판다더라 하는 소문이 퍼진 덕분에(?) 서비스의 인기도 급상승했습니다. 뭔가 좋은 일인 것 같기도 하네요.

사용자의 모든 입력은 검증해야 합니다. UI에서 먼저 검증해서 편리성을 높이고(이건 말 그대로 편리성을 위한 겁니다), 그리고 서버 측에서도 올바른 범위의 값을 입력했는지 무조건 검증해야만 합니다. 서버 측에서 검증되지 않으면 클라이언트에서 3중, 4중으로 검증했더라도 그냥 검증이 안 된 겁니다.

이런 종류의 실수 중 가장 많이 하는 것 하나가 날짜 입력입니다. 배송 요청일 지정을 아내 생일인 2019년 m월 d일로 하고 싶었는데 2029년으로 한다든가...

모든 계산은 서버에서 한다

항상 최선을 다하는 머피는 불필요한 DB 접근이 너무도 거슬렸습니다. 그래서 사용자가 상품을 선택하고 주문을 누르면 브라우저에서 주문 폼으로 상품 ID, 이름, 가격을 서버로 전송하도록 했습니다.

주문 컨트롤러는 상품을 다시 조회할 필요가 없었습니다. 그냥 매개변수로 넘어온 상품 ID, 이름, 가격을 그대로 결제 시스템으로 넘겨서 결제하고 주문 결과 데이터로 저장만 하면 되게 만들었습니다.

'주문 시 DB를 조회하면 느려질 텐데, 이렇게 빠른 주문 페이지를 만들었다니!' 머피는 매우 뿌듯했습니다. '설마 주문 폼 HTML을 자동으로 만들어주니까 잘못된 값이 넘어올 일은 없겠지?'

그렇게 넘어간 뒤 1년이 훌쩍 지나서 눈치를 채게 되었습니다. 웹 개발에 대한 간단한 지식을 가진 어떤 사람이 900만 원어치 상품을 주문하면서 주문 폼의 결제 가격 값을 폼 전송 직전에 9,000원으로 바꿔치기 주문하는 대담함을 보이다가 이상하게 여긴 운영자가 확인해서 덜미가 잡혔습니다.

웹 개발을 조금이나마 안다면 폼 값을 수정해서 서버에 요청을 전달하는 것은 매우 쉬운 일입니다.

그동안 얼마나 많은 사람이 안 들키게 조금씩 가격을 조작해서 주문을 했을지 가늠할 수도 없었습니다. **사용자의 입력 유효성 검사는 항상 서버에서 해야 하며, 특히 계산 로직은 사용자 편의를 위해 프론트엔드에서 일시적으로 해서 보여줄 수는 있으나 최종 결과는 서버에서 재계산해야 합니다.** DB 조회 한 번 하는 거 귀찮다고 안 했다가 큰일 납니다.

사용자의 요청에 의해 쿼리의 모든 조건이 사라지면 안 된다

신입 시절 머피는 사수님으로부터 매우 좋은 SQL 작성 팁을 전수받았습니다.

```java
// 아래 SQL 생성 방식은 따라 하지 말 것
String sql = "SELECT * FROM comments  WHERE 1=1 ";
if (productId != null) {
  sql += " AND productId = :productId";
}

if (username != null) {
  sql += " AND username = :username";
}

// 그 후 쿼리 실행 및 결과 반환
```

그러고는 /comments?productId=123 혹은 /comments?username=⟨username⟩ 형태의 URL 호출로 상품의 댓글을 전달해주도록 했습니다.

너무 감동적인 팁이었습니다. WHERE 1=1 덕분에 동적 쿼리 생성 시 조회 조건을 추가할 때 항상 AND를 붙여도 문제없이 작동하는 알아보기 쉬운 깔끔한 쿼리 생성 코드가 나왔습니다.

URL은 서버 측 애플리케이션이 HTML에 항상 생성하는 것을 사용자가 클릭만 하니까 '설마 사용자가 URL을 직접 쳐보겠어?'라고 생각했죠.

그런데 어떤 개발자가 머피네 서비스를 살펴보다가 URL 형태를 보더니 '잠깐? /comments만 호출하면 무슨 일이 일어날까?' 궁금해졌습니다. 그리고 호출했더니 응답이 없었습니다. '뭐지?' 하면서 계속 연신 /comments를 호출해봤어요. 서버에서는 조회 조건이 모두 사라진 SQL SELECT * FROM comments WHERE 1=1이 지속적으로 호출되었고, 인기 서비스인 덕에 Comment 데이터는 수백만 건이 지속적으로 한 번에 조회되어 DB도 바쁘고, 웹 서버는 수백만 건 데이터를 메모리에 올리느라 이미 OutOfMemory가 되었습니다.

의도치 않게 모든 조회 조건이 사라지게 해서는 안 되고, 조회 조건을 생성하는 사용자 요청 데이터는 무조건 서버 측 검증을 거쳐야만 합니다. 이런 일은 특히 배타적인 조회 조건에서 많이 발생합니다. 즉, productId 혹은 username 둘 중의 하나의 매개변수만 존재해야 하는 쿼리를 만들 때 쉽게 짠다고 이렇게 만듭니다. 배타적인 조회 조건이면 두 조건 중의 하나가 요청 매개변수에 존재하는지를 항상 검증해야 합니다.

마이바티스MyBatis에서 ⟨where⟩ 혹은 ⟨trim⟩으로 비슷한 효과를 내는 것이 우리나라에서 광범위하게 퍼졌는데, 이게 이 문제의 주범이 되는 편입니다. QueryDsl이나 기타 모든 쿼리 생성 도구에 비슷한 게 있으므로 잘 검토해보세요. 여기서 핵심은 WHERE 1=1이 아닙니다. **모든 조회 조건이 사라진다**가 핵심 쟁점입니다. 설마, 여기서 SQL 인젝션Injection 얘기까지는 하지 않겠습니다.

조회 조건 유사 사례 : 믿는 개발자에게 뒤통수 맞는다

머피는 이런 생각도 자주 했지요. '설마 우리 회사 개발자가 API를 잘못 호출하겠어?' 다른 개발자들이 호출할 API를 만들어주면서 서비스 종류에 따라 데이터양을 자유롭게 조정할 수 있게 해준다고 pageSize=25 형태로 페이지당 데이터 수를 지정할 수 있게 해줬는데, 어떤 개발자가 페이징을 하기 귀찮다고 pageSize=1억으로 호출했고, 그 개발자는 머피에게 "개발 환경에서는 금방 끝나던데 운영 환경에서는 왜 이렇게 느려요?" 하고 질문했습니다. 질문을 듣자마자 머피는 장애 대응 모드에 돌입했지요.

날짜 범위로 데이터를 조회하는 API를 만들었는데 범위에 대한 제약 조건을 주지 않았더니 옆 팀 개발자가 나눠서 호출하기 귀찮다고 2000/01/01 ~ 2019/12/31로 10년치 데이터 수억 건을 조회한 것이었습니다. 이처럼 자기 회사의 옆자리 동료 개발자도 믿어서는 안 됩니다. 사람은 누구나 실수하고 착각합니다. 이것은 악의를 가지고 있느냐와는 무관한 문제입니다.

성능 측정 없는 캐시 사용은 성능을 저하시킬 수 있다

머피는 서비스가 성장하면서 DB만 가지고는 성능을 유지할 수 없음을 알았습니다. 그래서 여러 부분에 원격 분산 캐시를 적용했습니다. '아, 오늘도 열심히 일했다. 설마 이렇게까지 캐시를 했는데 성능이 좋겠지?' 그리고 포털 메인 페이지 광고 이벤트를 하는 순간 응답이 오지 않았습니다. 이상하게도 서버 CPU 점유율도 그다지 높지 않은 것 같았습니다.

멤케시드/레디스 같은 원격 분산 캐시를 사용한다면 몇 가지 주의할 점이 있습니다. 원격 분산 캐시는 네트워크 대역폭을 먹고 삽니다. 캐시에 너무 많은 데이터를 담으면 비록 캐시 히트율이 매우 높더라도 데이터가 네트워크 대역폭을 잡아먹어서 느려집니다. 따라서 실제 운영 서비스를 기준으로 성능 테스트를 하고 충분한 대역폭이 확보되어 있는지 확인했어야 합니다.

또한 데이터 크기가 너무 크다면, 압축 솔루션으로 전송량을 낮출 수도 있습니다. 하지만 이것도 문제가 있습니다. 압축된 데이터를 풀고, 직렬화를 하는데 들어가는 CPU 점유율도 충분한지 테스트가 필요합니다. 이 경우는 그나마 낫다고 할 수 있습니다. 서버만 늘리면 되니까요.

그리고 원격 캐시 사용의 커다란 문제 하나가 더 남습니다. 직렬화 시 데이터 포맷의 변경 체크 문제입니다. 머피는 중요하게 사용되고 캐시도 하는 어느 데이터에 필드를 하나 추가하고, 또 이상한 이름으로 된 필드의 이름을 바꾸었습니다. '설마, DB도 아니고 캐시 데이터 필드 좀 바꾸는 건데 무슨 문제 있겠어?' 네, 심각한 문제가 있습니다. 필드의 변경은 직렬화된 데이터의 변경을 의미합니다. 즉, **배포되기 전의 서버에서 캐싱한 데이터와 배포 중인 서버에서 캐싱한 데이터가 서로 다른 필드를 가지고 있다는 얘기인데, 둘 중의 한 곳에서는 특정 필드의 데이터를 누락시키고 있다**는 말이 됩니다. 비록 직렬화를 할 때 존재하지 않는 필드를 무시하는 옵션을 사용해서 잠깐 오류가 나지 않는 것처럼 보이게 하더라도 비즈니스 로직에 문제를 일으켜서 엉뚱한 결과가 나오게 할 수도 있습니다.

• 네트워크 대역폭이 충분한지 성능 테스트가 필수입니다. AWS는 인스턴스 타입에

따라 대역폭이 다릅니다. 저장 용량만으로 인스턴스 타입을 결정해서는 안 됩니다.

- 직렬화/역직렬화를 할 때 충분한 성능이 확보되는지 성능 테스트는 필수입니다.

- 원격 캐시 대상 데이터 필드는 사실상 DB의 컬럼처럼 조심스럽게 전략을 세워서 리팩터링을 해야 합니다. 아니면 원격 캐시 대신 로컬 캐시를 사용해야 합니다. 이 경우 데이터 동기화 문제를 해결할 필요가 있습니다.

- 캐시가 아니라 이미지 파일 용량이 너무 큰 경우에도 대규모 이벤트가 발생하면 대역폭을 많이 차지하고, 성능을 현저히 저하시킵니다. 이벤트 랜딩 페이지는 이미지 크기를 최적화하고, CDN 사용 등으로 대역폭 문제가 발생하지 않게 해야 합니다.

인증과 권한은 다르다

머피는 고객의 주문 목록을 보여주는 웹페이지를 개발하기 시작했습니다. 사용자의 주문 정보를 제공하는 API가 주문 서비스에 이미 있습니다. /users/⟨userId⟩/orders API가 주문 API 서버에 존재하니까 프론트엔드 API 게이트웨이에서 동일한 URL로 호출이 들어오면 로그인했는지 인증한 후에 주문 API 서버로 요청을 내려보내도록 설정했습니다.

'세상에~ 난 정말 똑똑한 개발자인가봐. API 게이트웨이 설정만으로 멋지게 기능 개발을 완료했어. 설마 사용자가 URL을 직접 쳐보겠어?'라고 생각했습니다. 그런데 갑자기 보안팀에서 프론트엔드 서버의 /users/*/orders에 대한 대량 크롤링 요청이 들어왔다고 확인 좀 해달라는 연락이 왔습니다.

그제서야 '아차' 싶었습니다. 로그인을 했는지 여부만 검사했지 그 사용자의 ID가 요청 URL의 userId로 입력된 사용자와 동일인인지 여부를 검사하지 않은 겁니다. 그래서 로그인된 세션을 유지한 채 /users/*/orders 를 무제한으로 호출할 수 있게 된 겁니다. 이렇게 고객의 소중한 개인정보가 빠져나갔습니다.

인증authentication은 "내가 누군데 말이야~"라는 확인 절차입니다. 권한 authorization은 "내가 누군지 아셨을 테고, 그래서 나 이거 봐도 되나요?" 혹은 "이거 수정해도 되나요?" 하는 확인 절차입니다. 이런 실수는 권한이 무엇인지 몰라도 일어나고, API 게이트웨이에 권한을 끼워넣지 않고 무분별하게 사용할 때에도 발생합니다. **인증만 하고 내부 API 서버로 요청을 바이패스하면 절대 안 됩니다. 권한 검사까지 잊지 말고 해야 합니다.** 프론트엔드 서버에서는 애초에 요청 매개변수를 받지 않고, 로그인 사용자의 정보를 인증 세션에서 읽어서 바로 데이터를 읽어야 합니다(매개변수 없는 / user-orders 정도).

사용자의 로그인 실패 횟수를 트래킹해야 한다

머피네 서비스가 아직 인기가 없을 때 머피는 '설마 누가 우리 서비스 사용자 계정을 털려고 하겠어?'라고 생각했습니다. 로그인 페이지를 만들면서 아주 단순하게 사용자명과 비밀번호를 계속 입력받게 만들었습니다.

그런데 서비스의 인기가 올라가면서 사용자 계정의 개인정보가 점점 가치를 가지게 되었습니다. 머피네는 사용자들에게 포인트(가상 재화)를 지급했는데, 포인트를 수십만 원까지 쌓은 사람도 나왔습니다. 공격자들은 그런 포인트를 노려서 사용자 계정의 비밀번호를 알아내려 했습니다. 여지없이 사용자 계정에 대한 무차별 대입 공격으로 서버가 마비될 지경이 되었고 수많은 사용자 계정의 비밀번호가 노출되었습니다.

그래서 캡차를 도입했습니다. 사용자가 5회 이상 비밀번호를 틀리면 캡차를 입력해야만 다시 로그인 시도가 가능하게 했습니다. 그런데 이럴 수가, 그래도 계속 공격이 들어오는 것이었습니다! 동일한 사용자 ID에 대해서 말이지요.

머피는 머리가 아팠습니다. 옆에 있던 팀 동료에게 코드 리뷰를 부탁했더니 금방 찾아줍니다. 머피는 특정 사용자 ID의 로그인 횟수를 계속 증가시켜가며 저장해야 하는데, 급하게 만든다고 브라우저 쿠키에 값을 넣어서 1씩 증가시켰던 겁니다. 계속 나왔던 **사용자 입력 검증은 서버에서 하라**는 원칙을 또 어기고 클라이언트 측 저장소인 쿠키를 사용했기에 공격자가 매우 쉽게 쿠키 값을 항상 1로 조작해서 반복 공격을 했던 것이지요.

대충 만든 부정 로그인 방지 시스템을 레디스 등의 원격 저장소를 사용해서 서버 측 검증으로 다시 제대로 만들었더니 공격이 멈추었습니다. 이때 비밀번호는 당연히 복호화 불가능하게 암호화했습니다. 또한 캡차 말고, 일정 횟수 로그인 실패 시 고객의 이메일과 문자로 통보하는 방법을 사용할 수도 있습니다. 이 경우 비용 문제도 고려해야 하겠지만요.

사용자의 가상 재화는 별도 결제수단처럼 독립 인증해야 한다

머피는 로그인 캡차를 붙이고서 '설마 이 정도 했는데, 이래도 사용자 계정이 털리겠어? 만약 계정 비밀번호가 노출돼서 포인트가 사용돼도 그건 고객 책임이지'하며 안심하고 있었습니다. 그런데 고객센터에서 사용자의 포인트가 털렸다는 불만이 계속 이어졌습니다. 캡차를 도입했음에도 이런 일이 일어나는 이유는 사용자들이 여러 사이트의 비밀번호를 다 기억하지 못하므로 여러 사이트의 ID와 비밀번호를 동일하게 만들기 때문입니다. 그리고 그중에 보안이 허술하고 부정 로그인 방지가 되지 않은 서비스에서 ID와 비밀번호를 알아낸 다음 그것으로 머피네 서비스에 다시 로그인 시도를 해서 성공해버린 것이지요.

엄밀히 말하면 이것은 사용자의 잘못이지 서비스의 잘못은 아닙니다만, 우리 서비스의 사용자들이 입는 피해와 마음의 상처를 그냥 놔두는 것은 서비스의 신뢰도를 하락시키고 고객의 이탈을 유발할 수밖에 없게 됩니다.

모든 경우는 아니고, 사용자의 가상 재화를 **실제 사용자 본인인지 여부 검증 없이 우회 수단으로 현금 혹은 그에 준하는 가치로 전환 가능한 때에는 가상 재화도 다른 결제수단과 동일하게 별도 인증 절차**를 거쳐야 합니다.

가상 재화를 제삼자에게 중고 시장 등을 통해 판매하고, 구매자는 정상적으로 중고 시장으로 구매했으므로 책임이 없고 실제 판매자는 알 수 없는 경우가 있습니다. 주로 온라인 게임 아이템/머니가 이런 과정으로 탈취됩니다. 가상 재화로 우회해서 온라인 상품권을 구매하고 그 상품권을 중고 시장을 통해 본인 검증 없이 제삼자에게 팔아서 현금화할 수 있는 경우도 있습니다. 따라서 즉각 현금화가 안 되더라도 우회적으로 가능한지도 따져봐야 합니다.

머피는 포인트를 사용할 때 사용자 로그인 비밀번호와 전혀 다른 비밀번호를 입력하게 했고, 그 상태에서도 인증을 3회 이상 실패 시 아예 결제가 불가하게 변경했습니다. 또 다른 비밀번호를 기억하는 것이 사용자에게 번거로울 수 있기 때문에, 사용자 계정이 본인인증이 돼 있는 것이라면, 포인트 사용 시 다시 한번 본인인증 수단을 사용하는 방법도 있겠습니다. 추가적으로 일정 횟수 이상 로그인 실패 시 무조건 고객에게 알림을 보내도록 처리했고, 포인트 결제 시에도 외부 결제 시스템이 그러하듯 고객에게 알림을 보내게 했습니다.

직원 PC에서 운영 서버 API, DB 저장소 접근을 통제한다

머피네 회사는 아직 초창기였습니다. DBA^{Database Administration}도 부족했고 보안에 신경 쓸 여력도 부족했습니다.

서비스용 DB 접근 계정에서는 DDL 권한이 제거돼야 한다

개발자들이 수시로 실 서비스 DB에 테이블 수정 명령 alter table을 날렸고, update/delete/insert도 했습니다. 개발자의 PC에서요. '설마 개발자들이 바보가 아닌 이상 alter table을 잘못 날리겠어?'라고 생각했죠. 다행히도 아직까지 실수한 개발자는 없긴 했습니다. JPA/Hibernate를 사용하던 머피네 개발팀은 hibernate.hbm2ddl.auto=create라는 옵션을 알게 됩니다. 이 옵션을 사용하면 개발자가 DB 구조를 변경할 때 매번 alter table을 실행하지 않아도 자동으로 기존 테이블을 모두 날리고 새로 만들어줍니다.

로컬 개발 환경에서 잘 사용하면 개발이 매우 편리해지지만, 문제는 저 옵션을 켠 채로 운영에 배포했을 때 발생합니다. 모든 테이블을 날리고 새로 생성하고 데이터가 초기화되는 일이 발생합니다.

이 실수는 hibernate.hbm2ddl.auto로 검색하면 매우 많이 나옵니다.

단순히 production 프로필 설정에서 이 값을 none으로 한다고 해결되는 게 아닙니다. 로컬 PC 환경에서 production 서버에 접근이 가능하면 똑같은 일이 발생할 수 있습니다.

운영 DB에 접근하는 계정(개발자 계정이든 애플리케이션 계정이든)은 통제된 몇 명(DBA)이 아니면 DDL(가급적 DML까지) 권한을 제거해야 합니다. hibernate.hbm2ddl.auto는 그냥 사용하지 말고 Flyway 등을 사용하세요. Flyway, LiquidBase, 혹은 각 언어/프레임워크에서 제공하는 DB 히스토리 관리 도구를 사용해도 같은 일이 발생할 수 있습니다. 머피는 삭제된 DB를 복구하느라 상당히 애를 먹었습니다. 다행히 복구가 되긴 했습니다.

DB만 저장소인줄 알았지? MQ도 저장소다

머피는 DB를 날려먹는 경험을 한 뒤로 모든 DB DDL 권한을 제거하고 로컬에서는 운영 DB에 접근할 수 없게 막았습니다. 그리고는 '이제 안심해도 되겠구나' 했습니다. '데이터 저장하는 DB나 NoSQL 계열은 다 막았으니 괜찮겠지?' 안심하긴 일렀습니다.

주문 시스템을 맡았던 머피는 옆 팀인 배달팀 팀원으로부터 갑작스런 호출을 받았습니다. 갑자기 주문 완료 후 배달 요청하는 MQ^Message Queue 메시지가 뭔가 매우 적게 오는 것 같다는 겁니다. '무슨 일이지?' 머피가 주문 완료 후 배달 쪽으로 MQ 메시지 전송하는 것이 잘 이뤄지는지 확인해보고, 잘된다고 옆 팀에 전달하자마자 옆 팀 개발자 한 명이 지르는 비명을 듣게 됩니다. 옆 팀의 다른 개발자가 production 서버에 붙어서 확인할

게 있다고 별 생각 없이 **로컬 개발 환경에서 production 프로필로 배달 애플리케이션 서버를 띄운 것이었습니다.** 본인은 제 딴에 '데이터를 수정하는 기능을 호출하지는 않고 잘 붙는지만 볼 거니 괜찮겠지?'라고 생각했던 것이지요.

이는 로컬 환경에서 운영 MQ 서버에 접속해서 운영 MQ의 데이터를 읽어서 처리하게 된 것과 같습니다. 원래 MQ는 메시지 전송 후 예외가 발생하면 메시지를 다시 MQ에 집어넣게 돼 있는데, 이럴 수가! 배달 애플리케이션에서 예외가 발생한 것을 모두 무시하고 로그만 간단히 남기게 했나봅니다.

하필 엄청나게 주문이 몰리는 시간이었네요. 수천 건의 주문 완료 후 배달 요청으로 넘어가는 데이터가 운영 배달 애플리케이션이 아니라 개발자의 로컬 PC에 떠 있는 서버로 빨려들어가 버렸습니다.

옆 팀 개발자는 로컬에서 띄운 애플리케이션을 종료하고, 그 기간 중 주문된 데이터와 배달 요청 메시지가 오지 않은 것을 뽑아내어 한 땀 한 땀 데이터를 복원해야만 했습니다. 그 사이 배달은 지연되었죠.

API 서버도 접근 통제해야 한다

머피네 회사는 앞서의 DB, MQ 관련 사고를 겪으면서 개발자 PC에서 운영 저장소로의 접근을 모두 통제하고, 불필요한 DDL, DML 권한을 모두 제거해버렸습니다. '이 정도 했으면 설마 무슨 일 생기겠어?' 네, 생기죠. 머피네 회사는 운영 API 서버의 접근 권한을 회사 망 내의 개발자들에게 열어주었습니다. 머피는 데이터 변경 요청을 받았는데 API를 호출하면 쉽게 된다는 것을 알았습니다. 그래서 안전하게 테스트 환경 API 서버에 변경 요청을 날려보기로 했습니다. 그렇게 테스트를 모두 한 뒤에 운영 API 서버를 호출하기로 했습니다.

요즘 나오는 REST Client 애플리케이션은 개발, 테스트 환경, 운영 환경 별 프로필을 설정하고 프로필 별로 접속 주소를 따로 설정하고, API 요청 시에 이 프로필을 선택할 수 있게 합니다. 즉, 같은 /api/update라는 API 도 어떨 때는 로컬 PC에서 어떨 때는 운영 API 서버에서 손쉽게 실행하게 해줍니다.

머피는 나름 조심스럽게 프로필을 선택한다고 했는데, 프로필 선택 순간 옆에서 누가 잠깐 말을 걸었고, 터치패드의 손이 미끄러졌는지 production 프로필을 선택하고 실행해버리고 맙니다.

그 뒤는 얘기하지 않겠습니다. 이처럼 API 서버를 직접 호출해야만 하는 일이 자주 생긴다면, 해당 역할을 하는 인증과 권한 관리가 된 내부 관리자용 어드민 서비스를 만들어야 합니다.

모든 서버는 프라이빗하게, 회사망조차도 모두 접근 통제

개발자에게 로컬 PC에서 모든 쓰기 권한을 삭제하고 읽기 권한만 지급 해서 DB나 API에 접근하게 했습니다. 그런데 보안은 평균으로 작동하지 않고 가장 약한 부분에 의해 뚫리게 됩니다. 쇠사슬처럼요. 100개중 99개 가 튼튼해도 1개의 사슬만 고장나 있으면 그 쇠사슬은 끊어집니다.

개발자들은 다른 비개발자들과 같은 망에서 개발을 하고, 운영 서버에 읽기 권한으로 접근할 수 있습니다. 즉, 개발자가 아니라 동일 망 내의 비개발자도 운영 DB, API에 읽기 권한에 접근할 수 있습니다.

개발자든 아니든 직원 중 한 명이 가짜 자동차 보험료 할인 이메일에 속아서 ActiveX를 깔거나 한다면 회사망 내의 포트를 샅샅이 스캔해서 데이터를 빼갈 수도 있을 겁니다.

따라서 모든 서버는 프라이빗 망에서만 접근 가능해야 하고, 꼭 필요한 것만 프록시(Proxy, AWS에서는 ELB/ALB 등)를 통해서만 퍼블릭에서 접근 가능해야 합니다. 회사 직원이 사용하는 서비스는 회사망 내에서만 접근 가능해야 합니다. 어쩔 수 없이 필요하다면, 모든 운영 저장소와 API는 회사망을 기준으로 하지 않고 **꼭 필요한 특정 직원을 기준으로, 되도록 쓰기 없이 읽기 권한**만 접근 통제 상태로 권한을 부여해야 합니다. 요즘에는 ActiveX 대신 *.exe 파일과 안드로이드 앱 수동 설치 등으로 보안이 뚫릴 수도 있어 보입니다.

사실 보안은 스타트업에게는 너무 어려운 일입니다. 당장 기능을 개선하기에도 바쁘거든요. 그리고 보안의 강화는 개발의 불편을 의미합니다. 하지만 서비스가 정말로 성장할 것 같다면 성장세에 맞추어 계속 보완해 나가야 합니다.

중요 배치는 실행 여부를 제3의 시스템에서 검증해야 한다

머피네 서비스의 인기가 너무 좋아 데이터양이 너무 많아지자 매일 매일 다음날치 데이터를 미리 생성하는 배치Batch 애플리케이션으로 데이터를 말아놓는 방식을 사용하기로 했습니다. 머피는 열심히 개발했고 배치가 며칠 잘 도는 것도 확인했습니다. 꼭 실행해야 하는 중요한 배치이므로 배치 애플리케이션 코드 내에서 오류 발생 시 오류 메시지도 메신저와 이메일로 전송해주게 만들었습니다.

'배치 애플리케이션 실패에 관해서도 알림을 걸었으니 설마 실행되지 않는 경우는 없겠지. 설마 배치 서버가 죽지는 않겠지.' 네, 다행히 배치를 실행하는 서버는 안 죽었습니다. 그런데 누가 배치 실행 시간이 오래 걸리니 스케줄러를 변경해서 실행 시간을 좀 앞당기자고 했습니다. 그래서 스케줄을 앞당겼는데 Cron 표현식을 약간 잘못 작성한 걸 모른 채 지나갔습니다.

그리고 배치 애플리케이션은 아예 실행조차 되지 않았습니다. 실행이 안 됐으므로 오류도 나지 않았고, 오류가 안 나니 알림도 오지 않았습니다. 다음날 출근했더니 데이터가 없습니다.

중요한 배치 잡Batch Job들은 별개의 모니터링 솔루션을 사용해 특정 시간 범위에 성공적으로 실행됐는지를 확인해 그렇지 못한 경우 알림을 주게 만들어야만 합니다. influxDB와 그라파나Grafana를 사용하면 가능할 것 같네요.

로그를 외부 서버로 수집하는 것은 별도 프로세스에서 비동기로

10년도 전 얘기입니다. 로그 수집 서버 같은 게 없을 때요. 로그를 디스크에 잘 쌓고 있었습니다. 그런데 오류가 발생해도 개발자들이 서버에 들어가서 확인해보기 전에는 모두 모르고 넘어가고 있었죠. 더 나은 프로그램을 만들고 싶고 문제를 빨리 인식하고 싶었습니다.

그래서 이메일로 로그를 발송해주는 SMTPAppender를 자바 로거Logger

요즘 우아한 개발

에 설정해서 오류 로그가 발생하면 이메일로 전송하게 했습니다. 그러면서 '설마 오류가 그렇게 많이 나려고…'라고 생각했죠. 몇 달 동안 날라온 오류 로그 이메일을 보면서 열심히 개선했습니다. 뿌듯했습니다.

어느 날 전사 이메일이 먹통이 돼버렸습니다. 직원이 3천 명은 넘었던 것 같은데 말이죠. 어떤 개발자가 해당 서비스의 메인 페이지에 버그를 심었고, 하필 이벤트로 인해서 메인 페이지는 어마무시한 폭탄급 트래픽을 받게 됩니다. 버그는 Stacktrace가 포함된 수많은 오류를 발생시켰고, 그 오류는 모두 이메일로 전송되면서 SMTP 서버를 감당할 수 없는 지경에 빠뜨린 겁니다.

나중에 메일함에서 이메일을 30만 개 정도 지웠던 것 같습니다. 그리고 그 기능을 제거했습니다. 그 뒤에 머피는 다른 시스템을 맡아 일하면서 또 비슷한 상황을 맞이합니다. 거기서도 개발자들이 똑같이 서버 오류를 잘 안 보고 있습니다. 그래서 오류 로그가 발생하면 그것을 네트워크 통신으로 접속해서 전송하는 Log Appender를 설정했습니다. 또 오류가 많이 날 수도 있다고는 생각했습니다. 하지만 '설마 오류가 나서 엄청나게 오류 로그를 전송한다고 뭔일이 나겠어?'라고 생각했죠. 즉, '뭔 일이 나는지 모르는 상태'였습니다.

또 다시 누군가가 메인 페이지에 버그를 심었고… 당연히 SMTP 서버는 멀쩡했습니다. 그런데 애플리케이션이 멈춰버리고, 서버에 접근할 수가 없었습니다. 오류 로그 폭탄은 네트워크를 타고 전송됐고, 네트워크 대역폭을 모두 잡아먹었습니다. 로그 전송에 고갈된 네트워크는 엄청나게 느려져서 장애 대응을 위해 서버에 접속하는 것이 불가능했습니다. 아마 해당 서버의 디스크 IO/CPU 점유율도 문제가 돼서 접속되지 않은 것 같습니다.

요즘처럼 AWS 같은 클라우드를 사용한다면 새로운 서버를 쉽게 띄우고 트래픽을 옮겼겠지만, 당시에는 클라우드를 사용하지 않고 고정된 하드웨어에서 애플리케이션 버전을 갈아끼우는 방식으로 배포했기 때문에 다른 신규 서버를 띄워서 트래픽을 전환하기도 매우 힘든 상황이었습니다.

여기서는 세 가지 문제가 있습니다.

- 지금은 좋은 로그 수집 시스템이 많이 나와 있죠. 그런 솔루션을 사용하면 됩니다. 어설프게 애플리케이션 프로세스에서 네트워크로 전송하는 방식을 사용해서는 안 됩니다. 애플리케이션 프로세스와 독립된 로그 수집/전송 데몬을 사용해 로그를 비동기로 CPU와 디스크/네트워크 IO에 영향을 최소화하는 방식으로 차등 전송해야 합니다.
- 애플리케이션 자체에서도 비동기로 디스크 쓰기 작업을 하게 AsyncAppender를 설정하는 것이 좋습니다. 부하가 심하면 불필요한 로그를 버리거나, 혹은 쓰기 작업을 늦춥니다.
- 애플리케이션 자체에서 처리하려고 했다면 성능 테스트를 해야만 했습니다.

기본 키는 Integer가 아니라 Long으로

스타트업 개발자들의 흔한 착각 중에 '설마 우리 서비스가 성공할 리 없어~'라는 게 있는 것 같습니다. 비용을 아낀다는 명목으로 혹은 별 생각 없이 순차 증가하는 기본 키Primary Key를 Integer로 만듭니다. 이는 갑자기 폭발적으로 성장하는 서비스의 발목을 잡는 주범이 됩니다. 단순히 순차 증가 값을 Long으로 하는 것만으로 엄청난 장애를 막고 비용을 아낄 수도 있습니다. Integer로 매핑된 DB 컬럼을 변경하고, 애플리케이션 코드의 매핑 필드 타입을 변경하는 작업은 엄청난 비용을 초래하며, 수많은 연계 시스템 중에서 한 개만 Integer 매핑 상태로 있어도 전면 장애로 이어질 수 있습니다. 특히 기본 키 값은 외래 키로 서비스 곳곳으로 전파되기 때문에 한 군데만 고친다고 문제가 해결되는 게 아닙니다. 저장소 비용을 아끼려다 개발 비용/장애 처리 비용 및 신뢰도 하락이라는 더 큰 비용을 초래합니다. 게다가 성공하지 못할 서비스에게 Long형 데이터 몇 개는 비용으로 볼 수도 없는 수준일 겁니다.

너무도 명명백백하게 어떤 상황에서도 Integer 범위를 넘길 수 없는 경우를 빼고는 그냥 순차 증가 기본 키는 Long으로 매핑하는 게 이득인 거 같습니다. 어려운 일도 아니니까요. 여기서 주의할 것이 있습니다. API로 외부 연동을 할 경우 클라이언트 애플리케이션에서도 확실히 Long으로 매핑하고 저장하는지 확인해야만 합니다. 초반 테스트용 데이터의 작은 숫자만 보고 Integer로 API 결과를 매핑하는 일도 부지기수입니다.

오류 로그는 일상적인 것과 크리티컬한 것을 구분한다

'설마 우리 개발자들이 알림을 놓치는 일은 없을거야! 모든 알림을 같은 채널에 두자!' 모든 알림을 다 중요하게 취급하든, 모든 알림을 다 사소하게 취급하든 중요한 알림은 놓칠 수 있습니다. 일상적으로 오는 알람과 중요 이벤트 알림을 구분하고, 중요 이벤트는 관련 팀의 응답을 필수적으로 체크하는 것이 좋습니다.

어느 정도 규모 있는 서비스를 개발해본 사람 중에서 마케팅팀에서 주요 포털 메인 광고를 붙이는 공유를 못 받아서 서버 증설 대응을 못해 장애가 나거나, 오류 로그 알림 중 중요한 것을 무시하고 넘어가서 나중에야 알게 되는 일은 드물지 않으리라 생각합니다. 그때 많이 듣는 말이 **'우리 회사는 정보 공유가 잘 안 돼'**라는 푸념인데, 사실은 공유했지만 중요도를 인지하지 못한 경우가 더 많았던 것 같습니다.

롤백 가능한 배포

'나의 배포는 완벽해! 뒤로 되돌릴 일은 없다고!'라는 자신만만한 분은 없죠? 웹 애플리케이션뿐만 아니라 배치 애플리케이션도 롤백 가능하게 만들어야 합니다.

당신의 서버는 무조건 죽는다 : SPoF를 제거하자

'설마 내가 구축한 서버가 죽겠어?' 네, 죽습니다. 안 죽는 서버를 만드는 게 아니라 '죽어도 괜찮은 서버'를 구축해야 합니다. 단일 장애점 SPoF^{Single Point of Failure}를 제거하라는 의미입니다. 또한 내가 만든 애플리케이션이 아니라 내가 호출하는 애플리케이션이 죽는 경우도 염두에 두고 서킷 브레이커 등을 도입하는 것도 고려하면 좋습니다.

저의 모든 경험을 여기 적을 수도 없고, 그렇다 쳐도 저의 경험은 개발자들이 하는 모든 상황 중 1%도 안 되는, 한 줌도 안 되는 수준에 불과할 겁니다. 그리고 이 모든 내용은 제가 다 겪은 게 아니라 여전히 '설마…' 하는 상태인 것도 있습니다. 제가 하고 싶은 말의 핵심은 이겁니다. '이런저런 일이 생길 수도 있겠네, 그러면 큰 문제가 되겠는데?'라는 생각이 드는 순간 **실제로 그 일이 발생했다고 가정해야 한다**는 겁니다. 그리고 '실제로 그 일이 발생하면 여파가 어느 정도될까? 감당할 수준인가?'라고 판단해봅니다. 판단 결과 **장애 정도가 너무 크다면 그 장애는 이미 발생한 것으로 간주합니다.** 그리고 실제 장애가 발생했을 때처럼 최우선 처리를 합니다.

그러나 **감당할 수 있는 수준이라면 그것은 그것대로 넘어가야 합니다. 세상의 모든 일에 미리 대비한다면 아무 일도 못하고, 어떤 서비스도 배포해보지 못할 테니까요.** 저는 서비스의 성장에 맞추어 대비를 해나가야 하지 않나 싶습니다. 서비스의 성장 단계에 따라 장애 발생 시 여파가 달라지기 때문입니다.

제가 일하면서 제일 많이 한 생각이 '아… 설마 설마 했지만 알고는 있는데… 계획도 세워뒀는데…'였는데요, 다시 한번 상기시켜드립니다. '잘못되는 것은 꼭 잘못되게 마련이다.'

📎 02
메인 데이터베이스
IDC 탈출 성공기

#루비　　　#데이터베이스　　　#IDC

 박주희

2019.12.19

　2019년을 마무리하는 시점에 우아한형제들에서 메인 데이터베이스를 IDC^{Internet Data Center} 환경에서 탈출시킨 과정을 공유하려고 합니다.

우아한형제들의 메인 데이터베이스, 루비

　2010년 6월 출범한 배달의민족은 앱 누적 다운로드 4000만 건 돌파, 월간 순 방문자 수 900만 명, 전국 등록 업소 수 30여만 개, 거래액 기준 연간 약 5조 원의 배달 주문을 처리합니다(2018년 12월 기준). 이런 성장을 뒷받침하기 위해 소수의 개발자가 빠르게 서비스를 개발했고, 하나의 메인 데이터베이스^{Microsoft SQL Server}에 모든 데이터와 로직을 집중시키는 모노리틱 아키텍처^{Monolithic Architecture} 방식을 택했습니다. 루비는 메인 데이터베이스의 사내 명칭입니다.

빠른 개발과 관리 포인트 집중을 위한 선택이었지만, 시간이 지나면서 소수 인원이 빠르게 개발할 수 있던 과거와 달리 여러 서비스가 동시다발적으로 메인 데이터베이스를 사용하면서 예상하지 못한 부작용이 발생했고, 사소한 기능 하나를 추가하는데도 분석하고 수정할 개발 범위는 상상을 초월했습니다. 새로운 기술을 도입하거나 새로운 기능을 오픈할 때마다 미처 확인하지 못한 부분이 발목을 잡았고, 복잡한 로직과 구조 때문에 장애 상황에 빠르게 대응하지 못했습니다. 또, 메인 데이터베이스에 이슈가 생기면 배달의민족 전체 장애로 확산되기도 했습니다.

루비에서 탈출할 수 있을까?

이 상황을 타개하기 위해 변화에 유연하지 못한 IDC를 벗어나서 모든 데이터베이스를 클라우드 환경에서 운영하고자 했고, 우아한 개발자들은 3년이 넘는 시간 동안 하나의 거대한 시스템을 작은 서비스 단위로 나눠서 구현하는 메인 데이터베이스 탈출 프로젝트를 진행해왔습니다. 포인트 시스템 개편 등 크고 작은 프로젝트가 이 기간에 20~30개 정도 진행되었고 몇 달, 몇 년에 걸친 꾸준한 작업의 결과로 2019년 하반기에 접어들면서 서비스 영향도가 많이 줄었습니다.

	2017년 12월	2019년 8월
장애 여파	배달의민족 전체 서비스 불가능	일부 기능 장애
주말 피크 수치	CPU 20% 이상	CPU 2% 미만
Object 수	Table > 1000 Procedure > 3200	Table < 600 Procedure < 900

정말 어쩌면 메인 데이터베이스를 없앨 수도 있을 것 같다는 작은 희망을 품게 되었습니다. 서비스 영향도가 많이 낮아진 것이 수치로 확인되었기에, 과감하게 메인 데이터베이스를 종료하고 싶다고 이메일을 한 통 보냈습니다. '안녕하세요. 시스템신뢰성개발팀 박주희입니다. 2019년 10월 31일 루비를 종료하고 싶습니다!'

여러 부서에서 아직 메인 데이터베이스에 대한 의존성이 있다는 회신을 받았습니다. '일부 데이터는 메인 데이터베이스에 동기화하고 있어요.', '아직 일부 기능은 메인 데이터베이스를 참조해요.', '메인 데이터베이스 사용은 하지 않는데 혹시 몰라서 아직 커넥션은 남겨뒀어요.', '과거 데이터는 메인 데이터베이스에서 조회해야 해요.'

메인 데이터베이스를 중단한다고 이메일을 보낸 후 약 3개월 동안 서비스 간 의존성을 확인하고, 서비스 범위를 확인하고, 각 시스템으로 이관할 데이터를 분리해서 나누고 옮기는 과정을 반복했습니다. AWS DMS와 mysqldump를 사용해서 신규 데이터베이스로 데이터를 이관하고, 신/구 데이터베이스에 동시에 데이터를 적재하고 데이터를 검증할 수 있는 로직을 만들고, SQL 서버에서 커넥션을 확인한 후 사내 플랫폼 포털을 통해 AWS 리소스를 찾고, 수많은 소스 코드를 수정하고, 메인 데이터베이스에 의존적이던 (구) 어드민 시스템까지 통폐합하면서, 3개월이라는 짧고도 긴 시간에 정말 많은 변화가 생겼습니다. 개발, 기획뿐만 아니라 고객 서비스, 광고 계약 등을 담당하고 있는 여러 부서의 많은 분과 함께 정신없는 3개월을 보냈습니다.

과제와 교훈

그리고 3개월 후, 영원히 불가능할 줄 알았던 그 일이 정말로 일어나고야 말았습니다. 2019년 11월 1일 메인 데이터베이스로 유입되던 모든 커넥션이 제거되었고, 2019년 11월 26일 마침내 배달의민족 서비스의 한 축을 담당했던 메인 데이터베이스가 IDC에서 철수하게 되었습니다. 하나의 큰 데이터베이스는 여러 개의 데이터베이스로 분리되었고, 메인 데이터베이스 하나에 의존했던 배달의민족 서비스는 이제 100개 이상의 데이터베이스가 빠른 비즈니스 변화에 맞춰서 유기적으로 움직이고 있습니다. 이번 프로젝트를 진행하면서 발견된 몇 가지 문제점과 배운 점을 부끄럽지만 공유하려고 합니다.

서비스는 종료되었지만, 소스 코드는 그대로 남아 있다

프로시저 내부 로직은 전부 주석 처리했지만 호출하는 부분은 미처 제거하지 못해서 아무런 기능도 없는 프로시저가 호출되는 경우도 있고, 프로시저를 호출하는 부분까지 정리가 되었지만 정작 프로시저는 그대로 남겨둔 경우도 있습니다. 서비스가 종료되거나 아키텍처 개선 등으로 인해 리팩터링되었지만, 레거시를 정리하지 않았기 때문에 발생하는 현상입니다. 그렇다고 그냥 안 쓰는 건데 그냥 좀 두어도 괜찮다고 생각하고 넘기기엔 발생하는 문제가 생각보다 컸습니다. 신규 개발 후 QA 과정에서 새로 개발한 시스템이 아닌 레거시 시스템으로 연결되어 테스트 당시에는 오류를 발견하지 못했지만, 시간이 지나면서 데이터에 누수가 생기기도 하고, 불필요한 부분에서 병목이 발생해서 전체 서비스 레이턴시에 문제가 생기기도 합니다. 관리 포인트는 점점 늘어나고 다음 프로젝트를 위한 개발 범위 산정이 계속해서 커지는 것도 레거시를 정리하지 못해서 생기는 부작용입니다.

테이블 이름, 프로시저명, 변수명 등 '이름'만으로 목적을 알 수 없다

여러 명이 동시다발적으로 개발/운영을 하다 보니 명명 규칙에 대한 협의가 사전에 이뤄지지 않았습니다. 각자 편한 대로 혹은 쓰던 대로 이름 붙이다 보니 오타나 오기로 인해 의미가 왜곡되기도 했고, 이름만으로는 절대 목적을 알 수 없는 특수한 컬럼이나 테이블도 있습니다. 빠르게 개발하고 즉시 투입해서 운영하다 보니 테이블의 용도나 목적, 의미에 대한 기록이 남아 있지 않아서 지라, 위키, 구글을 하나하나 검색하고, 수십 명의 개발자에게 하나하나 확인해야 했습니다.

모두가 주인인 듯 아무도 주인이 아니다

하나의 프로시저를 여러 시스템에서 호출하고, 여러 개발자가 동시에 수정하면서 모두가 사용하지만 아무도 오너십을 가지지 않는 상황이 되었습니다. 여러 팀에서 같은 코드를 사용하면서 전체 로직 확인 없이 각자 필요한 부분만 조금씩 수정하는 과정이 반복되었습니다. 그리고 결국, 내가 수정한 코드가 다른 부분에서 어떤 문제를 야기할 수 있는지 파악하기 힘들어지고, 이로 인해 전체 시스템에 대한 불확실성이 증가했습니다.

거의 비슷한 기능을 하는 조금씩 다른 코드가 있다

빠른 개발을 위해 기존의 코드를 복사해서 필요한 부분만 수정한 후 반영하게 되어 90%는 같지만 10%만 다른 코드도 많이 생겼습니다. 같은 소스 코드를 여러 방향으로 수정하다 보니 한 번 계산된 데이터를 거꾸로 다시 풀기도 하고, 조인하지 않아도 되는 테이블을 조인하기도 했습니다.

배운 점

프로젝트를 계획할 때 레거시 제거도 프로젝트 범위에 포함하자

수많은 레거시가 제거되지 못하는 가장 큰 이유는 바로 '일정이 부족해서'일 겁니다. 처음 프로젝트를 시작할 때 전체 일정을 산정하는데, 대부분 프로젝트에서 레거시 제거를 프로젝트 범위에 포함하지 않습니다. 하지만 이 과정이 생략됨으로 인해서 발생하는 부작용은 생각보다 큽니다.

명명 규칙을 미리 정하고 최대한 많은 사람에게 공유하자

명명 규칙, 자료형을 미리 정하는 것은 귀찮지만 중요한 일입니다. 혼자서 모든 것을 개발하고 유지보수할 수 있으면 좋겠지만, 우리는 함께 일을 하고 있기 때문에 규칙을 정하는 게 중요합니다. 미리 규칙을 정하고 정해진 약속대로 한다면 여러 명이 개발한 소스를 빠르게 머지할 수 있고, 자료형의 불일치도 최소화할 수 있어서 개발과 운영에 드는 리소스를 줄일 수 있습니다.

극단적인 예를 들자면 이렇습니다. 다섯 명의 팀원이 회원 시스템을 개발하기로 했는데 명명 규칙과 자료형을 미리 정하지 않았다면, member_number varchar(20), mem_no int, MemNo bigint, M_no varchar(50), member_no nvarchar(20) 이렇게 다른 다섯 개의 명명과 자료형을 가진 컬럼이 결과적으로 같은 회원번호를 의미하게 될 수 있습니다. 이러한 명명의 불일치로 인해서 최악의 경우에는 개발이 어느 정도 진행된 시점에 대대적으로 수정해야 할 수도 있고, 미처 눈치채지 못하고 서비스를 오픈했다가 개발이 어느 정도 진행된 시점에서 대대적으로 수정을 할 수도 있고, 모르고 서비스를 오픈했다가 시간이 지난 후 데이터 잘림 현상이 발생하거나, 구조적인 문제로 성능 저하가 발생할 수도 있습니다.

코드에 대한 오너십을 갖자

가급적 코드에 대한 오너십을 명확하게 정하는 것이 좋습니다. 공통으로 사용하는 기능이라고 하더라도 오너십을 부여하고 이를 주기적으로 관리하는 것과 관리하지 않는 것의 차이는 큽니다. 아무도 관리하고 있지 않은 때에 장애 인지 및 장애 복구가 전반적으로 늦어지고 장애 확산 가능성도 훨씬 커질 수 있습니다.

로직은 가급적 단순하고 명료하게 만들자

기존에 동작하던 것과 비슷한 기능을 구현할 때 보통 기존 소스 코드를 복사해서 필요한 부분을 수정합니다. 기존 소스 코드를 재사용할 때는 반드시 불필요한 로직이 수행되고 있지는 않은지, 다른 곳과 불필요한 의존성이 존재하지 않는지 점검해봐야 합니다. 필요도 없는 데이터를 계산하느라 발생하는 성능 저하는 생각보다 자주 볼 수 있습니다.

메인 데이터베이스 탈출은 오랜 기간 많은 사람의 노력으로 이루어진 일입니다. 결코 순탄하지 않았던 과정을 성공적으로 마무리한 모든 우아한 개발자 여러분께 이 자리를 빌려 감사 인사와 박수를 보냅니다.

🔑03
메시지 발송 이중화 여정기

#스프링클라우드   #이중화   #공통시스템개발팀

 이재훈
2022.03.16

우아한형제들 공통시스템개발팀에서 메시지 플랫폼을 개발하는 이재훈입니다. 여기서는 2021년에 진행한 SMS 발송 외부 시스템 이중화 프로젝트 이야기를 하려고 합니다. 어떤 이유로 이중화를 하게 되었고 스프링클라우드 Config를 이용해 어떻게 배포 없이 트래픽을 전환할 수 있었는지에 대한 여정이기도 합니다.

2021.06.18 SMS 발송 외부 시스템 장애 발생

장애는 언제나 소리 소문 없이 우리에게 찾아왔습니다. SMS를 발송하는 외부 시스템의 장애가 발생했고, 이로 인해 우아한형제들의 서비스 전역에서 SMS를 발송하지 못했습니다. 대표적인 영향으로 인증 문자 메시지를 발송할 수 없어 운행을 시작하고자 하는 라이더들이 앱에 로그인을 하지 못하는 상황으로 이어졌습니다.

장애에 대해 전혀 대비를 하지 않은 상황에서 저희가 할 수 있는 일이 별로 없었습니다. 팀은 외부 시스템이 빠르게 복구되기만을 기다릴 수밖에 없었습니다. 저희 팀은 장애가 해소되는 시간 동안 많은 무력함을 느꼈습니다. 장애는 저희에게 큰 동기부여가 되었고, 다른 어떤 업무보다 이중화 작업을 최우선으로 프로젝트를 시작하게 되었습니다.

이중화를 가로막는 요인

이중화라는 목표를 달성하려면 어떤 기능을 개발해야 할지 고민해보았습니다. 완벽한 이중화 구성을 위해서는 모든 SMS 요청에 대해 두 개의 외부 시스템에서 동일하게 요청을 수행할 수 있어야 합니다. 메시지 플랫폼에 요청되는 SMS 유형은 다음과 같습니다.

- 일반 SMS/LMS
- 인증 SMS
- 해외 수신자에 대한 SMS
- 이미지를 첨부한 MMS

추가로 투입하는 외부 시스템에 대해 모든 SMS 요청을 처리하는 기능을 개발하는 것은 시간이 조금 걸리는 일입니다. 따라서 가장 비즈니스 영향도가 가장 높은 인증 SMS 유형부터 기능을 개발하는 방향으로 결정했습니다. 그다음 차례대로 개발이 완료된 유형에 대해서는 두 개의 외부 시스템으로 트래픽을 분산해 발송하는 방향으로 결정했습니다.

어떻게 두 개의 외부 시스템에 트래픽을 분산할까?

메시지 플랫폼에는 라우터Router라는 모듈이 있습니다. 라우터 모듈은 요청받은 메시지가 어떤 외부 시스템에 발송 요청할지 결정하고 요청을 넘겨주는 역할을 담당합니다. 따라서 라우터 모듈에서 **외부 시스템별 트래픽 비율 정보**를 알고 있고, 비율에 따라 A와 B 외부 시스템으로 트래픽을 분산하도록 아키텍처를 결정했습니다. 라우터 모듈부터 외부 시스템까지 요청되는 전반적인 과정은 다음과 같습니다.

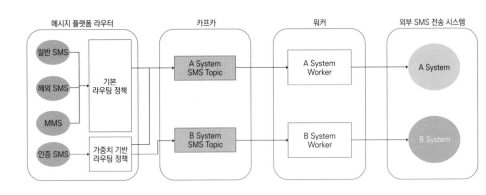

- 인증 SMS에 대해서만 가중치 기반 라우팅 정책Weighted Routing Policy을 사용해 A 외부 시스템과 B 외부 시스템으로 트래픽을 분산할 수 있게 합니다.
- 일반 SMS, 해외 SMS, MMS는 아직 B 외부 시스템에서 구현이 완료되지 않았으므로 단순 라우팅 정책을 사용해 모든 SMS 요청을 처리할 수 있는 A 외부 시스템

요즘 우아한 개발

으로만 발송하도록 합니다.

프로젝트 완료 후 최종적으로 라우터 모듈에서 SMS를 처리하는 모습은
다음과 같습니다.

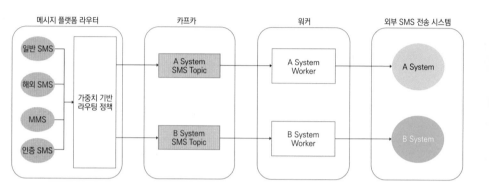

- 일반 SMS, 해외 SMS, MMS를 순서대로 B 외부 시스템에서 처리하도록 구현한
  후 구현되는 순서대로 가중치 기반 라우팅 정책을 사용하도록 합니다.

다음으로 요구되는 내용은 A 외부 시스템과 B 외부 시스템으로 원하는
만큼 트래픽을 분산할 수 있어야 한다는 것입니다.

- A 외부 시스템 장애 상황에는 B 외부 시스템으로만 요청이 가도록 해야 합니다.
- B 외부 시스템 장애 상황에는 A 외부 시스템으로만 요청이 가도록 해야 합니다.
- A 외부 시스템에서 처리할 수 있는 동시 처리량을 넘어서는 때에는 B 외부 시스템
  에 트래픽을 50:50으로 분산할 수 있어야 합니다.

트래픽 분산 기능은 가중치 기반 라우팅 정책에 있는 트래픽 비율 정보를 바탕으로 이루어지게 됩니다. 어떻게 트래픽 비율 정보를 배포 없이 바꿀 수 있을까요?

배포 없이 트래픽 변경하기

스프링 부트Spring Boot 애플리케이션에서는 application.properties 혹은 application.yml 파일을 이용해 프로퍼티를 정의하고 사용할 수 있습니다.

가중치 기반 라우팅 정책에서 트래픽 비율을 알고 있고, 트래픽 비율에 따라 어떤 카프카* 토픽으로 보낼지만 정하면 발송 이중화를 구현할 수 있게 됩니다. 여기까지 구현이 완료되었다면 배포를 통해 프로퍼티를 다시 적용해 트래픽 비율을 변경할 수 있게 됩니다.

하지만 우리는 시스템 운영 중에 배포 없이 트래픽을 변경하는 방법이 필요했습니다. 이를 구현하기 위해 **스프링 클라우드 Config를 사용해 런타임에 프로퍼티 정보를 변경할 수 있는 기술을 도입**하게 되었습니다. 스프링 클라우드 Config를 사용하기 위해 두 가지 아키텍처를 고안해 팀에서 토론을 진행했습니다.

1 스프링 클라우드 Config + 스프링 클라우드 Bus + 스프링 클라우드 Config Monitor를 이용한 아키텍처

2 스프링 클라우드 Config + Scheduled Polling을 이용한 아키텍처

---

*   Apache Kafka. 실시간 스트림을 게시, 구독, 저장 및 처리할 수 있는 분산형 데이터 스트리밍 플랫폼

요즘 우아한 개발

두 아키텍처를 소개하고 어떤 과정을 통해 1안과 2안 중 하나를 결정하게 되었는지 살펴보겠습니다.

1안. 스프링 클라우드 Config + 스프링 클라우드 Bus + 스프링 클라우드 Config Monitor를 이용한 아키텍처

공통적으로 스프링 클라우드 Config를 이용해 원격 저장소를 구성했고 배포 없이 메시지 플랫폼 라우터 내의 외부 시스템별 발송 트래픽 정보를 변경하고 반영하는 시스템을 구성했습니다. 또한 시스템에서 프로퍼티 정보를 쉽게 바꿀 수 있도록 스프링 클라우드 Config에서 제공하는 백엔드 저장소 중 RDB(MySQL)를 활용하는 **JDBC Backend**를 사용했습니다.

1안으로 제시된 스프링 클라우드 Config + 스프링 클라우드 Bus + 스프링 클라우드 Config Monitor를 이용한 아키텍처를 살펴보겠습니다.

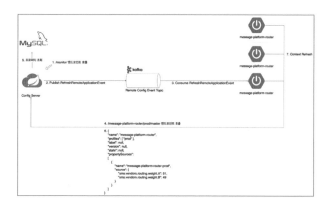

1 DB에 프로퍼티 데이터가 수정되면 Config 서버 애플리케이션에서는 스프링 클라우드 Config Monitor에서 제공하는 /monitor 엔드포인트를 호출합니다.

2 /monitor 엔드포인트로 요청된 정보를 바탕으로 카프카에 클라이언트의 프로퍼티 정보를 갱신하도록 하는 RefreshRemoteApplicationEvent를 발행합니다.

3 클라이언트는 카프카 토픽을 구독하고 있고 이벤트를 수신해 클라이언트의 프로퍼티 정보를 갱신합니다.

4 클라이언트를 갱신 시, Config 서버에 자신의 application-name과 profile 정보를 기반으로 프로퍼티 정보를 조회합니다.

5 Config 서버는 요청받은 application-name과 profile 정보를 기반으로 DB에 저장된 프로퍼티 정보를 조회해 API 응답으로 반환합니다.

6 조회된 프로퍼티 정보를 기반으로 클라이언트에 @RefreshScope로 등록된 Bean을 재생성합니다.

2안. 스프링 클라우드 Config + Scheduled Polling을 이용한 아키텍처

다음으로는 스프링 클라우드 Config 정보를 주기적으로 폴링하는 스케줄러를 사용한 방식입니다.

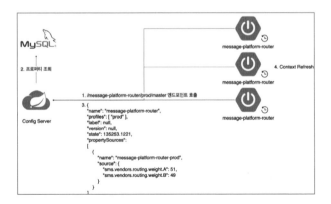

요즘 우아한 개발

1 메시지 플랫폼 라우터 모듈에서 10초 주기로 Config 서버에 application-name과 profile 정보를 기반으로 프로퍼티 정보를 조회합니다.

2 Config 서버는 요청받은 application-name과 profile 정보를 기반으로 DB에 저장된 프로퍼티 정보를 조회해 API 응답으로 반환합니다.

3 이 아키텍처에서는 state라는 필드를 사용해 state 값이 변경된 때에만 Context Refresh를 하도록 합니다. state 값이 변경되지 않은 때에는 Context Refresh를 실행하지 않도록 해 비효율적으로 Bean을 재생성하는 과정을 제거했습니다. state 값에는 가장 최근에 변경된 프로퍼티 수정시간 timestamp 값을 사용했습니다.

4 응답 정보의 state 값이 변경된 때에는 조회된 프로퍼티 정보를 기반으로 클라이언트에 @RefreshScope로 등록된 Bean을 재생성합니다.

최종 결정

1안과 2안 모두 장단점이 있는 아키텍처입니다.

1안. 스프링 클라우드 Config + 스프링 클라우드 Bus + 스프링 클라우드 Config Monitor

장점

- 프로퍼티에 대한 수정이 발생했을 때 Config 서버의 /monitor 엔드포인트를 호출해 클라이언트별로 1회만 프로퍼티 조회 API를 호출해 클라이언트에 프로퍼티 변경 사항을 반영합니다.
- 실시간에 가깝게 반영됩니다.

단점

- 클라이언트에 이벤트를 전파하기 위해 카프카와 같은 메시지 브로커가 필요합니다.
- 또한 카프카가 정상적이지 않은 경우 프로퍼티 설정을 변경할 수 없는 구조입니다.

2안. 스프링 클라우드 Config + Scheduled Polling을 이용한 아키텍처

장점

- 카프카와 같은 메시지 브로커를 관리하는 비용이 없습니다.

단점

- 클라이언트가 주기적으로 Config 서버에 프로퍼티 조회 API를 요청하는 구조입니다.
- 클라이언트 개수가 늘어나게 되면 Config 서버로의 프로퍼티 조회 요청량이 선형적으로 증가하는 구조입니다. 따라서 클라이언트 개수가 작은 때에는 문제가 되지 않지만, 많아지는 경우 많은 트래픽이 발생합니다.

장단점만 놓고 보면 1안이 상당히 합리적인 아키텍처로 보입니다. 클라이언트 갱신에 드는 API 통신 비용이 저렴하고, Config 서버에 부담을 주는 구조가 아니기 때문입니다. 하지만 프로퍼티 설정을 변경하기 위해 카프카에 의존해야 하는 부분이 선택에 큰 요인으로 작용했습니다.

- 1안의 경우 장애가 발생하면 Config 서버, 카프카, Config 클라이언트 모두 확인해야 합니다.
- 2안의 경우 장애가 발생하면 Config 서버와 Config 클라이언트만 확인하면 되고

요즘 우아한 개발

재시도도 1안에 비해 쉬운 편입니다.

또한 2안의 단점인 Config 서버에 발생하는 지속적인 트래픽도 현재 기준으로는 주기적으로 폴링을 하더라도 Config 서버에 무리가 가는 트래픽이 발생하지 않는다고 판단했습니다. 요구사항 또한 실시간으로 반영되는 것이 아닌 수 초 내에 변경되는 것으로 목적으로 하고 있어 트레이드오프를 따졌을 때 운영 비용이 상대적으로 낮은 2안을 선택하게 되었습니다.

위와 같은 선택을 통해 메시지 플랫폼에서 빠르게 SMS 발송 이중화를 구현할 수 있습니다. 이후 내부 어드민에 프로퍼티를 변경할 수 있는 기능을 추가해 외부 시스템별 트래픽 설정을 빠르게 변경할 수 있어 장애가 발생하더라도 빠르게 대응할 수 있는 시스템을 구성하게 되었습니다.

2021.10.19 다시 놈이 나타났다

2021.10.19 22:30에 한 외부 시스템의 장애가 발생해 외부 시스템으로 요청하는 SMS를 발송할 수 없는 상황이 발생했습니다.

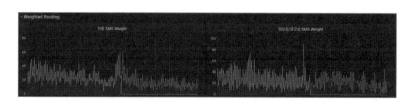

하지만 저희는 장애를 극복할 수 있는 모든 준비가 되어 있고, 장애를

인지함과 동시에 안정적으로 SMS를 발송할 수 있는 외부 시스템으로 트래픽을 100% 전환했습니다. 더 이상 장애가 발생해도 좌절과 무력함을 겪지 않고 차분하게 대응할 수 있게 되었습니다. 또한 외부 시스템 장애 시에도 자신 있게 장애 공유를 할 수 있습니다.

SMS 채널 장애를 완벽하게 이중화가 구현되어 SMS 채널 장애에 대해서는 극복할 수 있는 시스템을 갖췄습니다. 4월에는 알림톡 채널에 대해 이중화를 지원합니다. 가장 핵심적인 채널 2개에 대해 장애를 극복할 수 있게 되었습니다.

다음 단계로 저희가 해보고자 하는 과제는 자동화입니다. 현재는 알람이나 제보를 통해 사람이 장애를 인지하고 판단해 트래픽을 전환합니다. 수동으로 사용하게 된 이유는 장애라고 판단할 수 있는 기준을 정하기 어렵기 때문이었습니다. 하지만 이제는 그간의 운영 경험을 바탕으로 장애라고 판단할 수 있는 몇 가지 기준을 정할 수 있게 되었습니다. 이런 상황에서 시스템이 자동으로 트래픽을 전환하도록 자동화하는 기능을 개발해볼 예정입니다.

🔍04
배민상회와 검색 플랫폼 연동기

#배민상회 #검색플랫폼 #엘라스틱서치

 이제현
2023.05.18

배민상회는 외식업 사장님들을 위한 식자재, 주방 용품 등을 판매하는 종합 쇼핑몰입니다. 즉, 쇼핑 자체가 업무의 일환인 사용자들이 이용합니다. 그러다 보니 상품을 하나하나 탐색하고 찾아가는 즐거움보다 빠르게 원하는 상품을 검색하는 것이 중요합니다. 배민상회는 사장님들의 '업무'를 돕기 위해 어떤 방식으로 검색을 하고 있었을까요?

배민상회와 사장님 그리고 그 사이의 검색

초기에 배민상회는 DB에 저장된 상품정보를 like 검색을 이용하여 찾고 있었고, 검색 성능을 개선할 목적으로 like 검색을 엘라스틱서치^{Elasticsearch}라는 검색엔진을 사용하여 그대로 구현하였습니다. 하지만 몇 가지 문제가 있었습니다.

첫째, 내부적으로 언어 전문가와 관련 데이터의 부족으로 적절한 동의어나 유

사어 등의 사전 구축이 어려웠습니다. 검색 기능의 특성상 사전이 필요했는데, 배달의민족 서비스의 사전을 가져다 사용하였지만 배민상회와 맞지 않는 부분이 많았습니다.

둘째, 엘라스틱서치를 이용한 like 검색 형태로 되어 있어서 찾고 싶은 항목 검색보다 정확한 검색에 초점을 맞추고 있었습니다. 가령 사장님들이 필요로 하는 인기 상품 정보, 유사한 제품군 등의 검색 방식보다 상품 이름, 카테고리 이름처럼 정해진 필드에 검색어를 통한 정확도에 우선을 둔 검색을 하고 있었습니다.

셋째, 인프라 유지 부담이 있었습니다. 엘라스틱서치의 노드를 유지하기 위한 인스턴스 구성과 모니터링, 색인의 관리 등 엘라스틱서치 자체를 유지하기 위한 개발 리소스가 필요하였습니다. 인프라 유지 부담을 줄이기 위해서 AWS의 오픈서치OpenSearch를 활용할 계획도 있었지만, 배민상회에서 사용하는 한글 형태소 분석기와 버전 문제로 활용하지 못하였습니다.

배민상회는 사장님들의 쇼핑 경험 향상을 위해서 우아한형제들의 여러 서비스에서 안정적이고 효율적인 검색을 제공하고 있는 검색 플랫폼과의 연동을 결정하게 됩니다.

어서와 검색 플랫폼은 처음이지?

우아한형제들의 검색 플랫폼은 가게나 상품 정보를 색인하여, 검색어에 대해서 서비스별 가장 적합한 결과를 검색해주는 플랫폼입니다. 검색 플랫폼의 연동 방식은 매우 간단합니다. 크게 검색 부분과 색인 부분으로 구분할 수 있습니다. 검색 부분은 검색 플랫폼이 제공하는 Rest API에 검색 플랫폼에서 지원하는 질의문을 이용합니다. 색인 부분은 배민상회의 검색 대상이 되는 상품들의 정보를 검색 플랫폼이 저장할 수 있도록 색인에 추가합니다.

색인은 전체 색인과 부분 색인이 있으며, 배민상회와 검색 플랫폼의 색인 과정은 이벤트 드리븐event driven 방식입니다. 배민상회에서 비동기 방식으로 상품정보 이벤트를 발행하고 검색 플랫폼에서 이를 저장하는 방식으로 저장됩니다. 색인은 하루에 한 번 전체 상품에 대한 색인과 10분에 한 번씩 변경된 상품에 대한 색인을 실시합니다.

• 배민상회와 검색 플랫폼의 연동 •

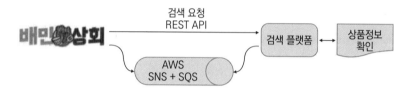

설명을 보면 알겠지만, 배민상회와 검색 플랫폼의 연동은 매우 간단해 보입니다. 사실 기존에 엘라스틱서치를 사용하고 있고, 이를 검색 플랫폼으로 변경하는 작업이기 때문에 대단히 간단할 것이라고 예상하고 시작했습니다. 하지만 실제 연동하는 과정에서 꽤 많은 문제에 직면했습니다.

구조를 어떻게 짜야 할까?

배민상회는 다양한 비즈니스 로직(업무에 필요한 데이터를 처리하는 애플리케이션의 일부)에서 상품 목록을 검색하여 사용하고 있습니다. 단순히 키워드 검색뿐 아니라, 특정 카테고리에 속하는 상품 목록을 가져온다거나, 특정 판매자의 상품을 조회하는 등 상품 목록에 대한 조회가 필요한 부분에 다양하게 활용되고 있습니다.

배민상회에서는 이를 '검색 시나리오'라고 칭합니다. 검색 시나리오별로 개별 비즈니스 로직에 특화된 기능이 있기도 했고 모든 비즈니스 로직이 공통으로 사용하는 기능들도 존재했습니다. 모든 검색 시나리오는 검색 플랫폼을 이용한다는 공통점이 있습니다. 하지만 개별 시나리오에서 검색 플랫폼에 요청하는 쿼리는 시나리오별로 다릅니다. 이를 구현하기 위해서 시나리오별 기능을 추상화하여 인터페이스화하였고 공통 로직에서 인터페이스를 통해 개별 시나리오의 로직을 호출하여 사용하도록 구현하였습니다.

추상화에 앞서 개별 단계별로 어느 정도까지 추상화를 해야 할지, 몇 번의 단계로 추상화를 할지, 최초의 검색 관련 정보를 어떻게 추상화하여 조직하고 넘길지 고민하게 됩니다. 가령, 키워드 검색의 경우 검색어는 문자열이지만, 카테고리 목록의 검색은 검색어가 숫자입니다. 또한 다른 로직에서는 서로 다른 형태의 검색어를 가지고 있습니다. 이를 포괄하고 추상화할 수 있는 개별 객체가 필요했고, 포괄하는 객체 생성과 이 객체를 이용하도록 공통화하는 작업이 어려웠습니다. 또한 개별 비즈니스 로직별로 요구하는 정렬 방법이 달라서 그것을 모두 지원하기 위해서 검색 종류를 추상화하는 인터페이스와 이를 구현하는 개별 비즈니스 로직별 검색 종류 enum을 만들었습니다.

또한 배민상회에는 검색뿐 아니라 집계 기능도 있는데, 이는 현재 검색 결과에 어느 카테고리의 상품들이 있고, 가격대가 어느 정도인지 같은 검

색 결과에 대한 통계를 냅니다. 그런데 검색 플랫폼에서 검색과 다른 API
를 통해서 제공하다 보니 검색과 집계에 대한 추상화도 필요하였습니다.

구전 설화처럼 내려오는 코드

검색 기능을 새로 만드는 것이 아니라 기존에 있던 검색 기능을 검색
플랫폼이 이용하도록 재설계하다 보니 기존 코드가 왜 이런 로직이고, 왜
이런 식으로 구현되어 있는지 확인할 수 없는 경우도 있었습니다. 팀 위
키에서 히스토리 파악이 가능한 경우도 있었고 과거 기능 구현자에게 직
접 물어봐야 하는 경우도 있었습니다. 농담 삼아 '기록이 남아 있는 것은
고대 석판, 기록이 없는 건 구전설화'라고 하곤 했습니다.

작년에 배민상회는 두 번의 큰 변화를 겪었습니다. 과거에 직매입 상품
만을 판매하였는데, 마켓플레이스 전환으로 외부 판매자가 직접 판매할
수 있도록 변화하였습니다. 또, 직배송 도입으로 판매자가 직접 배달할
수 있는 지역이 제한됨으로써, 사용자의 위치 기반으로 배송 가능한 상품
만 보여주는 기능인 '배송 가능한 상품만 보기' 필터 기능이 짧은 시간에
여러 번 변경되었습니다.

여러 사람이 서로 다른 기능으로 같은 부분을 개발한 탓에 전체 로직에
서 이상한 부분이 있었습니다. 또 같은 부분에 대해서 여러 번에 걸쳐서
기획이 추가되다 보니 최종 모습을 파악할 수가 없었습니다. 결국 현재
운영 환경과 코드를 이용해 하나하나 경우의 수를 확인하여 기획을 다시
만들어내는 경우도 있었습니다. 검색 플랫폼 과제 때문이 아니라 모든 시
스템과 모든 기능에는 문서화가 필요함을 새삼 깨달았습니다.

저희 같은 얘기 하고 있는 것 맞죠?

서로 다른 부서의 서로 다른 시스템을 연동하다 보니 각자의 용어와 기능 중심으로 의사소통을 하게 되어 서로 다른 의미를 말하는 경우가 있습니다. 가령 배민상회에는 검색 결과의 종류를 나열하고 그 종류를 선택해서 검색 결과를 줄여나갈 수 있는 기능이 있는데, 이 기능을 '필터'라고 부릅니다. 검색 플랫폼에서도 '필터'라는 단어를 사용하는데, 키워드 검색의 추가 조건을 '필터'라고 합니다. 처음 두 팀이 만나 회의를 할 때 서로 다른 '필터'를 이야기하여 혼선이 있었고, 다행히 서로의 용어를 확인하고 정리하는 작업을 통해서 혼선을 막을 수 있었습니다.

당연한 게 당연한 것이 아니다

모든 시스템과 집단은 각자의 사정이 있습니다. 그 안에서 약속한 규칙들이 생깁니다. 약속한 규칙은 그 집단에서 당연한 것이 됩니다. 하지만 그 집단을 벗어나면, 그 약속은 더 이상 당연한 게 아닙니다. 하나의 시스템 안에서의 개발에서는 당연했던 환경들이 두 개 이상의 시스템 연동에서는 당연하지 않게 되는 경우가 생깁니다.

배민상회는 항상 다양한 기능이 동시에 개발되고 있습니다. 그래서 여러 개발 존을 유지하고 있고, 각 개발 존은 보통 서로 다른 프로젝트 혹은 운영 이슈를 해결하는 데 사용되고 있습니다. 배민상회 개발자에게는 다수의 개발 존이 당연하고 자연스러운 환경입니다. 모두 격리된 독립적인 개발환경은 검색 색인이 따로 존재하였고, 개별 색인은 서로 독립적으로 존재합니다. 개발 존 1과 2에 같은 ID의 상품이 존재하지만, 두 상품은 전혀 다른 상품일 수 있습니다. 반대로 서로 같은 상품이지만 서로 다른 환경에서는 ID가 다를 수 있습니다.

하지만 많은 서비스나 시스템에서 개발 존이나 베타 존을 1개만 운영하는 경우도 있습니다. 검색 플랫폼 연동 초기에는 이것을 생각하지 못했습니다. 서로 다른 개발 존을 대응하기 위해서 검색 플랫폼에서 개발 존에 대응하는 개발 존을 만들어줄 수 있지만, 비용과 관리 문제로 개발 존을 늘리는 것은 문제가 될 수 있었습니다. 또 나중에 배민상회에서 개발 존을 추가한다면 검색 플랫폼에도 늘려줘야 하는데, 이것 또한 허들이 될 수 있었습니다. 배민상회에서 다수의 개발 존은 당연한 것이었고, 검색 플랫폼에서는 당연한 것이 아니었습니다. 이 문제를 해결하기 위해서 상품 색인에 환경 정보를 추가하였고, 검색 질의 시 환경 정보를 포함하여 질의하도록 하였습니다.

• 검색 플랫폼 연동 전의 개발 환경별 색인 구조 •

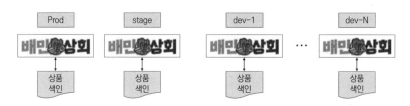

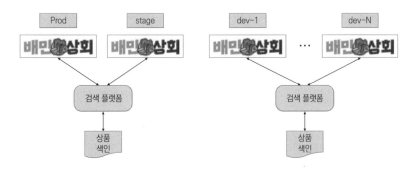

• 검색 플랫폼 연동 후의 개발 환경별 색인 구조 •

자체 DSL의 러닝 커브

엘라스틱서치를 포함하여 질의가 필요한 많은 애플리케이션 플랫폼은 DSL^{Domain Specific Language}을 가지는 경우가 많습니다. DSL은 쿼리를 사용하는 분야에서 해당 분야에 적합하도록 만든 자체적인 질의 언어를 말합니다.

우아한형제들의 검색 플랫폼도 자체 DSL을 가지고 있습니다. DSL은 엘라스틱서치보다 짧고 간결하며, 사용하기 꽤 직관적인 문법으로 구성되어 있습니다. 검색 쿼리를 만들다 보면 연속적이고 계층적인 AND, OR, NOT의 Boolean 쿼리를 작성해야 하는 경우가 많은데, 엘라스틱서치의 DSL보다 훨씬 간단하고 이해하기 쉽다고 느꼈습니다.

검색 플랫폼의 QueryDSL은 검색어와 관련된 쿼리 부분을 제외하고 판매 기간이나 판매 상태 등을 조건에 추가하면 됩니다.

하지만 엘라스틱서치의 QueryDSL은 검색어와 관련된 부분도 쿼리로 만들어야 하며, 판매기간이나 판매상태 등의 조건도 개별 Boolean 문으로 만들어줘야 합니다.

자체 DSL은 구글링으로 확인할 수 없습니다. 즉, 검색을 통해서 다양한 케이스를 확인할 수 없으며, 가이드 문서를 제외하면 참고할 만한 쿼리를 얻기가 어렵습니다. 물론 엘라스틱서치도 DSL을 가지고 있지만, 엘라스틱서치의 DSL은 널리 사용되어, 사실상의 표준처럼 사용되고 있는 DSL이라서 검색을 통해서 다양한 케이스를 찾아 배울 수 있었습니다. 또한 이미 여러 곳에서 사용되고 있어서 익숙합니다.

검색 플랫폼 연동 이후, 검색과 관련된 여러 내부 지표를 확인해보았습니다. 실제 사장님들이 검색해서 상품을 확인하고 구매까지 이어지는 비율이 약 20% 증가되었음을 지표를 통해서 확인할 수 있었습니다. 구매뿐 아니라 상품을 검색한 후 장바구니에 담는 행동은 약 10% 향상되었고 검색 결과 순서 중 상위에 있는 상품을 선택하여 상품 상세를 확인하는 비율이 약 20% 증가하여 실제 검색을 통한 쇼핑 경험 향상에 도움을 주었음을 확인할 수 있었습니다. 배민상회는 검색 성능 향상을 위해 상품 속성 관련 개편, 자동 완성 등 추가 기능을 계획하고 있습니다. 배민상회는 검색을 포함한 여러 기능의 지속적인 향상과 개선으로 더욱더 사장님들의 업무를 덜어드리기 위해 노력하고 있습니다.

05
네트워크 인증 시스템 교체기

#네트워크   #보안   #NoOps

 안필호

2022.11.24

　네트워크 인증 시스템 교체는 2021년 5월부터 1년 동안 진행한 프로젝트입니다. 여기서는 네트워크 인증 시스템 변경을 통해 '무엇을 하고 싶었는지' 그리고 '단계별로 어느 것을 고려했는지'를 간략히 공유해보려합니다.

시스템 교체, 왜? 어떻게?

　우아한형제들에서 기존에 사용한 네트워크 인증 방식은 맥 주소 인증 방식이었습니다. 하지만 보안 취약점과 개인정보 보호 중요성이 주목받으면서 대다수의 단말 제조사에서는 하드웨어 맥 주소mac address를 임의로 변경하는randomized mac address 기능이 기본적으로 활성화되기 시작했습니다.

이로 인해 단말을 관리해야 하는 관리자와 사내망을 사용하는 사용자 모두 힘들어졌습니다. OS에서 기본으로 활성화된 맥 주소 변경 기능을 모두 바꿔주어야 했기 때문입니다.

뿐만 아니라 사업 확장에 따른 지점, 지사 수도 월 3, 4개로 급격히 증가했지만 기존 시스템 구성으로는 한계가 있었습니다. 미흡한 자동화 기능으로 일일이 관리자가 처리해야 하는 월 평균 90건의 티켓도 시스템 교체를 하게 된 배경입니다.

교체 시스템의 목표를 노옵스NoOps, no operations로 정했습니다. 정교하게 이루어진 정책으로 많은 부분이 자동으로 돌아가는 환경을 만들고자 했습니다. 언뜻 보면 관리자에 초점이 맞춰진 듯한 목표일 수 있지만 사용자가 편리하면 문의가 없을 것이고, 문의가 없으면 관리자도 필요 없기에 노옵스가 궁극적인 목표라고 생각했습니다.

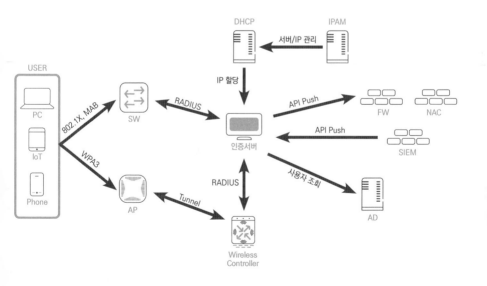

프로세스를 설계하는 과정

처음으로 한 일은 큰 틀에서 사용자 편의기능 제공 여부와 기존 인프라와의 호환성과 확장성을 확인하는 것이었습니다. 그리고 보안 요구사항도 나열해보았습니다. 여기서 도출된 기능 요구사항을 바탕으로 사용할 프로토콜과 기본적인 인증 프로세스의 기틀을 잡았습니다. 마지막으로 우리가 설정한 궁극적인 목적과 방향이 맞는지 요구사항과 비교해보았습니다.

• 요구사항 문서 일부 •

목표	• 일반 사용자는 특별한 학습 없이 매우 쉽게 사용이 가능하다(NoOps). • 내부 접속 보안이 강화된다. • 통일된 네트워크/인증 환경으로 구성한다(모든 오피스/지점). • 높은 호환성/확장성과 글로벌 스탠다드 환경을 제공한다.
기능요구사항	• 사용자가 개인 장비를 직접 등록/변경할 수 있다. • 사용자(담당자)가 공용 장비와 IoT 장비를 직접 관리(등록/변경)할 수 있다. • 브랜치 환경에서도 802.1X 인증(유/무선)을 할 수 있다. • 서드파티 보안 장비와 연동해서 사용자 단위의 롤-베이스 정책 적용이 가능하다. • EAP-TLS 인증서 방식을 제공하며 사용자가 직접 인증서 관리(발급/폐기)를 할 수 있다. ...
비용	• capex/opex 금액을 사용자 장비 1개 단위로 변환하여 대략적 비용을 요청드립니다.
설계안	• 구축 레퍼런스와 위 요구조건에 맞는 대략적 설계를 제안 요청드립니다.

앞에서 작성한 요구사항을 바탕으로 솔루션 제안 소개를 받았습니다. 그중 두 회사의 솔루션이 대부분의 요구 조건을 만족했습니다. 본격적으

요즘 우아한 개발

로 PoC^{Proof of Concept} 대상을 확정하기 위해 상세평가를 했고 최종으로 솔루션을 확정했습니다.

• 상세평가 문서 일부 •

	요구사항	가중치	A사	B사
보안 기능	방화벽(팔로알토/포티넷)에서 부서/사용자 기반의 정책 연동을 제공한다.	3	솔루션 기본 제공 기능으로 공식-가이드가 존재하며 API로 방화벽에 IP, 계정 정보를 전달하여 사용자 단위의 정책 설정이 가능할 것으로 보임	기능 미제공
	EAP/TLS 인증서 방식의 기능을 제공한다.	3	추가 라이선스 솔루션 제공(사용자 단위 라이선스)	TLS 솔루션 제공 안 함, 별도 도입 필요
	브랜치 환경에서도 802.1x 인증(유/무선)을 사용할 수 있다.	3	가능하며 벤더 모델에 맞는 Dynamic ACL 자동 컨피그 기능도 제공	가능, 구축 레퍼런스 없음

확정 후에는 사용환경 조사를 상세히 진행했습니다. 사내에서 주로 사용하는 단말 종류와 단말에서 지원하는 인증 프로토콜을 확인하고 누가, 어디서, 어떤 목적으로 사용하는지도 조사했습니다. 이후 상세 프로세스 설계를 했습니다. 상세 프로세스 설계 시 최소 인증 조건과 개인정보 등의 보안 조건을 만족하는지 보안팀과 긴밀하게 논의하고 최종 인증 프로세스를 확정했습니다.

다음으로 전사에 공통된 인증 정책을 배포하기 위해 표준화된 대역 재설계가 꼭 필요했습니다. 네트워크 관리 측면에서 IP 서브넷은 클수록 좋습니다. 하지만 보안 관리 측면에서는 전통적으로 IP 대역 단위 정책 제어를 하기에 서브넷은 사용 역할별로 나뉠수록 좋습니다. 우리는 두 가지 조건을 모두 만족시키고 싶어 사용자^{user} 단위의 역할 기반 접근 제어^{role-based access control, RBAC} 기능을 사용해 서브넷은 크고, 보안 정책은 IP 단위로 제어가 가능하도록 만들었습니다.

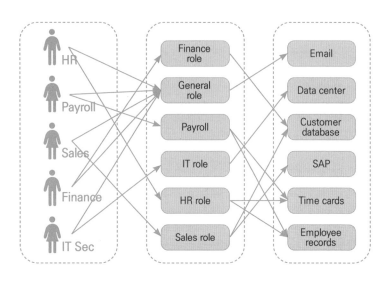

테스트 그리고 테스트

인증 프로세스 설계를 마치고 이제 우리가 원하는 대로 작동하는지 테스트했습니다. 인증 호환성 확인과 사용자 대응을 위해 단말 종류, OS 버전, 웹브라우저 등 모든 단계에서 테스트가 필요했습니다. 만약 원하는 결과가 나오지 않은 경우 문제가 무엇인지, 다른 대안은 없을지, 그 대안이 처음 세운 궁극적인 교체 목표와 같은지 계속 확인했습니다. 한 가지 일화가 기억에 남는데요, 하나의 단말이라도 다른 OS 버전과 브라우저를 테스트하다 보니 기록하지 않으면 앞 결과를 잊어버려서 했던 것을 몇 번이고 다시 테스트해야 했습니다. 정말 그 과정이 지루하고 힘들어 종종 쉬운 방법을 택하려 했지만 사내 곳곳에 붙어 있는 문구 하나를 보고 마음을 다잡았습니다. '만드는 사람이 수고로우면 쓰는 사람이 편하고 만드는 사람이 편하면 쓰는 사람이 수고롭다.'

배포 준비와 협업

사용자 배포를 위한 준비는 혼자 할 수 있는 영역이 아니었습니다. 사내 브랜드 디자인팀에서는 웹페이지와 안내물 디자인 도움을 받았습니다. 전사교육팀에서는 기계에 익숙지 않은 사용자의 눈높이로 매뉴얼 제작 도움을 받았습니다. 마지막으로 피플팀의 도움으로 수천 명의 구성원에게 효율적으로 공지가 전파될 수 있습니다.

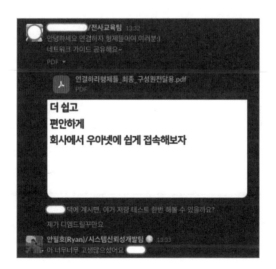

이제 사용자의 품으로!

정식 배포 전 마지막 베타 테스트를 실제 대상에게 했습니다. 사용 피드백과 놓친 부분을 확인했습니다. 사용자 인증 과정에서 HTTPS, HTTP 웹페이지 전환 간에 발생하는 웹 경고와 애플 프로파일, 윈도우 EXE 설치 중 발생하는 설치 경고가 불편하다는 피드백을 수용해 코드사이닝 인증서를 발급받아 조치했습니다. 이제 모든 준비는 끝났습니다.

사내에서 사용하는 단말의 성격을 나누어보자면 PDA와 같은 서비스 유형의 단말과 구성원이 사용하는 비서비스 단말로 나눌 수 있습니다. 비교적 사업에 영향이 적은 구성원 단말부터 마이그레이션을 시작했습니다. 마이그레이션 간 발생하는 문의는 충분히 예상된 범위 내에서 해결되었고 큰 문제없이 배포가 완료되었습니다. 비서비스 성격의 단말인 구성원들을 대상으로 약 3개월 정도 안정화 기간을 가진 후 서비스 단말을 마이그레이션했습니다. 이로써 6개월 간의 마이그레이션이 끝났고 전사에 새로운 인증 시스템이 도입되었습니다.

네트워크 인증 시스템 교체 후 6개월이 지난 시점에서 교체 목표였던 노옵스 지표는 달성했을까요? 결과는 **성공적**이었습니다. 사용자 셀프 서비스 기능 오픈으로 변경 전 월 평균 티켓 90건은 현재 월 평균 1건 이하로 유지되고 있습니다.

⚲06
사장님용 통계 데이터 서빙하기

#우리가게NOW   #RDB

 한진욱
2022.07.04

작년에 저희 팀은 사장님들을 위한 통계 서비스인 '우리가게NOW'를 만드는 프로젝트에 참여했습니다. 기존에 하던 업무에서 보기 힘들었던 통계 데이터를 다루면서 겪었던 어려움과 문제 해결의 과정에 대해서 소개하고자 합니다.

이름도 낯선 프로젝트, 우리가게NOW

우리가게NOW 서비스는 2021년 6월에 출시한 통계 서비스입니다. 사장님들께 주문접수율, 주문접수시간, 조리시간, 조리시간 준수율 등의 지표를 공개해, 사장님이 직접 가게 운영과 고객 만족에 큰 영향을 미치는 지표들을 살펴보고 개선하도록 하는 통계 서비스입니다.

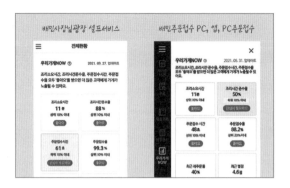

사장님에게 새로운 통계 화면을 제공하기 위해, 다음과 같은 요구사항을 구현해야 했습니다.

- 주문/배달 데이터로부터 주문접수율, 주문접수시간, 조리시간 준수율 등의 통계 데이터를 만들 수 있어야 합니다.
- 통계 데이터를 바탕으로 상대평가를 해야 합니다. 각 지표별로 모든 가게 중 상위 몇 퍼센트인지 수치로 나타낼 수 있어야 합니다.
- 매일 아침 9시에 통계/상대평가용 데이터 최신본을 업데이트해야 합니다.

이 프로젝트는 기존에 팀에서 주로 하던 작업과 비교해 생소한 부분이 많았는데, 다음과 같은 점이 생소했습니다.

- 통계 데이터를 다뤄야 했습니다. 실시간 데이터가 아니라는 점이 정말 생소했습니다. 과거 데이터를 처리하는 통계 작업을 진행하는 것은 처음이었습니다.
- 처리하는 데이터 크기가 컸습니다. 주문 데이터를 바탕으로 통계 데이터를 계산해야 하는데, 주문 데이터 개수는 이전에 팀에서 취급해왔던 데이터양(몇 십만 개 수

준)의 몇 배를 뛰어 넘는 수준이었습니다.

- 에어플로*, SparkSQL** 기술을 사용해야 했습니다. 데이터 레이크^{Data Lake}에서 다른 도메인(주문) 데이터를 바탕으로 작업해야 했기 때문입니다. 여기서는 사내에서 데이터서비스실이 관리하는 테이블을 모두 '데이터 레이크'라고 부르겠습니다.

낯선 작업이었지만, 에어플로+SparkSQL을 활용해서 외부 데이터를 사용해야 한다는 점은 분명해 보였습니다. 그래서 아래 세 가지 틀에 따라 세부적인 구조를 만들며 나아갔습니다.

1 에어플로 스케줄러를 통해 주기적으로 외부에서 필요한 정보를 가져온다.
2 데이터 레이크에서 SparkSQL 쿼리로 데이터를 추출한다.
3 데이터를 팀 내 RDB(관계형 데이터베이스)로 저장한다.

프로젝트를 위한 첫 구조

팀원과 함께 정한 첫 구조는 이렇습니다.

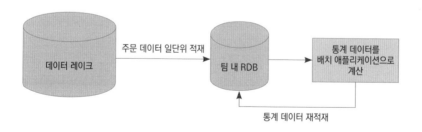

---

*   Airflow. 일련을 일들을 순차적으로 진행시켜주는 프로젝트 관리자

**   구조적 데이터를 처리하는 Spark 모듈

1 데이터 레이크에서 주문 데이터를 뽑은 뒤 팀 내 RDB로 적재한다.

2 적재한 주문 데이터를 바탕으로 주문접수율, 주문접수 시간, 조리 시간, 조리 시간 준수율 등의 통계 데이터를 계산한다.

3 계산한 결과를 다시 팀 내 RDB로 적재한다.

통계 데이터를 배치 애플리케이션으로 계산한다는 점이 핵심입니다. 위 구조의 장점은 다음과 같습니다.

- 테스트가 쉽다.
- 변경 사항에 유연하게 대응할 수 있다.
- 통계를 처리하는 부분을 가독성 있게 코드로 표현할 수 있다.

세 가지 장점 모두 애플리케이션 코드라는 특성에서 나옵니다. 자바 코드로 계산 로직을 표현하기 때문에, 테스트를 할 수 있고 따라서 유연성 및 가독성이 높습니다.

첫 구조의 문제점

하지만 이 구조는 곧 문제에 부딪혔습니다. 팀에서 겪어보지 못한 엄청난 크기의 데이터 때문이었습니다. 몇 백만 건의 주문 데이터양 때문에 두 가지 우려가 생겼습니다. 3시간 안에 배치를 완료할 수 있을지에 대한 확신이 없었습니다. 적어도 3시간 안에는 통계 계산이 끝나야 합니다. 전날 주문 데이터가 쌓이는 6시 이후부터 시작해서, 사장님에게 통계 데이터가 오픈되는 9시까지 통계 데이터를 생성해야 했기 때문입니다. 하지만 14일 간의 주문 건을 바탕으로 통계를 내기 때문에, 계산 대상 데이터가 몇 백만 건이 될 수 있습니다. 팀에서 평소에 배치가 다루는 데이터가 몇 십만 건 수준임을 생각하면, 팀 내 평균 배치 실행 시간보다는 훨씬 오래 걸릴 것으로 추정했습니다. 그리고 팀 내 RDB로 모든 주문 데이터를 적재하는 부담이 컸습니다. 몇 백만 건의 주문 데이터가 팀 내 RDB로 저장됩니다. 활용도가 제한적인 주문 데이터를 관리해야 하는 부담이 있습니다.

적재하는 과정에서 계산하기로 결정하다

몇 차례 팀 내 논의를 거친 후 애플리케이션이 아닌 적재하는 과정에서 통계 데이터를 함께 계산하는 것으로 결정했습니다. 즉, 데이터 레이크에서 팀 내 RDB로 데이터를 적재하는 과정에서 통계 데이터를 계산하기로 했습니다. 이를 통해 다음 두 가지 장점을 얻을 것으로 기대했습니다. 첫 번째 장점은 성능상 이점이었습니다. 데이터 레이크에서 팀 내 RDB로 적재할 때 SparkSQL을 이용합니다. 분산 환경에서 동작하는 SparkSQL 특성을 이용해, executor 수를 조절해 우리가 원하는 만큼 성능을 올릴 수 있을 것이라고 기대했습니다.

두 번째로는 주문 데이터를 팀 내 RDB로 적재하는 부담을 없앨 수 있습니다. 하지만 아직 SparkSQL로 통계 데이터를 생성하는 구조에 대해 자신이 없었습니다. 평소에 쿼리 형태의 코드를 작성한 적이 드물었고, 쿼리 형태의 코드가 앞으로의 요구사항 변경을 과연 충족할 수 있을지에 대해

의문이 들었기 때문입니다.

나에게 일주일의 시간이 있다고 상상해보기

여기에 대해 동료 개발자 한 분은 다음과 같은 질문을 할 것을 조언했습니다. '나에게 일주일의 빈 시간이 있을 때, 새로운 기술의 불안감을 해소하기 위해 나는 무엇을 할 것인가?', 'SparkSQL의 불안감을 해소하기 위해 나는 어떤 점을 찾아볼 것인가?' 이렇게 스스로에게 질문을 던졌을 때, 업주간 상대평가를 하는 구현하는 부분이 제일 자신이 없었습니다. 그래서 SparkSQL 쿼리로 구현할 수 있을지 직접 확인했습니다.

업주	조리시간 준수율	순위
A	12%	1
B	9%	2
C	9%	2
D	8%	4

현재 요구사항은 위 표와 같이 순위가 나오도록 하는 겁니다. 동점자는 같은 순위가 되고, 그다음 순위는 직전 동점자들 수가 반영되어 매겨집니다. 찾아보니 SparkSQL에도 RANK() 함수가 있습니다. 다음과 같이 쿼리문을 만드니 상대평가를 하는 로직이 간단히 해결됐습니다.

```
RANK() OVER (ORDER BY cooking_time_rate DESC)
```

SparkSQL에 대한 불안감을 일정 부분 해소했습니다. 물론 더 복잡한 요구사항이 들어온다면, 쿼리로 구현하는 게 어려울 수도 있습니다. 하지만 더 복잡한 요구사항이 들어올 가능성은 적을 것이라고 생각했습니다. 또한 들어온다고 하더라도, 그때 상대평가 부분만 배치로 계산하도록 바꿔도 됩니다.

그렇게 해서 만든 최종 구조

최종 구조는 다음과 같습니다.

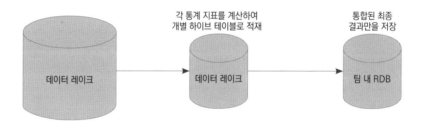

중간 통계 결과를 저장하는 하이브* 테이블을 두고, 중간 결과를 합친 최종 결과만 팀 내 RDB로 저장하도록 만들었습니다. 통계 데이터를 계산하는 로직은 데이터 레이크에서 데이터를 추출하는 SparkSQL에 있습니다. 이를 통해, 우리가게NOW 오픈 첫날 30분 안쪽으로 데이터 처리를 완료할 수 있습니다. 지금까지도 평균적으로 30분 처리 시간을 유지합니다.

---

*   hive. 하둡에 저장된 데이터를 쉽게 처리할 수 있는 데이터웨어하우스 패키지

우리가게NOW 통계를 계산하는 작업은 몇 백만 건이 넘는 과거 주문 데이터를 처리하는 빅데이터 성격의 작업이었습니다. 하지만 당시에 제가 작업했을 때 빅데이터를 다루고 있다는 인식조차 희박했습니다. 그래서 처음에는 실시간 데이터를 보정하는 배치 애플리케이션으로 접근하는 등의 시행착오를 겪었습니다. 지식이 부족한 상태였지만, 당시로서 가장 나은 대안을 찾을 수 있던 이유는 다음 요인이었던 것 같습니다.

가치의 우선순위 파악, 기술의 장단점 분석 후 우선순위에 따라 기술 선택

당시 아침 9시까지 업주에게 최신화된 통계 화면을 보여주는 것을 최우선 순위로 두었습니다. 따라서 수행 시간 축소를 최우선 순위로 둘 수 있습니다.

생소한 기술에 대한 불안감을 질문으로 해소하기

SparkSQL에 대한 불안감은 말로 표현하기 전까지는 막연한 상태였습니다. 일주일의 시간이 있으면 어떤 부분을 공부할 것인가? 질문을 통해 불안감의 원인을 구체화할 수 있습니다.

이번 우리가게NOW 프로젝트를 통해 기술에 대한 막연한 불안감을 해소하는 방법을 배울 수 있습니다. 더불어 데이터에도 실시간 데이터, 통계 데이터 등 여러 유형이 있다는 점을 배웠습니다.

4장

인공지능으로
한 단계 업그레이드하기

01
머신러닝으로 배민 앱 리뷰 품질 높이기

#머신러닝   #이상탐지

 강성욱
2023.05.16

배민 앱에서는 많은 음식점 중 하나를 선택해야 하는 사용자들의 고민을 덜어주고자 리뷰 서비스를 제공합니다. 사용자들은 작성된 리뷰 내용 및 평점을 참고하여 메뉴를 선택하는 경우가 많습니다. 높은 평점과 후기가 좋은 리뷰를 확보하는 게 중요하다 보니, 리뷰 작성 대행 업체나 다수의 계정을 동원해 허위 리뷰를 작성하는 일이 발생합니다. 이렇게 작성된 허위 리뷰를 그대로 방치하면 어떻게 될까요? 허위 리뷰를 보고 주문

한 사용자는 예상과 다른 맛에 실망하여 배민 앱을 사용하지 않을 수도 있고, 정상적인 가게는 허위 리뷰를 작성하는 가게보다 주문 수가 떨어서 매출에 타격을 입게 될 수도 있습니다. 결국 허위 리뷰를 작성하는 가게만 남게 되고, 사용자들은 허위 리뷰만 있는 배달 앱이라는 인식때문에 다른 앱으로 이동하는 악순환이 일어나고 맙니다. 리뷰의 건전한 생태계를 유지하고 리뷰 본연의 목적을 유지하려면 허위 리뷰 작성을 막을 필요가 있습니다.

허위 리뷰를 작성하는 행위를 효과적으로 막고 정직한 리뷰를 제공하기 위해 준지도 학습 알고리즘Deep SAD과 소셜 네트워크 분석을 결합하여 리뷰 조작 업체를 탐지하는 모델을 개발했습니다.

이상 탐지 접근 방법

허위 리뷰와 같은 어뷰징 행위는 정상적인 사용자와 다른 패턴을 보이기 때문에 이를 탐지하기 위해 이상 탐지Anomaly Detection 기법을 많이 사용합니다. 이상 탐지는 정상적인 패턴과 다른 패턴, 행동 또는 이벤트를 탐지하는 기술로 금융거래 사기 탐지, 제조 공정의 불량 탐지 등 다양한 분야에서 활용되고 있습니다.

어뷰징 행위를 탐지하는 방법은 크게 규칙 기반 이상 탐지와 머신러닝 기반 이상 탐지 2가지로 나눠 볼 수 있습니다. 회사에 따라서 규칙 기반 또는 머신러닝 기반 탐지 중 한 가지만 운영하거나, 상황에 따라 둘 다 운영하는 경우도 있습니다. 다음은 규칙 기반 탐지와 머신러닝 기반 이상 탐지 접근 방법과 머신러닝 모델 학습 방식을 나타낸 그림입니다.

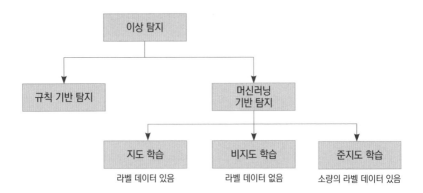

• 이상 탐지 접근 방법 도식화 •

규칙 기반 이상 탐지

규칙 기반rule based 이상 탐지는 기존 이상 패턴 또는 어뷰징 행위에 나타나는 주요 특징과 조건을 규칙화하여 필터링하는 방식으로 예를 들면 '최근 10분 내 주문 100건 이상인 경우'와 같이 조건 기반 특정 패턴이나 행위를 탐지합니다. 규칙 기반 탐지는 몇 가지 간단한 조건들로 구성되기 때문에 쉽고 빠르게 서비스에 적용할 수 있습니다. 또한 탐지된 항목에 대해 명확한 이해가 가능하다는 장점 때문에 현업에서 자주 사용되는 방식입니다. 하지만 미리 설정된 조건이 아니면 탐지가 어렵고, 설정된 임곗값이나 조건 변화에 민감할 수밖에 없습니다.

머신러닝 기반 이상 탐지

머신러닝 알고리즘을 활용하여 데이터의 이상을 탐지하는 방법이 있습니다. 학습 데이터 사용 방식에 따라 지도 학습Supervised Learning, 비지도 학습 Unsupervised Learning, 준지도 학습Semi-Supervised Learning으로 나눌 수 있습니다. 지도 학습의 알고리즘은 입력값에 대한 정답이 있는 라벨Label 데이터를 학습하여 예측하기 때문에 라벨 데이터가 필요합니다. 비지도 학습은 라벨 데이터가 없이도 학습이 가능한 방식입니다. 준지도는 일부 소량의 라벨 데이터를 사용합니다.

1 지도 학습

정상 또는 이상 여부에 대한 라벨 데이터를 가지고 학습하는 방법입니다. 학습 데이터를 이용하여 모델을 학습하고, 새로운 입력 데이터에 대해 라벨을 예측하는 방식입니다. 주요 알고리즘으로는 SVM, LightGBM, ANN 등이 있습니다.

지도 학습의 장점은 타 방식에 비해 높은 정확도로 학습한 어뷰징 패턴 탐지가 가능하며, 분류 결과에 대한 패턴이 쉽게 구분 가능하다는 점입니다. 단점으로 학습을 위한 많은 양의 라벨 데이터가 필요합니다. 모든 데이터에 대한 라벨을 지정할 수도 있지만 이를 위해선 많은 비용이 발생하게 됩니다. 더불어 학습되지 않은 새로운 패턴은 탐지하기 어려운 점이 있습니다.

2 비지도 학습

비지도 학습에서는 라벨 데이터 없이 주어진 입력 데이터를 비슷한 데이터끼리 묶어주는 클러스터링 방법을 사용합니다. 또는 데이터의 대부분이 정상 데이터라고 가정하고, 해당 정상 데이터에서 멀리 떨어진 데이터를 찾는 방법들이 주로 사용됩니다. 예를 들면 K-평균K-means, DBSCAN, 오토인코더AutoEncoder, 아이솔레이션 포레스트Isolation Forest 등이 있습니다.

비지도 학습의 장점은 라벨 데이터가 없어도 사용 가능하다는 점과 알려지지 않은 새로운 패턴을 탐지할 수 있다는 점입니다. 단점은 지도 학습에 비해 상대적으로 낮은 정확도를 보이고, 탐지 결과가 모호할 수 있다는 것입니다. 예를 들어 정상 사용자 패턴이 달라 이상으로 탐지했지만, 이는 데이터 분포상 이상한 것이지 결과적으로 어뷰저가 아닐 가능성이 있습니다.

3 준지도 학습

준지도 학습은 적은 수의 라벨 데이터와 많은 수의 라벨링되지 않은 데이터를 모두 사용하는 방식입니다. 지도 학습과 비지도 학습의 중간 단계라고 볼 수 있습니다. 즉 라벨된 데이터가 적을 때, 라벨이 없는 데이터를 함께 사용해 학습 모델의 성능을 향상시키는 방식입니다.

장점은 라벨된 데이터가 소량만 있어도 사용할 수 있어 라벨 수집에 대한 비용과 시간을 절약할 수 있다는 점입니다. 단점으로는 라벨이 없는 데이터를 이용하여 학습하기 때문에 해당 데이터의 특성에 따라 이상치를 잘못 판단하거나, 성능이 크게 차이 날 수 있습니다. 모델의 성능을 개선할 목적으로 라벨이 있는 데이터를 추가로 수집하여 모델을 업데이트할 수도 있습니다.

리뷰 조작 업체 탐지 모델 접근 방향

배민에서는 리뷰 조작 업체 탐지에 규칙 기반의 탐지 모델을 운영 중이었습니다.

규칙 기반 탐지 방법은 패턴과 임곗값을 바꾸면 탐지에 실패하기 때문에 조작 업체들이 쉽게 우회하고 있었고, 점점 고도화되는 패턴을 단순한 조건 몇 가지만으로는 대응하기가 어렵습니다. 매번 임곗값과 조건들을 변경하면서 대응하기 어렵다고 판단하였고, 머신러닝 기반 이상 탐지 방법을 사용하여 탐지 모델을 고도화하는 방향을 선택했습니다. 머신러닝 기반 이상 탐지를 통해 이상 회원(리뷰 조작 회원)을 우선 탐지하고, 소셜 네트워크 분석을 통해 회원과 가게의 연관 관계를 분석하여 최종적으로 리뷰 조작 업체를 탐지하였습니다.

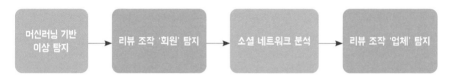

• 리뷰 조작 업체 탐지 흐름도 •

어떤 머신러닝 알고리즘을 이용해 탐지할까?

여러 머신러닝 방법 중 준지도 이상 탐지 방식을 선택했고 이유는 다음과 같습니다.

1 **기존 규칙 기반 탐지를 통해 확보한 '소수'의 라벨 데이터 활용**

규칙 기반 탐지로 조작 업체를 탐지하여 일부 라벨 데이터를 보유한 상태였지만 라벨 데이터 건수가 너무 적어 다량의 학습 데이터가 필요한 지도 학습을 사용하기엔 부족하다고 생각하였고, 충분한 라벨 데이터를 확보하려고 하니 많은 비용과 시간이 필요하였습니다.

2 **비지도 학습의 낮은 정확도 보완**

비지도 이상 탐지로 접근하게 되면 여러 가지 알 수 없는 이상 패턴까지 섞여서 탐지되기 때문에 낮은 정확도가 문제가 되었습니다.

비지도 이상 탐지보다 정확도를 높이기 위해서 소량의 라벨 데이터를 활용하고 싶었고, 이후 추가적으로 확보되는 라벨 데이터를 이용해 학습 모델을 주기적으로 업데이트할 수 있는 준지도 학습 알고리즘을 선택하게 되었습니다.

준지도 학습 알고리즘 중 Deep SAD^Semi-supervised Anomaly Detection라는 알고리즘을 사용하였습니다. Deep SAD는 라벨 데이터가 있는 경우에는 준지도 이상 탐지로 동작하고, 라벨 데이터가 없는 경우에는 비지도 이상 탐지로 동작하는 알고리즘입니다.

우아한형제들에는 현재 여러 서비스들이 계속 추가되고 있고, 이상 탐지 역시 신규 서비스들에도 확장될 가능성이 높습니다. 그런데 신규 서비스는 초반 라벨 데이터가 없어서 지도 학습 모델 구축이 어렵습니다. Deep SAD는 초기에 라벨 데이터가 없어도 모델을 구축할 수 있다는 장점이 있기 때문에 신규 서비스에 확대할 때도 유리한 알고리즘이라고 판단하여 선택하였습니다.

준지도 머신러닝 알고리즘

Deep SAD 알고리즘은 준지도 이상 탐지 방법론입니다. 준지도 이상 탐지 방법론은 비지도 이상 탐지인 Deep SVDD 방법론에 준지도 학습 방법을 적용한 모델로 볼 수 있으며, Deep SVDD는 고전적인 비지도 이상 탐지 방법인 SVDD^Support Vector Data Description의 아이디어를 착안하여 딥러닝에 접목시킨 방법으로 볼 수 있습니다. 알고리즘 발전 과정 순서로 SVDD, Deep SVDD, Deep SAD 알고리즘에 대해서 간단히 설명드리겠습니다.

1 SVDD

SVDD는 정상과 이상 데이터가 있을 때, 입력 데이터를 커널 함수로 매핑하여 새로운 고차원 공간에 데이터를 나타냅니다. SVDD는 새롭게 매핑한 데이터 공간에서 정상 데이터는 최대한 구 안에 포함하도록 하는 구의 중심과 반지름을 찾는 알고리즘입니다. 반대로 이상 데이터는 구의 중심에서 최대한 멀리 떨어지도록 합니다. 결과적으로 구의 경계면을 기반으로 데이터가 안쪽에 위치하면 정상이고, 밖에 위치하면 비정상으로 판단할 수 있습니다.

• SVDD 알고리즘 설명 •

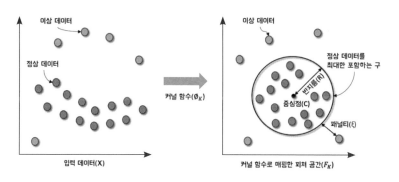

일부 페널티를 포함하여 구의 반지름을 최소화하는 반지름(R), 중심점(C), 페널티(ξ)를 찾아서 정상 데이터를 최대한 구 안에 포함하도록 하는 것이 목적입니다. 소프트 마진(Soft-margin)은 데이터를 분류하는 결정 경계를 찾을 때 일부 오류를 허용하여 데이터 노이즈나 이상치에 더 견고하도록 할 수 있습니다. 이런 소프트 마진을 위한 페널티를 추가하여 구가 비효율적으로 커지는 것을 방지하게 됩니다. 예를 들면 정상 데이터와 이상 데이터가 가깝게 존재하는 경우 모두 포함하는 구를 찾게 되면 상당히 큰 구가 설정될 수 있습니다.

2 Deep SVDD

정상 데이터를 최대한 포함하는 구의 중심과, 반지름을 찾는 SVDD와 유사한 개념입니다. 하지만 Deep SVDD는 커널 함수를 사용하지 않고, 딥러닝 기반으로 학습한 피처 공간에서 정상 데이터를 최대한 중심에 매핑하도록 학습하게 됩니다. 즉 학습 시 구의 중심과 반지름을 계산하는 것이 아닌 정상 데이터를 대표하는 중심점에 정상 데이터를 최대한 가깝게 매핑하도록 학습하여 유사한 효과를 내도록 하였습니다.

• Deep SVDD 알고리즘 설명 •

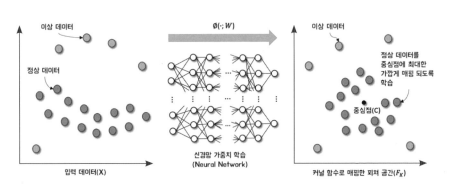

딥러닝을 통해 정상 데이터를 중심점에 최대한 가깝게 표현할 수 있도록 가중치(W)를 학습하게 됩니다. 중심점은 Deep SVDD와 동일한 구조를 가진 오토인코더를 이용하여 미리 계산된 가중치를 대체하여 사용합니다. 즉 정상 데이터를 대표하는 중심점을 미리 계산해놓고 사용한다고 볼 수 있습니다. 딥러닝 가중치(W)에 대해 정규화regularization를 추가하여 모델 과적합overfitting을 예방하고, 일반화 성능을 높였습니다. 최종 이상 점수는 중심점에서 각 데이터 포인트가 얼마나 떨어져 있는지를 수치화하여 사용하게 됩니다.

3 Deep SAD

Deep SAD는 준지도 학습 알고리즘이기 때문에 비지도 이상 탐지와 달리 라벨 데이터를 학습에서 사용합니다. 결과적으로 라벨되지 않은 다량의 데이터와 소량의 라벨된 데이터를 학습에 모두 사용합니다.

머신러닝 기반 이상탐지 : 리뷰 조작 회원 탐지

기본적으로 공개된 Deep SAD 알고리즘은 비정형 데이터인 이미지에서 이상을 탐지하는 CNN^{Convolutional Neural Network}(합성곱 신경망) 구조를 가지고 있습니다. 하지만 리뷰 조작 회원의 데이터는 회원 행위를 일정 단위로 집계한 정형 데이터 구조입니다. 따라서 Deep SAD로 학습하고 탐지하기 위해서는 행위 데이터를 이미지 형태로 변경 가공을 하거나, 기존 신경망 네트워크 구조를 일반적인 정형 데이터로 사용 가능하도록 변경이 필요합니다.

이미지 형태로 데이터를 변경하기 위해서는 회원별로 X축은 특정 시간 단위, Y축은 각 피처별 집계값을 사용하여 이미지 형태로 변환이 가능합니다. 하지만 이런 형태의 데이터에 CNN을 적용하여, 입력 데이터의 특징을 추출하는 합성곱 연산과 이미지 크기를 줄이는 풀링^{Pooling} 과정이 불필요하다고 생각하였습니다.

따라서 CNN 구조가 아닌 정형 데이터를 그대로 학습 가능하도록 일반적인 오토인코더 구조로 변환하여 Deep SAD를 학습하였고, 정형 데이터 구조로 학습한 성능이 충분한 것을 확인하였습니다. Deep SAD 사용 시 각자 보유한 데이터 형태에 맞춰 신경망 구조를 변경해 사용하면 좋습니다.

리뷰 조작 회원을 탐지하기 위해서 회원별로 피처들을 집계하였습니다. 네트워크 구조를 CNN이 아닌 일반적인 정형 데이터 입력 형태로 변경하여 Deep SAD 알고리즘을 적용하였고, 기존에 룰셋으로 차단한 소량의 라벨 데이터와 라벨링되지 않은 데이터를 모두 사용하여 학습하였습니다. 결과적으로 중심점에서 거리가 먼 리뷰 조작 가능성이 높은 회원을 탐지할 수 있었습니다.

소셜 네트워크 분석 : 리뷰 조작 업체 탐지

준지도 이상 탐지 방법을 이용하여 이상 회원(리뷰 조작 회원)을 탐지하였습니다. 하지만 리뷰 조작 업체 탐지의 최종 목적은 조작 그룹을 탐지하는 것입니다. 이러한 조직적 행위를 탐지하기 위해선 소셜 네트워크 분석 방법이 유용하게 사용될 수 있습니다.

네트워크 기반 탐지는 조작 업체의 특징인 '다량의 허위 리뷰 작성을 위해 다수 계정으로 유사한 가게에 허위 리뷰를 작성한다'를 모델링하여 탐지하려고 하였습니다. 또한 준지도 이상 탐지로 탐지한 이상 회원들이 하나의 특정 네트워크 그룹으로 묶여 탐지된다면 더욱 강하게 의심해볼 수 있습니다.

준지도 이상 탐지로 탐지한 이상 회원에 대해서만 네트워크 탐지를 적용하였습니다. 이상 회원에 대해서 회원과 회원 간에 리뷰를 작성한 가게가 얼마나 유사한지를 자카드 유사도Jaccard similarity로 측정하였습니다. 자카드 유사도는 두 집합 사이의 유사도 측정이 가능하여 자주 사용되는 방법입니다. 하지만 회원 쌍에 대해 모두 계산하기에는 자카드 유사도 계산량이 많아 스파크에서 제공하는 MinHash LSH 방법*을 사용하여 근삿값을 계산하였습니다.

회원을 노드로 보고, 리뷰 작성 가게 간 유사도가 높은 경우만 에지edge로 연결해주는 네트워크를 구성하였습니다. 해당 네트워크에서 커뮤니티 탐지community detection 알고리즘보다 더 강한 조건인 K-core 분해decomposition를 적용하여 그래프 내 응집도가 높은 그룹만 추출하였습니다. 커뮤니티 탐지를 적용하면 우연히 에지로 연결되는 오탐이 발생할 수 있어 K-core**를 사용하여 정확도를 높였습니다.

• 네트워크 그룹 탐지 •

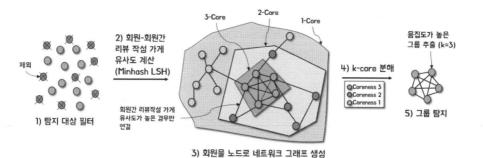

최종 리뷰 조작 업체 탐지 모델

다음 그림은 준지도 학습 이상 탐지 알고리즘인 Deep SAD와 네트워크

---

* 자카드 유사도가 높은 원소를 같은 버킷에 넣는 해시 알고리즘

** 코어(core)는 모든 점들이 연결되어 있는 서브그래프를 의미하며 K-core는 서브 그래프 내 모든 노드가 최소 k개의 다른 노드와 연결되는 최대 그래프를 의미

탐지 방법을 결합한 리뷰 조작 업체 탐지 모델의 구성도입니다.

먼저 회원별 피처 데이터를 집계하여 준지도 이상 탐지 알고리즘을 이용해 이상 회원을 탐지합니다. 이후 이상 스코어를 계산하여 이상 스코어가 높을수록 약한 조건의 네트워크 탐지를 적용하고, 이상 스코어가 낮은 회원들에 대해서는 강한 조건의 네트워크 탐지를 적용하였습니다.

최종적으로 두 가지 결과를 통합하여 탐지하게 되고, 검수 후 조치가 취해집니다. 조치를 통해 차단된 라벨 데이터는 저장하여 모델 재학습에 사용하고 있습니다. 모델은 일정 주기마다 재학습을 통해 신규 모델을 생성하고 탐지하는 과정을 거치게 됩니다.

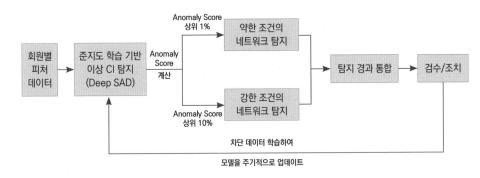

· 최종 리뷰 조작 회원 탐지 모델 구성도 ·

성과

보통 이상 탐지 모델의 성과 측정은 어려운 경우가 많습니다. 전체 조작 업체의 정확한 모수를 알기 어렵기 때문입니다. 배민 앱에서 허위 리뷰에 대한 차단은 탐지된 모든 리뷰에 대해 검수자들의 검수를 거쳐 차단

요즘 우아한 개발

되고 있습니다. 따라서 검수자들이 처리 가능한 범위 내의 적절한 탐지 건수를 선정하고, 그 탐지 건수에서의 정탐률precision* 향상을 목표로 모델을 만들고 있습니다. 결과적으로 기존 탐지 모델보다 정탐률이 약 60% 이상 증가하였습니다. 정탐률뿐만 아니라 기존보다 탐지되는 전체 건수도 증가하였습니다.

지난 몇 년간 건전한 리뷰 생태계를 유지하는 노력은 꾸준히 하고 있습니다. 상세한 건수를 말할 순 없지만, 다음 그림과 같이 내부적으론 허위 리뷰 의심 제보(고객 제보)가 대폭 감소되었고, 외부적으로는 특정 조작 업체에서 배민 앱 리뷰 작업은 포기하겠다고 선언할 정도로 성과를 낼 수 있었습니다. 모든 업체들이 완전히 포기한 건 아니지만 리뷰 조작 업체들에게 배민은 리뷰 작업이 어렵다는 이미지를 충분히 심어주었다고 생각합니다.

• 허위 리뷰 의심 제보 감소 건수 그래프 •

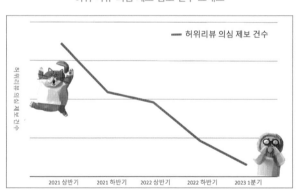

---

*   정탐이란 성능 평가에 사용되는 지표 중 하나로 실제 오류가 존재하지 않고 보고하지 않는 경우와, 오류가 존재해서 보고하는 경우 즉 부정적이건 긍정적이건 옳게 탐지한 경우를 뜻한다.

일반적인 이상 탐지 접근 방법과 배민 앱에서 리뷰 조작 업체 탐지 모델 사례를 소개했습니다. 준지도 학습 알고리즘을 도입하여 소량의 라벨 데이터를 이용하여 정확도를 높였고, 주기적으로 학습하는 프로세스를 구축하여 패턴 변화에도 대응 가능하도록 하였습니다. 또한 Deep SAD의 경우 라벨 데이터 없이도 비지도 학습 알고리즘으로 동작 가능해 여러 서비스에 확장에도 유연할 것으로 기대하고 있습니다. 유사 이상 탐지나 준지도 학습 이상 탐지 알고리즘 적용 사례에 대한 도움이 되었기를 바랍니다. 추가로 탐지 모델은 우아한형제들의 MLOps* 플랫폼을 이용해 서비스하고 있습니다.

---

* 머신러닝(Machine Learning)과 운영(Operations)의 합성어로 프로덕션 환경에서 머신러닝 모델을 안정적으로 배포, 유지, 관리하는 패러다임

🍗02
배민의 AI 서비스와
MLOps 도입기

#AI   #MLOps

이준수

2023.05.12

ChatGPT의 등장으로 전 세계적으로 AI 서비스에 대한 관심이 높아졌습니다. 우아한형제들 서비스 이곳저곳에 '누가 허위로 리뷰를 작성을 하는지 예측', '음식이 언제 도착하는지 예측' 등 수십 개의 AI 서비스가 이미 적용되어 있습니다.

• 배민 앱에 적용된 AI 서비로 음식이 언제 도착하는지 예측(배달 예상시간/고객 안내시간) •

배민 앱 곳곳에서 사용 중인 AI 서비스 개발 과정은 데이터 준비, AI 생성, 서비스에 AI 적용이라는 3단계로 나눌 수 있습니다. 세부적으로 필요한 단계를 내부에서 정의해보면 50단계 이상이나 됩니다. 많은 단계를 수동으로 처리하면 매우 비효율적이고 서비스 적용까지 많은 시간이 소요됩니다. 이 글에서는 어떻게 비효율적인 단계를 줄여나갔는지, 그리고 효율적으로 AI 서비스를 개발할 수 있게 고민한 결과는 무엇인지 AI 엔지니어 관점에서 살펴보겠습니다.

왜 MLOps를 도입했는가?

AI 서비스를 이해하려면 모델에 대한 이해가 필요합니다. 머신러닝의 모델은 쉽게 말하면 데이터를 통해 특정 유형의 패턴을 인식하도록 학습된 파일을 의미합니다. 데이터 과학자는 모델을 생성하고, 엔지니어는 모델 생성에 필요한 기능을 제공하거나 모델을 서비스에 적용하는 일을 합니다.

높은 품질의 모델을 신속하게 개발하고, 지속적으로 운영 가능한 AI 서비스를 구축하려면 MLOps^{Machine Learning Operations}가 필요합니다. MLOps는 머신러닝 시스템 개발과 시스템 운영을 통합하여 머신러닝 개발 관리의 전 과정을 더욱 빠르고 효율적으로 만드는 것을 목표로 합니다.

MLOps 도입의 필요성을 우아한형제들의 서비스를 예로 들어 설명해보겠습니다. '음식 배달이 언제 도착할까?'를 주제로 AI 서비스를 만든다면 다음과 같은 과정을 거칠 것입니다.

1 **데이터 준비** : 배달 관련 데이터를 서비스팀에 요청하고 가져오기

2 **모델 생성** : 배달 소요 시간을 예측하는 모델을 개발하고 테스트하기

3 **서비스에 모델을 적용** : 모델 배포 후 배달 서비스팀과 협의하여 서비스에 적용하고 모니터링하기

위 과정을 거쳐 음식 도착 예측 서비스를 완성했지만, 운영하다 보면 다양한 문제가 발생하곤 합니다. **첫 번째 문제는 모델의 품질입니다.** 모델을 서비스에 적용한 후 시간이 지나면 모델은 최신 데이터를 예측할 능력이 부족하기 때문에 품질이 낮아집니다. 따라서 주기적으로 최신 데이터를 이용해 재학습을 해야 합니다. 따라서 품질 유지를 위한 머신러닝 라이프 사이클을 관리해야 하고 이를 위해 워크플로를 관리하는 플랫폼 도입, 자동화 프로세스 구축이 필요합니다.

두 번째 문제는 모델의 재현성과 추적성입니다. 서비스가 원활하게 진행되다가도 갑자기 모델이 예상대로 동작하지 않을 수 있습니다. 이런 경우에는 모델 내부 동작을 분석하기 위해 소스 코드, 데이터, 파라미터 등을 확인해야 하고, 확인을 위해서는 개발과 운영 환경에서 모델을 재현하고 추적하는 기능이 필요합니다.

AI 서비스 구축은 초기에 모델을 개발하고 적용하는 것으로 끝나지 않습니다. 서비스를 운영하다 보면 앞의 두 사례 말고도 모델/데이터 드리프트, 머신러닝 프레임워크, 모델 배포 방식, 데이터 사용 등의 요구사항에 따라 다른 문제들이 발생할 수 있습니다. MLOps 플랫폼을 도입하면 서비스마다 생기는 문제들을 중복 없이 효율적으로 관리할 수 있습니다. 따라서 우리는 'AI 서비스 개발자가 더 효율적으로 일할 수 있는 플

랫폼을 구성해 AI 서비스 생산성과 품질을 향상시킨다'는 미션을 가지고 MLOps 도입을 결정했습니다.

MLOps를 도입할 때 고민한 흔적들

저는 데이터 과학자로 일한 경험을 바탕으로 '지금 개발자들이 모델을 개발하고 서비스에 적용하려면 다양한 플랫폼이 필요할 것 같으니 하나씩 도입하자'라는 생각으로 문제를 정의하고 설계를 시작했습니다.

그러나 실제로는 개발자들이 플랫폼 지원보다 엔지니어링에 어려움을 느낀다는 것을 알게 되었습니다. 다행히 프로젝트 초기였기 때문에 개발자들의 요구사항을 다시 듣고 우선순위를 조정하였고, 지금은 미팅을 통해 지속적으로 목표를 맞추고 있습니다. 초기에 이런 미팅이 없었다면 아무도 사용하지 않는 플랫폼을 만들 뻔했네요.

MLOps 도입 및 구성 전 고려할 사항은 다음과 같습니다.

먼저 문제를 명확히 정의해야 합니다

어떤 문제를 해결하고자 하는지 문제를 명확하게 하는 게 좋습니다. 예를 들어, 모델을 개발 환경과 동일하게 운영 환경으로 배포하기, 파이프라인 테스트 자동화 CI/CD 파이프라인*을 구축하기가 있습니다.

---

* 코드를 빌드, 테스트, 배포하는 과정을 거쳐 소프트웨어 개발을 추진하는 일련의 과정

협업을 통해 도움을 받아야 합니다

이미 데이터 관련 플랫폼이 구축된 상황에서는 데이터플랫폼팀의 도움을 받는 것이 좋습니다. AI 서비스 개발을 하는 엔지니어나 과학자들의 문제를 듣고 함께 구성하세요. 문제를 정의하고 방향성을 잡을 때 많은 도움이 됩니다.

운영 정책을 정해야 합니다

AI 서비스 개발자가 모든 개발을 진행하고, 어려운 부분은 엔지니어가 지원함으로써, MLOps 컴포넌트 개발에 집중할 수 있도록 운영 정책을 설정하는 것이 좋습니다. 서비스에서 모델을 적용할 때 엔지니어의 도움이 필요할 수 있으며, MLOps 컴포넌트 개발에 집중하기가 어려울 수 있습니다. 따라서 개발자들이 스스로 진행할 수 있도록 개발 환경, 교육, 가이드 문서 및 API 문서를 만들고 개선하는 노력이 필요합니다.

우리가 구성한 MLOps

MLOps를 구성하는 과정에서는 각 컴포넌트 및 플랫폼을 도입할 때 사용자가 더 쉽게 사용할 수 있도록 가이드 문서나 사용성을 고려하였습니다. 또한, AI 서비스 개발은 여러 팀 간의 협업과 전달이 필요한데, 이를 동기화하고 협력하는 상태를 유지하기 위해 운영 원칙이 필요했습니다. 따라서 AI 서비스 개발자들은 비즈니스 로직에 집중하고, 엔지니어는 플랫폼 개발에 집중할 수 있도록 플랫폼 구성 및 운영 정책을 만들어가고 있습니다. 먼저 다음과 같은 작업을 초기 MLOps 도입 시 진행했습니다.

- MLOps 각 레벨별로 필요한 기능 나열
- 문제를 명확하게 정의
- 각 작업의 우선순위 결정

MLOps는 레벨 0부터 시작되며, 레벨 0은 수동 프로세스를 의미합니다. 레벨 0에서는 데이터 과학자가 모델을 빌드하고 배포하는 과정이 완전히 수동으로 이루어지며, 이는 환경의 동적인 변화나 데이터의 변화에 대응하기 어려울 수 있습니다.

레벨 1은 머신러닝 파이프라인 자동화를 통해 지속적으로 모델을 학습하고 서비스에 제공하여 모델의 품질을 유지하는 것을 목표로 합니다.

마지막으로, 레벨 2는 CI/CD 파이프라인 자동화를 통해 데이터 과학자가 아이디어를 구현하고 파이프라인 구성 요소를 대상 환경에 자동으로 빌드, 테스트, 배포할 수 있도록 지원합니다. 이를 통해 데이터 과학자는 특성 추출, 모델 아키텍처, 하이퍼파라미터 등에 대한 새로운 아이디어를 빠르게 검증할 수 있습니다.

MLOps의 레벨이 높아질수록, 모델 생성부터 서비스 제공까지의 과정에서 소요되는 시간과 단계를 효율적으로 줄일 수 있어 많은 실험을 빠르게 진행할 수 있습니다. 이는 더 효율적으로 일할 수 있는 환경을 제공하여 AI 서비스 개발자의 생산성과 서비스 품질을 향상시킬 수 있습니다.

우리는 MLOps 레벨 2를 달성하기 위해 현재의 환경에서 문제를 정의하고, 이를 해결함으로써 AI 서비스 개발에 어떤 효과가 있을지 확인해야 했습니다. 따라서 다음과 같이 문제를 정의했습니다.

- 개발 환경과 운영 환경의 차이로 인해 문제가 발생할 수 있습니다.
- 파이프라인 구성이 복잡하고 어려워서 제대로 관리하지 못할 가능성이 있습니다.
- 모델링 코드 외에 다른 코드 작성 비용이 많이 들어갑니다.
- 운영 정책 및 가이드라인이 부족합니다.

먼저 개발에서 서비스 적용까지 소요되는 시간 중 가장 큰 부분을 차지하는 문제를 해결하는 데 중점을 두었습니다.

개발 환경과 운영 환경의 갭 줄이기

개발 환경과 운영 환경이 일치하지 않으면 운영 환경에 서비스를 배포하기 전에 환경을 일치시키는 작업이 필요합니다. 예를 들어 개발 환경에서 사용했던 파이썬 버전과 의존성 패키지들을 운영 환경에서도 동일하게 설치해야 합니다.

프로젝트를 한 번만 배포한다면 환경을 동일하게 만드는 작업이 번거롭지 않을 수 있습니다. 그러나 여러 프로젝트를 여러 번 반복해 배포해야 한다면 실제 개발보다 배포에 더 많은 시간이 소요됩니다. 서비스를 개발하는 개발 환경과 운영 환경을 일치시키는 데 활용한 방법 세 가지를 소개하겠습니다.

첫 번째, AI 관련 소스 코드 저장소인 ML Projects를 도입했습니다. ML

Projects는 AI 서비스 개발의 시작으로 AI 관련한 데이터 전처리, 모델 학습/예측, 결과 내보내기, 실험, 데모, 서빙* 등 코드를 저장하는 곳입니다.

구글의 머신러닝 개발 가이드라인에서는 'Re-use code between your training pipeline and your serving pipeline whenever possible'이라는 규칙을 제시합니다. 가능한 학습 파이프라인과 서빙 파이프라인에서 코드를 재사용하라는 의미인데요, 이렇게 코드를 재사용하려면 모든 코드를 하나의 저장소에서 관리해야 한다고 생각했습니다.

예를 들어 학습에 사용되는 전처리 코드는 서빙이나 데모에서 재사용됩니다. 만약 학습과 서빙에서 다른 전처리 코드를 사용하면 학습–서빙 편향skew이 발생하여 서비스 품질이 저하될 수 있으며, 원인 파악이 어려울 수 있습니다. 또한, 각 프로젝트마다 머신러닝 프로젝트의 코드와 환경을 하나의 묶음으로 관리함으로써, 다른 개발자나 다른 환경에서도 일관된 실행을 보장할 수 있습니다.

ML Projects는 모노레포 방식으로 모든 프로젝트를 통합하여 관리하고 있습니다. 모노레포 방식으로 관리하면 모든 프로젝트가 하나의 저장소에서 관리되기 때문에 통합 CI/CD 구성이 가능해집니다. CI/CD 컴포넌트를 이용하여 개발 및 운영에서 발생할 수 있는 공통 테스트, 빌드 및 배포 단계의 자동화와 특정 단계의 성공/실패 여부에 대한 빠른 피드백을 제공함으로써 전체 프로세스의 생산성을 향상시킬 수 있습니다.

또한, 현재 각 프로젝트별로 AI 서비스 개발자들이 자신의 코드를 커밋하고 머지해 소스 코드를 공유하고 있습니다. 소스 코드를 공유하면 협업

---

* Serving. 서빙은 머신러닝 모델을 배포하여 사용자나 다른 시스템과 상호작용할 수 있도록 하는 프로세스

및 지식 공유를 실현하면서 코드 품질 개선 및 코드 재사용성의 효과를 부수적으로 얻을 수 있습니다.

두 번째는 클라이언트 도커 Docker* **이미지 개발입니다.** 클라이언트 도커 이미지는 모델을 개발할 때 필요한 여러 기능을 제공합니다. 현재는 프로젝트 실행, 주피터 노트북, 그리고 데이터 조회 기능 등을 포함하고 있습니다.

프로젝트 실행 시에 개발한 소스 코드는 로컬 개발 환경이 아닌 컨테이너 환경에서 실행되며, 개발 환경에서 실행되는 컨테이너는 운영에서 실행되는 컨테이너와 동일한 환경을 보장합니다. 개발 환경과 운영 환경을 일치시켜 운영 배포를 위한 추가 작업이 없어졌습니다. 모든 코드가 컨테이너 환경에서 실행되기 때문에 확장성과 유연성 측면에서도 이점을 가집니다.

데이터 수요에 맞는 리소스 추정이 어려운 경우, 확장성 있는 학습 인프라가 필요합니다. 우리는 데이터플랫폼팀에서 구성한 EKS-A**가 확장성 측면에서 장점이 있다고 판단했고, EKS-A 환경에서 CPU 또는 GPU 리소스를 유연하게 할당받아 컨테이너 내에서 학습을 진행하고 있습니다. 또한 소스 코드를 변경하지 않고 컨테이너를 여러 개 띄우는 방식으로 하이퍼파라미터 튜닝도 가능해졌습니다.

세 번째, 프로젝트별 개발 환경을 구성했습니다. 각 프로젝트는 파이썬 버전, 빌드 의존성, 패키지 의존성을 요구하기 때문에 각각의 프로젝트에서 별도로 환경을 관리할 필요가 있었습니다. 현재는 각 프로젝트에서 사용

---

*   Docker. 컨테이너 기반의 오픈소스 가상화 플랫폼

**   EKS Anywhere. AWS에서 제공하는 컨테이너 기반의 서비스인 EKS를 고객사 인프라에 직접 설치하여 사용 가능케 하는 배포 옵션

할 파이썬 버전, 빌드 의존성, 패키지 의존성을 명시하고, 이를 코드 실행 시에 사용하고 있습니다. 이를 통해 개발 환경에서 사용한 환경을 운영 환경에서 그대로 사용할 수 있으며, 하나의 클라이언트 도커 이미지로 실행할 수 있게 되었습니다.

효율적으로 파이프라인 구성하기

모델을 만들고 서비스로 출시하려면 여러 프로세스로 구성된 파이프라인이 필요합니다. 파이프라인이란 여러 단계의 작업을 순차적으로 연결하여 자동화하는 프로세스를 의미하는 것으로, 일반적으로 데이터 수집, 전처리, 특성 추출, 모델 훈련, 평가 및 모델 배포 단계로 구성됩니다. 이러한 파이프라이닝은 코드를 모듈화하고 재사용성을 높이며, 실험과 최적화를 쉽게 수행할 수 있습니다. 또한, 파이프라인을 자동화하고 확장할 수 있게 구현함으로써 프로세스를 더욱 효율적으로 관리할 수 있습니다.

파이프라인은 배포 단위가 되며, 배포된 파이프라인은 지속적으로 설정된 스케줄로 실행됩니다. 우아한형제들에서는 파이프라인을 생성하고 관리를 효율적으로 구성하기 위해 자체 개발한 Pipeline Builder(이하 PB) 패키지를 사용합니다. PB는 DAGFactory[*]와 커스터마이즈[**] 방법론을 참고하여 YAML 형태로 작성된 파이프라인을 환경에 따라 동적으로 생성합니다.

---

[*]   디자인 패턴 중 Factory 패턴의 일종

[**] Kustomize. 오버레이 방식으로 애플리케이션의 버전을 정의하고 필요한 부분만 패치하여 사용할 수 있는 템플릿화 도구

요즘 우아한 개발

PB를 이용해 파이프라인을 구성했을 때, 아래와 같은 장점이 있습니다.

- **코드 재사용성** : 동적으로 생성되는 파이프라인을 재사용할 수 있습니다. 예를 들어, 동일한 작업을 수행하는 파이프라인이 많은 경우 파이프라인 생성 코드를 함수화하고 인자를 조정해 동적으로 파이프라인을 만들 수 있습니다.
- **확장성** : 동적으로 생성되는 파이프라인은 특정 이벤트나 조건에 따라 파이프라인을 추가하거나 제거합니다. 이를 통해 시스템의 확장성을 높일 수 있습니다.
- **코드 관리 용이성** : 동적으로 생성되는 파이프라인은 코드 관리를 쉽게 할 수 있습니다. 파이프라인 생성 코드를 수정하면 모든 파이프라인을 동시에 변경할 수 있으며 파이프라인 코드를 한곳에서 관리할 수 있습니다.
- **코드 유연성** : 파이프라인 생성 코드에서 변수나 조건 등을 수정하여 파이프라인의 동작을 변경할 수 있습니다. 이를 통해 파이프라인을 더욱 유연하게 제어할 수 있습니다.
- **자동화 가능성** : 새로운 파이프라인을 생성할 수 있습니다. 이를 통해 자동화된 프로세스를 구현할 수 있으며 더욱 효율적으로 작업이 가능합니다.

데이터 과학자는 모델 개발에 집중하기

실제 AI 서비스를 개발하기 위해 작성해야 하는 코드는 데이터 로드, 모델 빌드, 모델 학습, 결과 저장 등 다양한 과정을 포함합니다. 이러한 코드에는 공통으로 개발하는 기능들이 있습니다.

우리는 공통 기능들을 SDK*로 제공하여 데이터 과학자가 모델의 핵심

---

*   Software Development Kit. API, IDE, 라이브러리, 코드 샘플 등 소프트웨어 개발에 필요한 도구 모음

알고리즘에 집중할 수 있는 환경을 만들기 위해 노력하고 있습니다. SDK를 사용하면 코드 재사용성을 극대화하고 모델 생성 및 서비스 적용에 필요한 시간을 단축할 수 있습니다. 그럼 공통 기능에는 무엇이 있을까요?

- 데이터 업로드/다운로드 기능
- 실험 설정 및 기록
- 전처리(데이터 정제/변환/스케일링 등)
- 대규모 데이터 입력 파이프라인
- 피처 스토어Feature Store 연동
- 각종 환경별 설정값 관리

데이터 과학자는 반복적인 실험을 거쳐 최종 모델을 선택합니다. 이 과정에 공통 기능을 제공하는 SDK를 사용하면 실험을 생성하고, 생성된 실험 이력이 DB에 자동으로 저장됩니다. 반복적인 실험을 수행한 이후에는 웹 페이지에서 실험 정보와 결과를 확인할 수 있습니다. 그러면 모델의 재현성과 추적성을 보장하고, 실험별 아티팩트(모델, 환경 정보 등) 또한 관리할 수 있습니다.

SDK를 설계하고 개발할 때 가장 중요하다고 생각하는 것은 데이터 과학자와 엔지니어의 기여입니다. 초반에는 소수의 MLOps 개발자가 기능을 구현했지만, 이제는 과학자와 엔지니어가 함께 구현하고 있습니다. 현재도 주기적으로 데이터 과학자들에게 필요한 기능이 무엇인지, 작업 중에 가장 번거로운 부분을 파악하여 새로운 기능을 추가하고 있습니다.

간결한 가이드

우리의 목표는 쉽고 간결하게 설명할 수 있는 플랫폼을 만드는 것입니다. 가이드 문서를 작성해보면서 부족한 점을 고민해보고 그 고민들이 과제로 이어지고 있습니다. 개발자들이 플랫폼을 쉽게 사용할 수 있도록 작성된 운영 정책, 컴포넌트에 대한 설명, 예제 및 FAQ 등을 제공하고 있습니다. 잘 작성한 가이드를 제공해 운영 리소스를 줄이면서 MLOps 핵심 기능 개발에 집중할 수 있는 환경을 만들고 있습니다.

지금까지 AI 서비스가 개발되는 과정, MLOps의 필요성, 우아한형제들이 구성한 MLOps에 대해서 설명했는데요, 이 글이 AI 서비스를 만드는 데 많은 도움이 되었으면 좋겠습니다. 우아한형제들의 궁극적인 목표는 데이터 과학자뿐만 아니라 우아한형제들 구성원들도 쉽고 빠르게 AI 서비스를 개발하고 서비스하는 환경을 만드는 것입니다. 현재 목표 달성을 위해 플랫폼 성능, 사용자 경험/생산성 향상, 플랫폼의 새로운 기능과 서비스 개발 및 확장에 집중하고 있습니다.

🐾03
슬랙에 ChatGPT를 연결하여
업무에 활용해보기

#AWS   #딥러닝   #NLP

 조성범
2023.04.06

2022년 11월 ChatGPT가 세상에 등장하고 벌써 몇 달이 지났습니다. 새로운 AI 모델의 등장에 환영하는 사람도 있었고, 신기술의 잘못된 사용을 우려하는 목소리도 있었습니다. 하지만 지금은 ChatGPT를 한 번도 사용해보지 않은 사람은 있어도 한 번만 써본 사람은 없을 정도로 다양한 분야에서 대화형 인공지능을 활용하고자 하는 시도가 계속 늘고 있습니다.

ChatGPT, 진짜 쓸만한 거 맞아?

우리들 대부분은 '챗봇'이라는 단어에 부정적인 경우가 많습니다. 금융, 쇼핑, 게임 등 다양한 서비스를 이용하며 문의하고 싶은 것이 있을 때 해당 서비스에서 제공하는 챗봇을 이용하기보단 고객센터 전화번호를 먼저 찾습니다. 그동안의 챗봇은 우리의 요청을 이해한 후 논리적인 추리와 함께 가이드를 제시하기보다는, 미리 정의된 정보를 단순히 나열하여 제공해주는 사전과 비슷한 역할을 해왔습니다. 그렇다 보니 여러 번 질문해도 원하는 정보가 오지 않을 경우 사용자의 피로도는 높아질 수밖에 없었습니다. 저 역시도 그동안의 챗봇 서비스에 지쳐 상담 센터 번호를 먼저 찾는 사용자였습니다. 처음 ChatGPT가 등장했을 때 그저 그런 챗봇이 또 하나 출시되었다고 생각했었습니다.

진짜 쓸만한 거 맞아!

자주 다루는 라이브러리나 언어를 써야 할 때는 구글링의 도움을 받습니다. 그런데 조금 마이너한 라이브러리라거나 일반적인 사용이 아니라면 구글링을 해도 명확한 답이 나오지 않을 때가 많습니다. 크게 어려운 문제는 아닌 것 같은데 계속 원하는 결과가 나오지 않는 코드와 씨름을 한 날이 있었고, 이때 처음으로 'ChatGPT한테 물어나 볼까?' 하는 생각을 하게 되었습니다. 그리고 이날 받은 답변은 ChatGPT를 다시 보게 할 만큼 충분히 만족스러웠습니다.

성능이 좋은 것은 확인되었으니 이제 어디에 쓰는지가 중요했습니다. ChatGPT 웹사이트에 접속하여 중간중간 도움을 받는 것도 좋지만 하나로 통합된 무언가가 필요했습니다. 그러다 나온 결론이 사내 통합 메신저인 슬랙에 결합해보자는 생각이었습니다. 슬랙을 타깃으로 한 이유는 아래와 같습니다.

- 직군에 상관없이 모두가 사용 중
- 사내 업무 시스템 중 사용량이 가장 많음
- 모바일, PC 등 접근성이 좋음

ChatGPT를 연결할 시스템은 정해졌으니 다음은 무엇을 할지 정해야 했습니다. ChatGPT 자체가 학습 가능한 대화형 인공지능이다 보니 활용 방안이 무궁무진했지만 우선 우리가 가장 자주 하는 반복 업무에 적용하는 것으로 의견이 모아졌습니다.

슬랙을 운영하는 회사는 대부분 별도의 Support/Help 채널을 운영할 것입니다. 우아한형제들에서의 Support 채널은 인사, 자금, IT 구성원이 업무를 진행하다 막히는 부분이 있으면 해당 업무 전문가가 바로 도와줄 수 있는 창구를 의미합니다. 우리 팀은 이 중에서도 Support-IT 채널을 운영하며 구성원들에게 도움을 주고 있습니다.

Support 채널 중 IT를 담당하며 운영하다 보니 한 가지 드는 생각이 있었습니다. 새로운 질문이 오는 경우도 물론 있었지만 사용자의 문의 대부분(체감상 70~80%)이 거의 동일하다는 것이었습니다. 게다가 Support 채널에 등록된 요청의 목적이 무엇인지, 어떤 담당자를 호출해야 하는지, 일단 적절한 채널에 요청이 온 것인지 파악하는 운영 리소스도 갈수록 늘어나고 있었습니다. 따라서 그 70-80% 질문의 패턴(키워드)을 찾아내어 자동으로 답변 및 담당자를 찾아주는 슬랙 봇을 기획하였고 최근 Support-IT 채널에 적용하여 활용하고 있습니다.

사례 1 : Support 채널에 ChatGPT 적용하기

Support-IT 채널에는 충전기 케이블 대여 문의부터 사내 시스템 오류에 대한 리포트까지 정말 다양한 요청이 올라옵니다. 우리는 이렇게 오는 요청을 우선 분류하여 각각의 키워드를 정리하였습니다. 여기까지는 그동안의 경험을 바탕으로 인공지능이 아닌 인간지능으로 진행하였고, 요청의 키워드를 분석하여 실제로 이것이 어떤 요청인지를 파악하는 것은 인공지능 ChatGPT의 힘을 빌려 진행하였습니다. 간단한 시스템 개요도는 아래와 같습니다.

• 시스템 개요도 •

운영 비용을 최소화하고 검증된 안정적인 서버 사용을 위해 모든 인프라는 SaaS*로 구성하였습니다.

1. Support 채널 요청

슬랙의 메시지를 받아서 처리하는 봇을 생성하였습니다. 발생하는 메시지를 AWS 람다**로 전달할 수 있도록 적절한 권한을 부여하였고 람다

---

*   Software as a Service. 인터넷 브라우저를 통해 사용자에게 애플리케이션을 제공하는 클라우드 기반 소프트웨어 모델

**   이벤트에 대한 응답으로 코드를 실행하고 자동으로 기본 컴퓨팅 리소스를 관리하는 서버리스 컴퓨팅 서비스

함수를 호출할 수 있는 URL로 연결하였습니다.

2. ChatGPT로 키워드 추출 요청

메시지를 ChatGPT로 전달하는 것은 사실 큰 기술이 필요하지 않습니다. 문서 어딘가에 숨겨진 잘 안 쓰는 새로운 API가 필요한 것도 아닙니다. 다음 예시 코드처럼 'user'의 요청에 'requestText' 한 줄만 더 추가해서 전달하면 됩니다. 자연어를 인식하는 AI인 만큼 이를 잘 활용하면 '위 요청의 키워드 3개 이내로 한 줄로 쉼표로 구분해서 써줘' 대신 '사용자의 요청을 더 짧게 요약해서 알려줘'라든가 '이 요청의 요청자가 사용하는 시스템을 알려줘' 등 다양한 변수를 추가할 수 있습니다.

```python
def keywordsByChatGPT(text):
    requestText = "사용자의 요청을 더 짧게 요약해서 알려줘"
    messages = [{"role": "user", "content": text},
            {"role": "user", "content": requestText}]
    data = {"model": "gpt-3.5-turbo", "messages": messages,
            "temperature": 1, "max_tokens": 500}
    response = requests.post(url_for_chatGPT, data=json.dumps(data),
            headers=headers_for_chatGPT)
    return response.json()["choices"][0]["message"]["content"]
```

위 코드에서 data가 ChatGPT에게 전달되는 값입니다.

3. 추출된 키워드를 스프레드시트에서 받아오고 다시 슬랙으로 답변 전달

이 단계에서 가장 중요한 부분은 왜 데이터베이스 같은 시스템을 사용하지 않고 구글 스프레드시트를 사용했느냐인데, 이유는 단지 사용자 친화성입니다. 시중에 다양한 SaaS 기반 데이터베이스가 있지만 기능적으로는 뛰어날 수 있을지 몰라도 비 IT 부서 구성원은 사용하기 어려울 수 있습니다. 우리의 목표는 모든 구성원이 데이터베이스를 함께 참조하여 필요한 데이터를 직접 추가, 삭제하는 것이었고, 그것을 위해서는 구글 스프레드시트가 가장 적합하다고 판단하였습니다.

다음 요청은 실제로 ChatGPT를 통한 응답 봇이 작동한 사례입니다. 사용자 요청을 읽은 후 ChatGPT가 키워드를 추출하고 해당 키워드에 맞는 담당자를 호출합니다.

• 실제 작동 사례 •

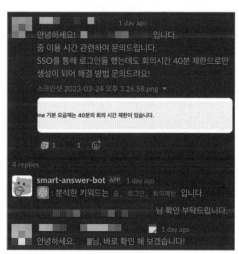

ChatGPT 외에도 형태소 분석 라이브러리, AWS Comprehend 등 여러 방법을 시도해보았으나 ChatGPT만큼 명확하게 키워드를 분석해주지는 못했습니다. 심지어 ChatGPT는 '느린 사이트' 같은 문장에서 단순히 '느린'을 추출하는 것이 아닌 '느림'이라는 단어로 변경하는 등, 다른 방법보다 더 사람같이 분석한 결과를 주었습니다(위의 예시에서도 '회의제한'이라는 단어가 본문에는 없지만 ChatGPT의 키워드에는 포함되어 있습니다). 그리고 기존에는 요청이 어떤 것인지 파악하는 시간이 들었지만, 적용 이후 요청에 대한 운영 리소스가 줄어드는 효과도 있었습니다.

아직은 확실한 답변이 있는 명확한 요청에만 답을 하도록 설정해두었습니다. 키워드 분석은 ChatGPT가 하지만 실제 답변은 답변 풀에서 전달되고 있어 기존의 (사용자를 피곤하게 하는) 챗봇 느낌이 최대한 안 나도록 고민하며 답변 풀을 추가하고 있습니다. 아직은 여러 제약 사항으로 진행하고 있지 않지만, ChatGPT에게 예상 답변을 미리 학습시켜 내용 분석부터 솔루션 제공까지 스스로 하는 방법도 검토하고 있습니다.

사례 2 : 슬랙에 ChatGPT 추가하기

다음 사례는 ChatGPT를 슬랙에 추가하는 것입니다. 우리는 채널 안에 상주하며 필요할 때 호출하여 질문할 수 있는 ChatGPT가 필요했습니다. ChatGPT를 슬랙 안에서 효율적으로 활용하려면 적어도 이 정도는 되어야 하지 않을까 하고 필수 기능을 정리해보았습니다.

• 단순히 하나의 질문에 답변하는 것이 아닌 대화의 맥락 유지 필요

요즘 우아한 개발

- 채널의 모든 메시지를 가져갈 필요는 없음

- 필요한 경우에만 간편하게 호출

- ChatGPT의 답변과 사용자의 메시지 등이 혼재되어 혼란스럽지 않도록 기능 구현

필수 기능이 정해지니 ChatGPT를 어떻게 채널 안에서 자연스럽게 작동시킬지 정리되었습니다. 아래는 우아한형제들에서 슬랙에 ChatGPT를 추가한 기본 흐름입니다.

• 슬랙과 ChatGPT 연동 개요도 •

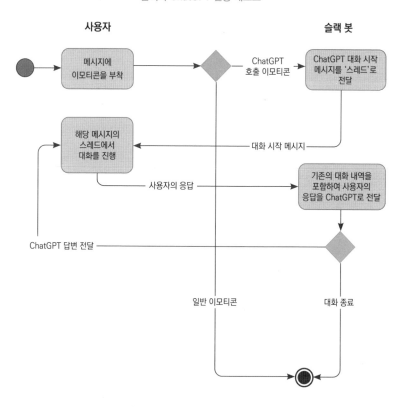

메시지에 특정 이모티콘이 부착되었을 때 '안녕하세요. WoowahanGPT 입니다. 무엇이든 물어보세요.'라는 메시지를 스레드로 남기며 사용자에게 ChatGPT와의 대화가 시작되었음을 알립니다. 여기까지는 크게 어렵지 않았습니다. 특정 이모티콘이 부착되었는지 판단하고 메시지를 남겨주기만 하면 됩니다.

하지만 바로 다음 시작되는 사용자의 응답과 ChatGPT의 응답을, 맥락을 유지한 채 이어주는 것은 전혀 다른 영역이었습니다. 애초에 이 프로젝트를 시작하기 전 제가 알고 있던 지식으로는 ChatGPT의 API 스펙이 프롬프트 형식(질문 하나에 답변 하나)만을 지원하고 있었기 때문입니다.

기존 API에서는 prompt 파라미터를 통해 질문을 받을 수만 있었고 메시지를 유지하는 데 필요한 항목은 없었습니다.

그러던 중 2023년 3월에 새롭게 출시된 API 엔진인 GPT-3.5 Turbo에 대한 소식을 듣게 되었고 여기에 맞춰서 새롭게 출시된 API 스펙도 알게 되었습니다.

```
{
  "model": "gpt-3.5-turbo",
  "messages": [{"role": "user", "content": "Hello!"},
        {"role": "assistant", "content": "Hello there, how may I
        assist you today?"}]
}
```

바로 위 내용이 새롭게 출시된 API의 주요 파라미터이며 이전과 다르게 prompt가 아닌 messages라는 리스트 형태의 값을 받는 것을 확인할 수 있습니다. messages 리스트 안의 각각의 인자는 role과 content라는 키를 갖는 딕셔너리 형태이고 이 값을 계속 추가하여 기존의 맥락을 유지한 채 API를 호출할 수 있었습니다. 다음은 파이썬으로 제작된 messages 리스트를 생성하는 함수입니다.

```python
def getMsgList():
    messages = []
    for slackMsg in slackMsgs:
        message = {}
        if isGPTBot():
            message["role"] = "assistant"
            message["content"] = slackMsg["text"]
        else:
            message["role"] = "user"
            message["content"] = slackMsg["text"]
        messages.append(message)
    return messages
```

GPT 봇이 남긴 메시지라면 role을 assistant로 설정하고 메시지를 content에 추가한 후 messages 리스트에 추가합니다. 반대로 사용자가 남긴 메시지라면 role을 user로 설정하고 마찬가지로 메시지 내용을 content에 추가합니다. 이렇게 구성한 messages 리스트를 파라미터로 추가하고 Create chat completion API를 호출하면 맥락에 맞는 답변을 제공합니다.

지금까지 적용한 ChatGPT 기술은 우리 회사의 업무 프로세스에 도움이 되었고, 앞으로 다양한 방면에서 활용 가능성이 열려 있습니다. 아직 완벽하지는 않지만 지속적인 개선을 통해 업무 환경에 더욱 맞춤화된 인공지능을 구축할 것입니다. 대화형 인공지능의 성능에 감탄했으며, 기술 발전 속에서 책임감 있는 사용과 관리가 중요해질 것이라 생각합니다(이 문단은 ChatGPT4에 제가 쓴 앞 내용을 학습시킨 후 최대한 제 문체와 비슷하게 써달라고 요청한 결과물입니다. 놀랍지 않나요?).

5장

테스트와 코드
품질 관리하기

01

잊을 만하면 돌아오는
정산 시스템

#정산시스템   #JRA   #모듈분리   #배치

 김시영

2021.02.05

정산시스템팀은 신규 입사자를 대상으로 항상 파일럿 프로젝트를 진행하고, 이후에 기술 블로그에 글을 작성하는 전통을 가진 팀입니다. 갓 입사한 신입 개발자들은 이런 것들을 고민하고 느끼는구나 정도로 봐주면 좋을 것 같습니다.

정산 시스템을 만들기 위해 무엇이 필요할까?

파일럿 프로젝트는 정산 시스템의 매우 간략한 버전을 구현해보는 것인데요, 요구사항은 다음과 같습니다.

기능 요구사항

관리자는 기본적으로 모든 데이터의 생성/조회/수정/삭제가 가능하고, 일반 회원은 다음 정보를 검색만 할 수 있다.

- **어드민(Member)** : 정산 어드민에 접근하는 우아한형제들 직원을 의미하며 일반회원/관리자로 구분된다(회원 가입/로그인/권한관리 기능).

- **B2B 회원(Owner)** : 업주는 여러 주문을 가지며 업주는 검색될 수 있다.

- **주문 관리 기능(Order)** : 주문은 결제 수단 및 금액에 대한 주문상세(Order Detail)를 갖는다.

- **보상 금액 기능(Reward)** : 사고와 같은 특정 사유로 인해 업주님들께 보상하는 금액을 의미한다.

- **지급 관리 기능(Settle)** : 주문 데이터와 보상금액 데이터를 바탕으로 업주님들에게 지급할 금액을 생성한다.

기술 요구사항

- OOP(객체지향) 코드 & 클린 코드

- 단위 테스트 & 통합 테스트

- SQL 인젝션, 스크립팅 공격을 비롯한 기본적인 보안

- HTTP API

- Spring Boot 2.3.x

- JPA

- Gradle 6.x 이상

- Lombok

- Git & Gitlab

- JIRA

- H2

- 모던 JS 환경

요구사항조차 지키지 않았다니? 그게 무슨 말이야?!

첫 코드 리뷰는 개발자뿐만 아니라 기획자도 참가해서 코드 UX/UI 부분까지 함께 리뷰해주셨습니다. 코드 리뷰는 멘붕의 연속이었습니다. 운영 측면에서 당연하다고 생각되는 기능이 전혀 작동하지 않았습니다. 정확히 말하면 주어진 요구사항은 모두 지켰습니다. 다만 요구사항으로 명시되어 있지 않더라도 당연히 되어야 하는 것들이 안 되는 경우가 많았는데요, 예를 들면 다음과 같습니다. 처음에 우리 팀은 사용자가 업주 번호를 입력해서 업주에 소속된 주문을 조회하는 기능을 구현했습니다. 여기서 뭔가 이상하지 않나요? '누가 업주 번호를 다 외우고 있어?'라는 생각이 드셨다면 정상입니다. 저는 너무나 당연하게 저렇게 구현하고 업주 번호로도 검색된다고 생각했습니다. 하지만 일반적으로 사용자는 업주 번호를 외우지 않고, 검색/클릭을 통해 찾습니다. 그래서 업주 번호를 아는 경우는 직접 입력할 수 있고, 모르는 경우 검색/클릭을 통해 입력할 수 있는 형태로 기능을 추가했습니다.

지급금을 계산하는 과정에서도 놓친 부분이 있었는데요, 지급금이란 완료된 주문과 보정금액을 합산해 최종적으로 업주에게 지급할 금액을 의미합니다. 주문은 주문대기/주문접수/배달중/배달완료/취소 등 다양한 상태를 가집니다. 지급금에 포함되는 주문은 당연히 배달 중이거나, 조리 중인 주문은 포함돼선 안 되며 완료된 주문만 지급금의 대상입니다만, 저는 모든 주문을 지급금 대상에 넣어버렸습니다. 리뷰 이후 주문이 배달중인지 배달완료되었는지 등의 상태를 기록하는 스냅샷Snapshot 엔티티를 활용해 배달완료된 주문만 조회되도록 조건을 추가했습니다.

요즘 우아한 개발

오늘 발생한 주문에 대해 지급금을 생성하는 경우 시간은 어떻게 설정할까요? 저는 자정에서 23:59:59로 설정했는데요, 이 경우 23:59:59:01초에 들어온 주문은 어떠한 지급금 생성에도 포함되지 않습니다. 나노초는 깔끔하게 무시해버렸죠. 해당 피드백을 듣고 다음 날 자정 직전까지라는 형태로 변경했습니다. 기존에는 between으로 매개변수를 둘 다 포함하는 관계 start ≤ statusAt ≤ end 구조로 작성했다면 현재는 start ≤ statusAt < end 형태로 리팩터링했습니다.

보면서 '너무나 당연한 것들 아니야?'라고 생각하셨다면 정상입니다. 유지보수, 확장성, 고가용성 등 다양한 개발 원칙이 있지만, 그중에 가장 우선되어야 하는 것은 '비즈니스 요구사항을 명확히 충족하는가?'임을 알 수 있습니다. 더 나은 설계를 고민하기에 앞서 '당연한 것이 당연한 자리에 있는가?'에 대해서 먼저 고민할 수 있는 계기가 되었습니다.

Controller와 Service 층의 강한 결합

MVC 구조로 프로젝트를 구성하는 분들은 Controller → Service → Repository 구조가 익숙할 텐데요, 이 경우 의존성의 방향이 Controller에서 Repository로 단방향으로 흐르는 것이 일반적입니다. 하지만 저는 Controller에서 받아온 Request Type을 그대로 받아서 Service에서 사용했습니다. 이 경우 문제가 되는 것은 다음과 같았습니다.

• Service가 받고 싶은 포맷(Parameter)이 Controller에 종속적이게 된다. Service가 Controller 패키지에 의존하게 된다.

- Service 층이 모듈로 분리되는 경우 해당 Type을 사용할 수 없다.
- 트랜잭션으로 처리되어야 하는 DTO 항목이, 항상 요청으로 들어온 값과 동일하지 않을 수 있다.

마지막 문제점을 조금 더 설명해보겠습니다. 예를 들어 사용자 요청의 매개변수를 통해 외부 API를 여러 번 호출한 이후 Service 층을 호출하는 경우, Controller가 받은 Web DTO와 Service가 받아야 할 DTO가 달라집니다. 외부 API 호출뿐만 아니라 클라이언트 요청 이후 Service 층을 호출하기 전 다른 작업으로 인해 데이터 포맷이 달라질 수 있습니다. 이런 때에 Service 층이 Controller 층의 DTO에 의존해서 문제가 될 수 있습니다. 따라서 Service 층은 자신이 원하는 포맷으로 데이터를 받을 수 있어야 합니다.

이러한 문제를 개선하기 위해 Service는 자신이 원하는 포맷에 맞게 데이터를 받고 Controller에서 그 포맷을 만들어주는 방식으로 리팩터링했습니다. 층을 분리하는 것이 습관적으로 하는 작업이 아니라 층별로 담당해야 하는 역할을 명확히 하고, 층별 의존 관계를 고려해 유지보수하기 좋은 형태를 만든다는 점을 배웠습니다. 추가로 Service에서 엔티티를 받고 엔티티를 반환하는 형태도 좋은 방법이라고 생각합니다. 다만 다음과 같은 이유로 저는 DTO를 받고, DTO를 반환합니다.

- 불완전한 엔티티를 Service 파라미터로 받는 부분이 적절하지 않다.
- Service 메서드별로 원하는 포맷이 달라지는 경우 결국 DTO로 분리될 것이고, 이는 Service 파라미터가 엔티티/DTO로 받게 되어 일관성을 위배할 수 있다.

요즘 우아한 개발

• 반환 타입의 경우 Service를 사용하는 한 부분인 Presentation 층에서 도메인을 알고 있는 것 자체가 문제가 될 수 있다고 판단해서 DTO를 반환한다.

추가 리뷰

JPA distinct : 테스트에 유의하자

JPA에서는 distinct라는 옵션을 통해 DB에서 같은 컬럼을 제거하는 기능과 일대다(1:N) 관계에서 1에게 N을 자동으로 할당하는 기능이 존재하는데요, 1:N 관계라도 N이 하나인 경우 즉 1:1로 매칭된다면 당연히 Distinct가 없어도 정상 동작한다는 점에 주의해야 합니다. distinct가 필요한 이유는 1:N 관계를 조인했을 때 N을 기준으로 조인이 되고, 그 결과를 그대로 가져오는 것을 방지하고자 필요하기 때문입니다.

저는 주문과 주문 상세가 하나씩 매핑되는 경우를 간과하고, **1:N 관계에서 N을 하나로 두고 테스트를 진행**했고, 뒤늦게 버그를 발견해 distinct 옵션을 추가한 이슈가 있습니다. 그래서 각 주문별로 3개씩 주문상세를 생성하도록 했습니다.

잘못된 테스트는 오히려 독이 될 수 있다라는 점을 알게 되었습니다. 테스트란 결국 프로그램이 정상 동작함을 증명할 수 있는 수단인데, 프로그램의 오류가 존재하는데 테스트가 통과한다는 모순이 생길 수 있습니다. 테스트를 작성할 때는 **최대한 예외 케이스부터, 해피 케이스 순서로 다양한 경우를 커버할 수 있어야** 한다는 생각이 들었습니다.

JPA distinct : 페이징과 distinct

JPA에서 distinct 옵션을 사용할 때 주의할 점이 하나 더 있는데요, 주문을 조회할 때 연관된 엔티티인 업주, 업주의 계좌, 주문상세목록을 함께 조회하는 코드에서 주문과 주문상세를 1:N의 관계로 매치했습니다.

쿼리만 봤을 때는 페이징 처리를 하고 있지 않기 때문에 페이징과 관련 없는 쿼리처럼 보이지만, 배치에서 chunkSize를 통해 offset을 걸고 있기 때문에 이 또한 페이징 쿼리로 동작합니다. 그런데 페이징은 DB에서 일어나는 작업인데, 1:N 관계를 조인하는 경우 DB 컬럼 개수가 N을 기준으로 맞춰져서 문제가 됩니다. 즉 주문을 페이징 처리해서 조회하고 싶지만 주문상세를 기준으로 페이징된 결과를 반환하게 되는데요, 데이터베이스에서 페이징한 결과가(주문상세를 기준으로) 원하는 결과(주문을 기준으로)와 다르기 때문에 JPA에서는 모든 데이터를 메모리에 올리고 메모리에서 페이징 작업을 수행합니다.

이를 해결하고자 연산을 모두 DB에 맡기는 방식으로 리팩터링을 수행했습니다.

이렇게 DB 연산을 하지 않는 경우는 hibernate.default_batch_fetch_size를 활용하거나, id만 조회해 in절로 직접 쿼리를 작성하는 방법으로 해결할 수 있습니다. JpaItemReader에서 쿼리를 문자열로 작성하는 경우 페이징 관련된 쿼리가 없어서(chunkSize로 조절하기 때문에) 위와 같은 문제를 간과하기 쉬운데요, **쿼리가 어떻게 날아가는지 항상 로그를 확인하는 습관을 가져야겠다고 느꼈습니다.**

Util 클래스

날짜와 관련된 값들을 편하게 사용할 수 있게 Util 클래스를 작성했는데요, 해당 클래스를 사용한 로직의 순서는 다음과 같습니다.

- 지급금을 생성할 때 **일 단위, 주 단위, 월 단위로 기준일자**를 요청으로 받습니다.
- 예를 들어 주 단위 지급금에 기준일자는, 화요일로 들어온 경우 **월요일 자정~다음 주 월요일 직전까지**가 지급금을 생성하는 날짜 범위입니다.

해당 범위를 찾기 위해 다음과 같은 Util 클래스를 작성했는데요, **여기서 문제는 위와 같은 도메인 특화된 로직임에도 불구하고 Util 클래스를 사용했다는 점입니다.** Util 클래스란 일반적으로 프로젝트에서 범용적으로 사용되며 특정 도메인에 종속적이지 않고 다양하게 사용되는 클래스(String 관련 파싱 클래스나, 날짜 관련 파싱 클래스) 등을 의미하는데요, 저는 지급금이라는 도메인에 매우 종속적인 클래스를 작성하고도 'Util'이라는 이름을 사용한 점이 문제였습니다. 피드백 이후 **지급금 패키지로 이동해 지급금용 Util 클래스로 사용합니다.**

'Util성 클래스를 무엇이라 정의할 것인가?'와 같은 용어에 대한 정의는 팀별로 다르겠지만, 팀 의견이 없다면 **가장 범용적으로 사용되는 의미에 적합한 형태로** 코드를 작성하는 것이 중요하다는 걸 느낄 수 있습니다. 여담으로 롬복*에서 제공하는 @UtilityClass라는 애너테이션을 사용해 final 클래스, static 메서드로 Util 클래스를 관리할 수 있습니다.

---

*   Lombok. 다양한 @어노테이션을 제공해 반복 사용되는 코드를 컴파일 과정에서 생성해주는 라이브러리

모듈 분리

3주 차에는 단일 모듈로 되어 있던 프로젝트를 멀티 모듈로 분리하는 과제를 수행했습니다. 현재 팀의 모든 서비스는 그레이들 멀티 모듈 프로젝트로 사용 중입니다. 단일 모듈을 어드민 모듈과, 도메인 모듈로 분리해봅니다. 멀티 모듈을 적용하면서 가장 고민했던 부분은 확장성을 고려한 설계였습니다. '현재 상황에선 모듈로 분리되지 않아도 될 것들을 미래에는 이렇게 되지 않을까?'라는 생각으로 최대한 작은 단위로 쪼개려고 했습니다.

모듈 간의 의존성

도메인 모듈 내에서 회원 모듈은 어드민 애플리케이션에서만 사용되고 추후에 추가될 배치나 API 애플리케이션은 회원 모듈을 사용하지 않을 것 같다고 생각해 도메인 모듈을 세분화해 설계했습니다.

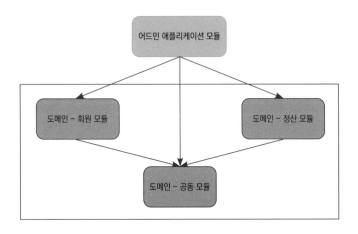

이에 대해 다음과 같은 피드백을 받았습니다. '모듈은 최소 스펙으로, 데이터의 형태는 확장 가능한 형태를 지향하고 있어요.', '미래를 고려한 설계는 오히려 복잡성을 증가시키는 경향이 있어요.'

추가로 파일럿 프로젝트의 경우 JPA^{Java persistence API}를 사용해 엔티티 간 객체 참조를 사용하는데요, 이때에 모듈을 세분화하면 서로 복잡한 형태로 각 모듈을 참조해야 하는 이슈도 있습니다. 의존하는 모든 도메인 모듈을 추가해야 하니까요.

예상 가능한 범위라면 확장성과 유지보수에 좋은 코드를 지향해야겠지만 불확실한 형태로 모듈을 세분화하면 오히려 복잡성을 증가시킬 수 있습니다. 최소 스펙으로 설계하면서 확장 포인트를 모두 닫아버리는 것은 문제가 되지만 불필요한 혹은 조금은 의미가 적은 모듈 세분화는 지양한다는 팀 내 의견을 듣고 다음과 같이 변경했습니다.

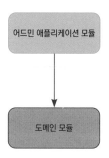

너무 깔끔해졌나요? 어드민 애플리케이션 하나만 사용되고 있고, 그렇다면 도메인 모듈이 회원/정산이라는 세부 모듈로 분리하는 것보다 실제로 분리될 일이 있을 때 분리하기 위해 하나로 합치는 형태로 리팩터링했습니다.

외부 라이브러리를 사용하는 것

멀티 모듈 과제를 진행하면서 외부 라이브러리를 사용했는데요, 외부 라이브러리를 선택할 때 받은 기준에 대한 피드백도 공유해봅니다.

- **제어권의 유무** : 직접 작성한 코드를 사용하는 것이 아니기에 외부 라이브러리를 수정하거나, 수정 요청하는 등의 작업이 가능해야 합니다. 직접적으로 코드를 제어할 수 있거나 수정 요청 시 빠르게 반영되는 것이 중요합니다.
- **공식 지원 유무** : 스프링 진영, 정확하게는 스프링 부트 환경에서 공식적으로 지원하는 라이브러리인지도 중요한 기준이 될 수 있습니다. 프레임워크 차원에서 외부 라이브러리의 의존성을 관리하고 지원하기 때문에 조금 더 안정성이 올라갈 수 있습니다.
- **커스텀 지원** : 사용자의 입맛에 맞게 확장할 수 있는 형태인지도 중요합니다. 이러한 확장 포인트가 잘 열려 있으며 사용하는 데 어려움이 없는 것도 중요합니다.
- **안정성** : 많은 사람이 사용하고 검증한 라이브러리인지 등 안정적으로 운영 중인지에 대한 요인들을 검토합니다.
- **마지막 수정/커밋** : 위에서 제시한 기준을 충족하려면 사용자가 요구하는 방향으로 지속해서 유지보수되어야 하기 때문에 마지막 커밋은 중요합니다.

외부 라이브러리를 사용한다는 것은 외부에 의존성을 가진다는 의미이기에 선택이 조심스러운데요, 앞의 기준에 더해 본인의 상황에 적절한 기준을 추가해서 추가, 삭제하면 좋겠습니다.

배치 적용

4주 차에는 **지급금 생성, 결제수단별 주문집계** 두 가지 로직을 배치를 사용해 구현하는 것이 과제였습니다. 이제 정산 시스템의 핵심 기술인 스프링 배치Spring Batch를 사용해봅니다. 실제 정산 시스템의 전체 코드 중 절반이 스프링 배치로 진행됩니다.

WAS 연산 vs 데이터베이스 연산

배치를 구현하며 처음 했던 고민은 'WAS*와 데이터베이스 중 어디서 연산해야 하는가?' 였습니다. 저는 자바에서 연산을 처리하는 방식을 선택했는데요, 결제수단별 집계를 위해 작성한 로직은 다음과 같습니다.

- 주문 데이터를 조회
- 업주별 주문 상세(결제 타입 및 금액이 포함되어 있음) 집계
- 집계된 주문 상세를 결제 타입별로 다시 집계

DB에서 그룹핑하지 않고 자바에서 그룹핑을 하면 다음과 같은 문제가 있습니다.

- 그룹핑 로직을 자바에서 수행하기에 이를 관리하는 일급 컬렉션, 자료구조가 복잡

---

* Web Application Server. 웹 애플리케이션과 서버 환경을 만들어 동작시키는 기능을 제공하는 소프트웨어 프레임워크

해진다.

- 복잡한 자료구조를 갖기 때문에 단위 테스트가 불편하다.
- 그룹핑 조건이 추가되면 또 다른 일급 컬렉션을 만드는 등 유지보수가 어렵다.

이러한 문제를 해결하기 위해 DB에서 그룹핑과 합산을 모두 하는 형태로 변경했습니다. 이 경우 DB에서 연산해서 조회하는 경우 일급 컬렉션도 필요 없고, 쿼리로 집계된 결제수단별 주문 데이터를 저장하는 작업만 수행하면 됩니다.

데이터 25,000건을 대상으로 로직을 계산할 때 다음과 같은 결과를 얻을 수 있습니다. 성능에 문제가 되는 상황이 아니라면 유지보수하기 용이한 방향으로 로직을 작성하는 것이 좋다고 판단해 DB에서 연산하는 형태로 리팩터링했습니다.

	WAS : 자바 연산	DB 연산
데이터	25,000건	25,000건
소요 시간	12초	8초
사용 DB	동일 환경(t2.micro)	동일 환경(t2.micro)
사용 WAS	동일 환경	동일 환경

배치, 실시간 API, 캐시, 사양, 시스템 부하 등 다양한 요인으로 인해 DB와 WAS, 어디서 연산하는 게 좋다고 말하긴 어려운 것 같습니다. DB를 성능 좋게 사용하고 WAS를 조금 낮은 사양으로 스케일 아웃Scale-out*하는 분

---

* 서버를 여러 대 추가하여 시스템을 확장하는 방법

도 있을 것이고, WAS를 좋은 사양으로 사용하는 분도 있을 겁니다. 결국 성능의 기준점을 충족한다면 상황에 맞게 유지보수하기 좋은 형태로 로직을 작성하는 것이 좋을 것 같습니다.

Chunk-Oriented Processing에서 각 단계의 역할

스프링 배치를 사용할 때 Chunk-Oriented Processing 방식으로 배치를 작성한다면 Reader Processor Writer에 대한 고민을 한 번쯤 했을 것 같습니다. 이에 대한 피드백을 공유하겠습니다.

처음에는 각 이름이 의미하듯 읽어오는 작업은 모두 Reader에서, 가공은 Processor, 저장/수정은 모두 Writer에서 한다는 생각으로 작성했습니다. 이를 위해 스텝을 여러 개로 두고, 스텝별로 읽어온 데이터를 메모리에 올려두는 형태를 선택했는데요,

해당 방식에서 문제는 다음과 같습니다.

- 데이터가 많아지는 때에도 메모리에 모든 데이터를 올려야 합니다.
- 스텝별로 데이터를 공유할 수 없기에 임시 저장소(메모리)를 만들어야 합니다.

각 스텝별로 데이터를 넘겨줄 방법이 없기 때문에 Processor를 분할해 사용하는 것도 좋은 방법이라는 피드백을 듣고 코드를 변경해보았습니다. 이렇게 되는 경우 Reader의 역할이 약간은 모호해지고 때에 따라서는 Writer의 역할도 모호해지는 느낌이 있는데요,

저는 각 작업의 특성 및 역할을 다음과 같이 정의했습니다.

- **Reader/Processor/Writer** : 모두 실행 순서를 보장하는 역할. 도메인의 로직이 밖으로 나오지 않도록 해야 한다.

- **Reader** : 트랜잭션의 시작. 한방 쿼리가 가능하다면 조회의 모든 기능을 담당하게 되지만, 그렇지 않은 경우 트랜잭션을 시작하고, 배치를 시작하는 엔드포인트로써의 역할

- **Processor** : 데이터를 가공하는 역할로 Reader에서 읽은 데이터에서 부족한 부분을 추가로 조회할 수 있다. 또한 멀티스레드 사용이 용이하고 유일하게 Delegating을 지원하는 작업이기에 작업을 세분화하는 형태로 사용한다.

- **Writer** : 데이터를 수정/저장하는 역할

위와 같이 정의했을 때 애매했던 부분은 데이터를 저장/수정하는 작업을 모두 Writer에서 수행하는 것이 맞을까 혹은 해당 배치의 핵심적인 저장/수정 내용이 아닌 부분은 Processor의 단계 중 일부러 처리할까 하는 의문이 들었습니다. 이에 대해 팀에서는 일반적으로는 다음과 같은 처리 방식을 가진다고 피드백받았습니다.

1 Reader에서 읽어온 데이터마다 다른 API를 요청하거나 각 데이터 저장/수정이 필요한 경우 Processor에서 처리하고(Reader에서 Processor로 데이터는 단건씩 넘어가기 때문에) 이후 최종 데이터만 Writer에서 저장한다.

2 일괄적으로 동일하게 저장/수정해야 하는 경우 Writer에서 처리한다.

1번과 2번이 상호배타적인 방법이 아니기 때문에 상황에 적절한 형태로 선택하셔서 사용하면 좋겠습니다. 2번의 방법을 다음 그림과 같이 추

상화한 형태로 관리하는 등의 방식으로도 처리할 수 있을 것 같습니다.

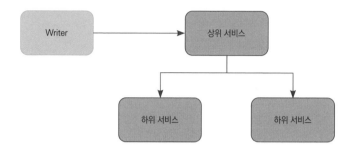

물론 상황에 따라 다양한 요소들을 활용해 팀 내에선 다른 방식으로 처리하겠지만, 막연하게 배치를 접한 분들에게는 위와 같은 기준이 도움이 될 수 있을 것 같습니다.

배포

5주 차에는 지금까지 만든 프로젝트를 배포하는 것이 과제였습니다. 선택 요구사항에 '실제 서비스 운영 환경에 맞는 OS/DB 매개변수 설정'이라는 내용이 작성되는데요, 무슨 의미인지 감이 오시나요? 저는 '실제 사용자가 얼마나 들어오면 커넥션 풀은 얼마로 설정할 것이며 트래픽별로 어느 정도의 EC2/오토스케일링을 설정해야 하는가?'와 같은 내용이라고 생각했는데요, 사실 그런 내용이 아니라 다음에 대한 설정이었습니다.

- AWS EC2를 만들면 서버 시간이 한국 기준으로 설정되어 있지 않다(코드 리뷰 받을 때 힌트를 주셨는데도 전 몰랐습니다).

- DB 시간/언어 설정 등

또 한 번 기본이 안 되어 있구나 하고 느낄 수 있던 과제였습니다.

드디어 엄청 길었지만, 한편으로는 짧게 느껴진 파일럿 프로젝트가 끝났는데요, 파일럿 프로젝트를 수행하며 얻은 것은 다음과 같습니다.

기본에 충실한 개발자가 되자

부끄럽지만 저는 비즈니스 요구사항보단, '어떤 설계가 더 나은 설계이고 어떻게 해야 더 나은 코드를 짤 수 있을까?'에 대한 고민이 늘 앞섰습니다. 물론 이런 고민이 나쁘다고 생각하진 않지만 무엇보다도 요구사항을 명확히, 그리고 당연한 것을 당연히 되도록 하는 일을 우선으로 해야 합니다.

스스로 해내야 한다

'시영 님이 우아한테크코스를 통해 현업을 1년 먼저 배워서 잘하는 건지, 원래 잘하는 사람인지는 알 수 없다. 새로운 기술을 적용할 때 얼마나 빠르게 베스트 프랙티스에 가깝게 적용할 수 있는가가 시영 님의 실력이다.' 첫 주차에 받았던 충격만큼 강한 충격을 받은 메시지였습니다. 우아한테크코스에서는 늘 모두와 함께 고민하며 가장 최적의 해를 찾아가는 과정이 일반적인데요, 현업에서는 항상 누군가와 함께할 수 없으며 문제를 해결할 때 스스로의 역량을 발휘하는 것이 필요합니다. 혼자서 해내는 것이 아직은 낯설지만 새로운 기술과 베스트 프렉티스를 늘 고민한다면 언젠간 빠르게 베스트 프렉티스를 적용할 수 있는 개발자가 되지 않을까라는 생각입니다.

내가 작성하는 코드는 레거시가 된다

파일럿 프로젝트는 특성상 혼자서 개발하고 개발이 끝나면 아무도 쳐다보지 않는 프로젝트입니다. 하지만 실무에 투입되면 제가 작성하는 코드 한 줄이 정산 시스템에서 작동합니다. 너무나 당연하지만 늘 가볍게 생각하고 코드를 작성하던 저에게는 또 다른 부담이자 기대감으로 다가옵니다. 그동안 유지보수하기 좋은 코드, 객체지향적인 코드 등 항상 이론으로만 혼자 하는 프로젝트에서만 적용해봤는데요, 이제 정말 내가 작성한 코드가 누군가가 유지보수할 대상이라고 생각하니 더욱 열심히 학습하고 고민하며 코드를 작성해야겠다고 느꼈습니다.

🔍02
가파르게 성장하는 서비스를 담당한 어느 품질 담당자의 회고

#코드품질   #QA   #검색서비스

 임선진

2022.10.06

저는 품질개발팀에서 우아한형제들의 제품 품질을 효율적이고 효과적으로 높이기 위해 QA 업무를 수행하고 있습니다. 빠른 배포 주기를 어떻게 하면 가져갈 수 있을지, QA 업무를 어떻게 운영하면 좋을지 등 QA, 테스트 업무에 대한 저의 경험을 나눠보려고 합니다.

마주한 상황

최근 배달의민족 서비스의 성장 속도는 정말 무서울 정도로 가팔랐습니다. 그에 맞춰 시스템도, 서비스도 매우 빠르게 대응하고 발전해야만 했습니다. 2019년 배달의민족 시스템은 생존을 위해 마이크로서비스 아키텍처[*]로 변화를 했고, 결과는 매우 성공적이었습니다. 이후 시스템별

---

*   각각 담당 영역을 가진 소규모의 독립적인 구성요소로 대규모의 애플리케이션을 구성하는 소프트웨어 개발 방식

로 크게 플랫폼, 프론트서버, 앱/웹클라이언트팀으로 나누어지고 팀은 기획/개발/QA가 함께 일했습니다. 모두 시스템 안정화와 잔여 작업들을 마무리하며 서비스 개발에 속도를 내기 시작했던 시기였습니다. 저는 프론트서버군(전시, 리뷰 도메인 등 대 고객 서버군)들을 개발하는 배민프론트검색서비스팀의 QA로 일하게 되었습니다.

이전까지는 일부 도메인을 제외한 프론트서버군들은 웹/앱 클라이언트를 테스트하며 서버의 로직들도 같이 테스트하고 있었고, 서버만 전담해 테스트한다는 것은 아직 조직이 겪어보지 못한 미지의 영역이었기에 저는 프론트검색서비스팀의 QA로서 할 일들을 찾아가야 했습니다.

• 매우 간략히 그린 팀이 담당한 시스템 •

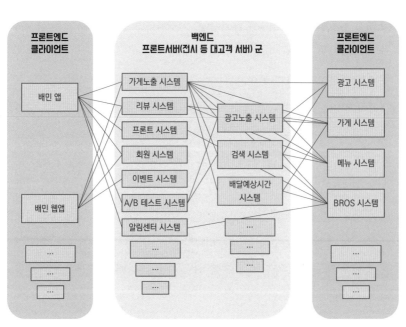

팀의 QA로서 내가 할 일

당시 클라이언트(배민 앱)를 2주마다 배포했습니다. 우리는 2주보다 더 빠르게 기능이 배포되길 바랐습니다. 위와 같은 상황에서 저에게 주어진 미션은 다음과 같다고 판단했습니다.

1. 클라이언트를 테스트할 안정적인 테스트 환경(프론트서버군)을 지원한다

앱이 2주마다 배포되려면 테스트를 끊임없이 수행해야 했고 테스트 환경에서 장애가 발생하는 일이 없어야 했습니다. 테스트 환경이 불안정해 앱 테스트를 하지 못하면 어쩔 수 없이 야근을 해야 하고, 클라이언트가 결함을 찾고 수정할 시간이 부족하며, 2주의 배포 주기를 맞추기 어렵다고 생각했습니다. 앱의 배포 주기를 방해하지 않고 안정적으로 개발/테스트가 이루어질 수 있게 지원하기로 결정했습니다.

서버 작업으로 클라이언트의 테스트에 영향을 줄 수 있는 부분이 있다면 피할 수 있게 하거나 즉시 전파하고, 테스트를 진행하는 분들이 혼란스럽지 않도록 했습니다. 서버 개발자들께도 많은 분이 혼란스러울 수 있으니 베타(테스트) 서버도 안정적인 상태를 유지하도록 요청했습니다. 서버 상황과 무관하게 테스트하도록, 클라이언트 QA 담당자들도 목 서버 Mock Serve의 역할을 할 수 있는 피들러Fiddler, 찰스 프록시Charles Proxy 등의 도구를 활용해 테스트를 계획하고 수행하는 동시에, 서버가 안정적으로 운영되도록 지원했습니다.

2. 클라이언트 개발 이전에 서버 테스트를 진행한다

클라이언트의 개발 이전에 서버의 테스트를 어느 정도 진행해서 안정적인 환경을 만들어야 개발/테스트를 진행할 수 있고, 2주 배포 주기를 달성할 수 있다고 생각했습니다. 개발자들과 개발 문서들을 같이 확인하고, 클라이언트와 협의한 사항대로 API를 호출하고 데이터를 사용할 수 있는지, 클라이언트를 보지 않고도 서버에 저장된 데이터, 키바나Kibana 로그, API 테스트 등으로 서버를 테스트했습니다.

서버와 클라이언트를 함께 테스트하면 이슈가 뒤섞여 정리가 어려웠습니다. 그래서 분리 테스트를 진행했습니다. 서버와 클라이언트를 각각 테스트하면 대상을 바라보는 관점이 달라 효과가 다르게 나타날 것이라고 기대했습니다. 이렇게 함으로써 불확실성을 줄이고, 더욱 안정된 테스트를 할 수 있게 되었습니다.

변경 전 테스트를 중심으로 간략히 그린 프로세스

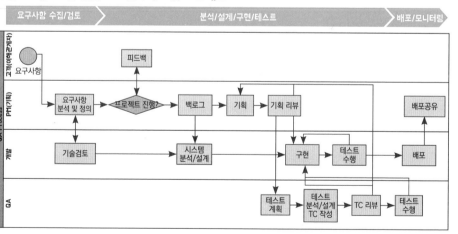

변경 후 테스트를 중심으로 간략히 그린 프로세스

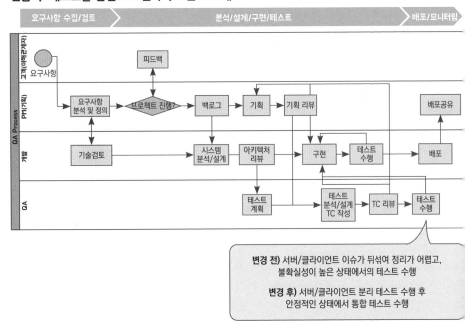

3. 서버의 배포만으로 사용자에게 가치를 전달하는 방향으로 만들어질 수 있도록 지원한다

배민 앱 배포와 무관하게 2주 주기보다 더 빠르게 사용자에게 개선된 기능을 전달할 수 있다면 그렇게 하는 것이 좋다고 판단했습니다. 소프트웨어 설계 시 서버 배포만으로 기능이 변경되게 의견을 나누고, 개발/테스트 후 배포되게 했습니다. 예를 들어 현재 배민 앱의 카테고리들과 정렬, 필터 기능은 앱 업데이트 없이도 추가, 변경, 삭제가 가능하도록 구현되어 있습니다. 그래서 서버의 설정, 배포만으로 사용자에게 가게 정보

(쿠폰 배지, 포장/예약 여부, 위생등급 표시 등)를 노출할지 말지, 어떻게 노출할지를 결정할 수 있습니다. 이외에도 프론트서버군의 설정, 배포만으로 사용자 A/B 테스트를 진행할 수 있고, 테스트 결과를 활용해 사용자에게 더 나은 방법들을 제시할 수도 있습니다.

4. 프론트검색서비스팀이 담당하는 모든 제품에 QA로서 관여한다

팀의 모든 제품이 좋은 품질의 서비스가 되게 신경 썼습니다. 테스트를 진행하지 못하는 때에도 의견을 주고받으며 우려 사항들을 보완했고, 개발자들이 제가 작성한 테스트 케이스를 보고 단위 테스트를 작성하기도 했습니다. 기획/개발이 서로 잘 이해하지 못하는 것 같을 땐 제가 먼저 추가 문서를 작성하며 지원했습니다.

QA는 항상 우선순위가 높고 중요한 과제들에만 참여할 수 있기 때문에 여러 시도를 하기 어렵다고 생각하던 시절이 있었습니다. 하지만 이제는 팀이 담당하는 업무 중 스펙이나 일정 등 협의의 여지가 있는 과제들도 진행하고, 프로젝트 경험이 많지 않은 다른 QA들이 경험을 쌓고 여러 시도를 하도록 지원하기도 합니다.

5. 효과적인 테스트 수행 전략을 세우다

팀의 구성과 미션에 따라 테스트 수행 전략도 대략 윤곽이 보였습니다. 테스트 계획, 테스트 케이스 작성 및 리뷰, 결함 관리는 기존과 동일하게 유지했고, 몇 가지 특징이 될 만한 것은 다음과 같았습니다.

1 기획/개발이 긴밀하게 협업할 수 있는 구조
- 프로젝트의 계획/개발 계획과 거의 동시에 테스트 계획 시작
- 프로젝트의 목표와 시스템을 정확히 이해하고, 적절하고 효율적인 테스트 수행

2 클라이언트 환경과 독립된 서버 사이드 테스트
- 서버 기능 단위의 테스트
- 클라이언트 하위 버전 호환 테스트

3 빠른 배포 주기
- 변경점을 정확히 이해하고 테스트 영역 최소화 수행
- 각 시스템, 기능 단위 분리 테스트 수행 후 통합 테스트 진행

위와 같은 업무 방식으로 테스트를 앞당겨 결함을 조기에 발견함으로써 결함 수정 비용을 줄일 수 있다고 생각했습니다. 테스트는 플랫폼, 서비스 프론트서버, 서비스 앱 단계를 나누어 더욱 더 견고해져야 하며 가치가 더욱 더 빠르게 고객에게 전달되게 해야 한다고 파트원들을 독려하고 협업했습니다.

QA가 겪는 공통적인 문제

1. 공통적인 QA의 업무를 일부 인원이 부담하고 있던 문제

누군가는 해야 하는 QA들의 공통적인 업무들이 있습니다. 팀장님들은 QA의 이런 업무들을 정확히 이해할 수도 도와줄 수도 평가할 수도 없었습니다. 일부 인원들이 부담해 수행하고 있던 상황이었습니다.

- 테스트 협력업체 관리/운영(실무 업무 외 계약, 증원 등)
- 테스트 장비, 도구 관리/운영
- QA 신규 인원(정직원) 인터뷰

2. QA 직군, QA 조직의 성장할 기회 부족

가뜩이나 사람 적은 직군을 나누어놓다 보니 각 팀에 팀원이 많아야 2명, 없는 팀들도 많았습니다. 인터뷰를 보며 채용할 때에도 QA로서 정체성을 잃지 않고 오롯이 혼자서 업무를 잘 진행할 수 있는 사람인가도 중요한 부분이 되었고, 팀으로 도와주기 어렵다 보니 개인의 잠재 능력이 있는 분이지만 모시기 어려운 상황이 되기도 했습니다.

그리고 주니어들을 케어하고 성장시키며 지식을 전파하고 시니어로 성장할 인원들이 다소 정체되어 있습니다. 물론 다른 방법으로 능력을 키워가는 분도 계셨지만, 분명 한계가 있습니다. 또한 다른 시스템이나 좋은 다른 사례들을 접할 기회가 부족해 시야를 넓히기도 어려웠습니다.

3. 신규 팀/신규 시스템의 담당자 부재로 인한 서비스 품질 저하

제가 있던 프론트검색서비스팀만 해도 기획/개발자들은 계속 늘어나고 팀은 계속 변했습니다. 팀에서 담당하던 시스템 중 검색 시스템과 광고노출 시스템은 시스템/서비스/조직 확장을 위해 다른 팀으로 분리되었고, QA 담당은 계속 프론트검색서비스팀의 QA인 채로 남았습니다.

이처럼 조직은 계속해서 변화하고 있고, QA가 없던 조직에서 새롭게 생겨난 팀/서비스/시스템은 QA의 확인과 테스트를 받지 못하고 개발/기획 담당자의 손을 거쳐 배포되고 있습니다. 전체적인 관점에서 볼 때 각 서비스는 천차만별로, 품질을 보장받지 못합니다.

4. 전사적 관점이 아닌 팀 관점에서의 QA 업무 진행

팀의 프로젝트들을 신경 쓰다 보니 전사적 관점에서 봤을 땐 B 프로젝트보다 A 프로젝트가 더 중요하지만 우리 팀에서 담당하지 않아서, 팀에서 담당하는 B 프로젝트의 QA를 진행하는 경우도 있습니다. 무엇인가 잘못되고 있습니다. 저에게 있어 중요 고객은 사용자도 있지만 서버를 사용하는 클라이언트였습니다. 서비스를 전체적인 사용자 관점에서 고려하지 못했던 부분이 분명 있습니다.

이외에도 업무 재편을 통해 회사에서 더 중요한 제품이라 판단한 시스템을 담당하도록 하거나, 업무가 몰리는 영역에 지원하거나, 강점이 있는 영역을 강화하는 등의 리소스를 효율적으로 활용할 수 있는 방법이 있어 보였음에도 시도하기 어려웠습니다.

프론트검색서비스팀에서의 경험이 저에겐 정말 소중한 경험이었지만, 보살피지 못했던 여러 문제점을 해결해야만 하는 때가 왔고, 경험을 발판 삼아 또 한걸음 더 나아가야 할 때가 왔다고 생각합니다. 서비스의 속도는 빠르게, 테스트는 견고하게, 시야는 넓게 우리 제품의 품질을 챙겨야 할 때라고 생각합니다. 우리의 일은 정답이 있는 것이 아니라 상황에 맞춰 최선을 선택하는 것이고, 그 선택이 최고의 선택이 되게 노력하는 것일 겁니다. 우리는 앞으로도 계속 발전하며 성장하고 변화할 것이라고 믿습니다. 지금은 앞서 언급했던 문제점들을 보완하기 위해, 조직(팀) 차원에서 일을 잘하면서도 일하기 좋은 팀이 되기 위해 고민합니다.

03
단위 테스트로 복잡한 도메인의
프론트엔드 프로젝트 정복하기

#Jest   #리액트   #타입스크립트   #단위테스트

이찬호

2022.08.18

최근 저는 복잡한 도메인의 서비스를 개발하는 개발자라면 공감할 만한 문제를 겪고 있습니다. "찬호 님, 서비스가 B마트일 때, 공급사 반품 상세페이지에서 공급사 계정으로 로그인한 사용자가 역분개*한 상품의 마감일을 변경할 수 있나요?" 개발을 하다 보면 이런 질문이 자주 들어옵니다. 예전 같으면 제가 아는 선에서 바로 대답할 수 있을 간단한 질문에도 최소 10분은 하던 일을 멈추고 확인할 만큼 플랫폼이 복잡해졌습니다. 기능을 확인하는 것뿐 아니라 코드를 리팩터링하고, 그 코드에 새 기능을 추가하는 것도 개발 초기보다 훨씬 어려워졌죠.

---

*   전년도의 미지급/미수/선급/선수잔액을 당기초에 제거하는 회계 처리

SCM을 개발할수록 걱정이 늘어간다

SCM은 공급망 관리 플랫폼으로, 공급자로부터 고객에게 이르는 전체적인 연결고리 관계와 구매, 재고, 물류, 정산관리 등의 여러 기능을 포함하는 서비스입니다. 저희는 SCM을 플랫폼화해서 우아한형제들 안에 있는 여러 서비스(배민상회, B마트, 배민문방구 등)에서 사용합니다. SCM이 복잡도가 높은 도메인인데, 이를 플랫폼화하면서 복잡도가 더 높아졌습니다. 기존에 각 서비스에서 운영하던 것을 하나로 합치다 보니 플랫폼이지만 서비스만을 위한 기능들이 생겼기 때문입니다.

센터명	롯데칠성음료 1센터 (세종특별자치시 부강면 갈산산수로 237-8)				센터 담당자	담당자 선택	김길동 | k***@t**.com | 주임 | 010****0000			
상품 개수	3개									
순서	Product 코드	보관온도	단위	과세여부	매입단가(VAT 제외)	발주금액(VAT 제외)	마감일	상태	관리	코멘트
1	000	상온	PACK	과세	15,000	150,000	-	발주대기 (이력보기))	수정 / 발주 취소	17건
2	000	상온	PACK	과세	2,990	29,900	-	발주대기 (이력보기))	수정 / 발주 취소	등록

앞의 화면은 SCM 내에서 가장 복잡도가 높은 발주서 상세페이지 중 상품 정보를 보여주는 컴포넌트를 간략하게 표현한 것입니다. 이 상품 정보 컴포넌트에 있는 마감일 열을 구현한 코드에 테스트를 추가하고, 리팩터링을 진행해보겠습니다.

코드를 작성하기에 앞서 발주서 상세페이지에서 개발할 때 파악해야 하는 조건들을 살펴보겠습니다.

• **서비스 :** 배민상회, B마트, 배민문방구

- 로그인한 사용자가 어느 서비스의 사용자인지 확인하는 조건
  - **사용자** : 내부 사용자(MD), 외부 사용자(공급사), 외부 사용자(물류사), 외부 사용자(공급사+물류사)
  - 사용자 역할마다 사용할 수 있는 기능이 다름
  - **발주/반품(발주유형)** : 발주(구매발주, 판매발주), 공급사 반품(구매발주 반품, 판매발주 반품)
  - **발주 아이템 상태** : 발주요청, 입고진행, 입고완료, 발주마감, 발주대기, 발주취소
  - **반품 아이템 상태** : 반품요청, 반품진행, 반품완료, 반품마감, 반품취소

위의 조건을 고려하니 화면에 보이는 컴포넌트는 간단한 센터 정보와 상품 정보 테이블뿐이지만, 상품 정보에 들어가는 코드는 총 1,700줄이 넘습니다. 이렇게 도메인과 코드가 복잡해지면서 아래와 같은 걱정거리가 생겼습니다.

1 **새 기능 추가** : 발주 상세페이지에 새로운 기능을 추가하기가 두려워졌습니다.
2 **리팩터링** : 리팩터링을 하고 싶은데 너무 복잡해서 엄두가 나질 않았습니다.
3 **서비스 동작 확인** : PM이 어떻게 동작하는 건지 질문을 해와도 파악하는 데 시간이 오래 걸렸습니다.
4 **협업** : 저 말고 다른 사람이 이 코드를 보면서 작업할 수 있을지 두려웠습니다.

서비스가 살아 있고 요구사항은 계속 생기는데, 코드가 복잡해졌다고 개발자가 걱정하고 두려워하고만 있으면 안 되겠죠. 테스트를 진행해 이 두려움을 뚫어보겠습니다.

SCM에도 테스트를 작성해보자!

기존에 작성된 코드에 테스트를 추가하는 방식은 다음과 같습니다.

1. 기존에 동작하는 코드를 기반으로 사용자 시나리오를 작성합니다.

   a. 상황에 따라 어떻게 동작하는지를 전부 분류합니다.

   b. 기존에 작성해준 조건들이 빈약하거나 고려하지 못했던 에지 케이스*를 발견할 수 있습니다. 추가로 정리해줍니다.

2. 사용자 시나리오를 기반으로 테스트 코드를 작성합니다.

   a. 1-b처럼 고려하지 못했던 에지 케이스를 발견한 게 아니라면, 이미 동작하는 코드를 기반으로 테스트를 작성하는 거라 전부 성공 케이스가 나옵니다.

3. **리팩터링**

   a. 컴포넌트를 분리하고, 코드를 분리하고, 로직을 간단하게 변경합니다.

   b. 여기서 테스트 코드의 강력함을 경험할 수 있습니다.

현재 사항 파악(화면, 코드) 및 코드 분리

테스트를 작성해볼 예시는 상품 정보 테이블 안에 있는 마감일입니다. 두 이미지에 보이는 것처럼 같은 발주서에 같은 상태임에도 불구하고 로그인한 사용자 역할에 따라 다른 화면을 보여주고 있습니다.

---

*   주요한 결과 그룹이 아닌 소수의 특정 상황

내부 사용자일 때		외부 사용자일 때	
마감일	상태	마감일	상태
2022-06-23 00:00:00 (이력보기)	발주마감 (이력보기)	2022-06-23 00:00:00	발주마감 (이력보기)
2022-06-23 08:33:32	입고완료 (이력보기)	2022-06-23 08:33:32	입고완료 (이력보기)
-	입고완료 (이력보기)	-	입고완료 (이력보기)
-	발주요청 (이력보기)	-	발주요청 (이력보기)
-	발주대기 (이력보기)	-	발주대기 (이력보기)

마감일은 renderClosedDate( )라는 함수를 호출해 렌더됩니다.

renderClosedDate( ) 함수를 살펴보면 DatePicker를 출력 하는 경우, 마감일을 텍스트로 출력 하는 경우, (이력보기)를 출력하는 경우 3개의 조건으로 나뉘어 있습니다. 각 컴포넌트가 특정 조건에 맞을 때 결과를 반환하는 방식입니다.

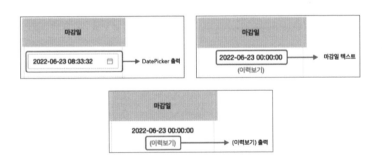

이 renderClosedDate( ) 함수를 테스트하기 편하도록 ClosedDateColumn.tsx 컴포넌트로 분리하겠습니다.

• ClosedDateColumn.tsx와 ClosedDateColumn.test.tsx •

테스트를 작성해야 하니 ClosedDateColumn.test.tsx까지 만들어주면 이제 테스트를 작성할 준비가 되었습니다.

기존에 동작하는 코드를 기반으로 사용자 시나리오 작성

컴포넌트로 분리한 코드를 보면서 어떻게 동작하는지 사용자 시나리오를 정리합니다.

```
// 마감일 / 마감일 수정 표기
1. 내부 사용자일 때
    1-1. 마감일이 있을 때
        1-1-1. 역분개를 했을 때
            - DatePicker를 보여준다.
            - 마감일을 수정할 수 있다.
        1-1-2. 역분개를 하지 않았을 때
            - 마감일을 텍스트로 보여준다.
    1-2. 마감일이 없을 때
        - '-'를 텍스트로 보여준다.
2. 외부 사용자일 때
    2-1. 마감일이 있을 때
        - 마감일을 텍스트로 보여준다.
    2-2. 마감일 없을 때
```

```
            - '-'를 텍스트로 보여준다.

// (이력 보기) 표기
1. 내부 사용자일 때
    1-1. 변경 이력이 있을 때
        - '(이력 보기)'를 보여준다.
    1-2. 변경 이력이 없을 때
        - 아무것도 보여주지 않는다.
2. 외부 사용자일 때
    - 아무것도 보여주지 않는다.
```

코드에서 if문이 있듯, 시나리오를 작성할 때도 특정 조건을 기준으로 분기하며 작성해줍니다. 코드에서 if문 안에 여러 조건이 복잡하게 작성되어 있는 것을 하나씩 풀어서 분류해봅니다. 이 과정을 통해 내가 작성했던 코드의 맹점들을 발견하게 될 수도 있습니다. 조건을 풀어서 나열하면 제 조건문이 MECE^mutually exclusive and collectively exhaustive*한지 검증하기도 좋습니다. 작성한 코드를 기반으로 사용자 시나리오가 정리됐다면, 실제 서비스에서 작성한 시나리오를 토대로 제대로 동작하는지 확인합니다. 문제가 없다면 확인을 마치고 테스트를 작성해도 됩니다.

사용자 시나리오를 기반으로 테스트 코드 작성

앞에서 작성한 사용자 시나리오를 바탕으로 테스트를 작성합니다. if문 조건을 기준으로 컨텍스트를 나누고, 해당 컨텍스트 안에서 실행되어야

---

*   Mutually Exclusive Collectively Exhaustive의 약자. 상호배제와 전체포괄

요즘 우아한 개발

하는 테스트를 작성해서 하나씩 테스트합니다.

컨텍스트가 여러 개로 분리되어 있다는 말은 실제로 직접 확인하려면 복잡한 조건들을 다 맞춰가면서 확인해야 한다는 것인데, 여기에서 테스트의 강력함이 나타납니다. 프롭스 드릴링*으로 전달받는 변수나, 전역에서 사용하는 상태 관리 라이브러리에서 사용하는 값을 더미 데이터를 이용해 원하는 대로 렌더링하여 테스트할 수 있습니다. 테스트 코드를 작성하고 실행해봅니다. 이미 작성된 코드를 검증하는 테스트 코드라 실패하는 것 없이 잘 통과했습니다. 이제 두려울 것이 없어졌습니다. 테스트를 믿고 코드를 리팩터링하겠습니다.

리팩터링

마감일 코드 분리하기

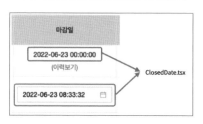

• 이 두 개를 ClosedDate.tsx로 분리해보자 •

시나리오를 작성한 것을 보면, 마감일과 DatePicker 같은 시나리오로 묶을 수 있고 이력 보기는 테스트도 따로 분리할 수 있습니다. 이 기준에

---

*   props drilling. 상위 컴포넌트가 하위 컴포넌트로 Props를 전달할 때 발생하는 구조적 문제

따라 컴포넌트도 작게 분리했습니다.

마감일과 DatePicker를 보여주는 컴포넌트 ClosedDate.tsx와 테스트를 수행하는 ClosedDate.test.tsx 파일로 분리합니다.

새로 작성한 컴포넌트 ClosedDate.tsx를 ClosedDateColumn.tsx 컴포넌트에 있던 기존 코드를 대체해서 넣고 테스트가 제대로 동작하는지 확인합니다. 둘 다 잘 동작합니다. 변경한 코드가 기존 코드와 정확하게 같은 동작을 한다는 것을 테스트로 보증받았습니다. 기쁜 마음으로 커밋을 하고 다음 리팩터링으로 넘어갑니다.

이력보기 코드 분리하기

• 컴포넌트를 DateChangeHistory.tsx로 옮겨보자 •

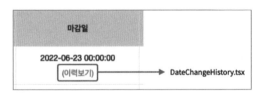

다음은 '(이력보기)'에 해당하는 코드를 컴포넌트 DateChangeHistory.tsx로 분리하고, 테스트 코드를 옮겨옵니다.

이 상태로 작성해둔 테스트 코드를 실행하면 어떻게 될까요?

```
내부 사용자일 때
  - 마감일 변경 이력이 있을 때
  [0] (이력보기)가 출력된다.
  - 마감일 변경 이력이 없을 때
```

시나리오대로 동작하지 않는다고 테스트 코드가 말해줍니다. 테스트를 통과하도록 조건문을 추가하겠습니다. 먼저 외부 사용자일 땐 '(이력 보기)'가 출력되지 않는다고 했으니 외부 사용자일 때 null을 반환하는 코드를 추가하고 테스트를 확인합니다.

다음으로 내부 사용자일 때, 변경 이력이 없는 경우 아무것도 노출되지 않는 상황을 처리하는 코드를 추가하고 테스트를 확인하니 전부 통과되었네요.

기쁜 마음으로 커밋을 합니다. 이제 이 코드는 정상적으로 동작하니 DateChangeHistory.tsx 컴포넌트를 ClosedDate Column.tsx 컴포넌트에 반영합니다.

이렇게 테스트 코드를 반영해 복잡했던 코드를 안전하고 깔끔하게 리팩터링했습니다.

효과는 굉장했다!

사용자 시나리오 검증이 훨씬 간편해졌습니다. 이전에는 크롬 시크릿

창을 사용하여 다른 권한을 가진 사용자 ID로 로그인하여 확인해야 했지만, 이제는 테스트 코드에서 FIXTURE를 사용하여 원하는 상황을 검증할 수 있습니다.

기존에 가지고 있던 두려움도 해소할 수 있었습니다. 컴포넌트를 간결하게 분리한 덕분에 발주 상세페이지에서 정리되지 않은 코드에 새로운 것을 추가해야 하는 위험이 사라졌고 테스트 코드가 기존 동작에 대해서 안정성을 보장해주니 새 기능을 추가하다 발생하는 부작용 걱정을 덜 수 있게 되었습니다. 이젠 오히려 테스트 코드를 작성하면서 기존 코드들에 안정성을 불어넣고 싶은 마음이 더 커졌습니다. 또한 기존에는 PM이 어떻게 동작하는 건지 질문을 해와도 파악하는 데 시간이 오래 걸렸는데 이젠 코드를 볼 필요 없이 테스트 시나리오로 금방 파악할 수 있습니다. 새로운 담당자가 이 코드를 작업해야 하는 상황이 와도 테스트 시나리오가 곧 명세가 되니 기본적인 도메인 지식만 익히면 어떻게 동작하는지 파악하면서 작업할 수 있을 겁니다.

테스트를 작성하면서 제가 가지고 있던 걱정을 해소할 수 있었는데요, 실제로 테스트를 작성해보니 제가 예상하지 못했던 좋은 효과들이 있었습니다.

첫째, 컴포넌트를 분리해야 하는 명확한 기준과 근거가 생겼습니다. 기존에는 '컴포넌트가 너무 크니까 적당하게 나눠야겠다'라고 생각했다면 이제는 테스트하기 좋은 코드를 기준으로 나누게 되었습니다. 그리고 이 기준은 같이 일하는 팀원들과 논의할 때도 공통의 기준으로 삼았습니다. 다른 기준을 가지고 '어떤 기준이 더 적합한가?'가 아니라, 같은 기준 안에서 '어떻게 하면 더 테스트하기 좋은 코드일까?'를 고민하게 됐다는 점

요즘 우아한 개발

이 좋았습니다.

둘째, 기능동작에 대한 문서화를 따로 할 필요가 없어졌습니다. '나중에 이 부분에 대한 코드를 나 말고 다른 사람이 이해할 수 있을까?' 고민이 항상 있었는데, 테스트 코드가 곧 명세가 되어버리니 따로 코드를 설명하기 위해 문서화할 필요가 없어졌습니다.

셋째, 코드가 간결해졌습니다. 테스트를 작성하기 위해 컴포넌트를 나누게 되는데, 이때 '어디까지가 같은 역할을 하는 코드인가?'를 고민하고 이 고민은 자연스럽게 단일 책임 원칙*을 지키는 방향으로 이루어집니다. 결과적으로 더 나은 구조로 컴포넌트를 분리해서 사용하게 되었습니다.

마지막으로 MECE하게 시나리오를 작성하다 보니 숨겨진 에지 케이스를 찾아내게 됐습니다. 처음 기능을 구현할 때부터 고려하고 작성했으면 좋겠지만 그러지 못했던 코드에 대해 테스트 코드를 작성하면서 고려하지 못한 경우를 찾아내게 됩니다.

코드를 작성할 때 기능이 잘 동작하도록 구현하는 것이 가장 중요합니다. 기능이 잘 동작하면 다음은 같이 일하는 사람들과 협업하기 좋고 관리하기 좋은 코드를 고민하게 됩니다. 테스트 코드가 없을 땐 막연하게 '이렇게 하는 게 더 좋겠지' 하고 혼자만의 기준으로 고민했다면, 이제는 테스트가 그 기준이 되어준다는 점이 예상하지 못한 큰 효과였습니다.

---

* 객체 지향 프로그래밍에서 모든 클래스는 하나의 책임만 가지며, 클래스는 그 책임을 완전히 캡슐화해야 한다는 원칙

"찬호 님, 서비스가 B마트일 때, 공급사 반품 상세페이지에서 공급사 계정으로 로그인한 사용자가 역분개한 상품의 마감일을 변경할 수 있나요?" 정답은 "아니오"입니다. 테스트를 작성하기 전엔 마감일 관련 코드를 하나씩 보면서 답을 해야 했는데, 이제는 테스트 시나리오만 확인하면 쉽게 답을 할 수 있습니다. 단위 테스트를 통해 화면 렌더링과 동작을 테스트하는 것은 여러 테스트 방식 중 한 방식입니다. 그러나 이 테스트만으로도 개발자 입장에서 얻을 수 있는 수많은 이점이 있다는 것을 공유하고 싶었습니다. 저와 비슷한 고민을 하는 분들에게 테스트를 도입해보길 강력하게 추천하고 싶습니다.

✎04
자동화된 UI 회귀 테스트 도입하기

#QA   #테스트자동화

 장정환
2021.11.30

사장님들이 주문 처리에 사용하는 윈도우 애플리케이션 개발 및 운영, 보수를 하고 있습니다. 사용자와 상호작용하는 프론트엔드의 검증 시 활용 가능한 UI 테스트 자동화 도입 배경과 준비 과정의 경험을 공유하겠습니다.

문제 배경

사장님향 주문접수채널 앱은 배달의민족 앱에서 발생한 주문 수신 및 접수/거절/취소/완료/배차 등의 기능과 더불어 사장님에게 주문을 전달하고 편의를 제공하는 목적의 프로그램입니다. 우리는 2개의 윈도우 사장님향 주문접수 프로그램을 개발/운영합니다. 두 프로그램은 각각 2016년, 2020년부터 운영해왔으며 그동안 조금씩 조금씩 개발/검증 비용이 누적되었습니다. 프로그램을 운용하며 우아한형제들의 사업이 변화했고, 사장님 운용 환경(윈도우 XP ~ 윈도우 11) 역시 바뀌면서 이에 따라 새 기능 추가, 기존 기능의 개선, 백엔드의 변화 등을 수용해왔습니다. 이로 인한 비용(개발 인력/시간)이 증가하다 보니 성급하게 영향 범위를 파악해서 작은 실수/버그의 누적으로 이어졌고 결과적으로 핫픽스Hotfix* 배포 빈도 증가를 불러왔습니다. 그래서 우리가 만든 프로그램이 입점 가게에 장애를 유발할까봐 불안한 마음에 개발자의 의욕과 자신감이 떨어졌고 팀 내 적극적인 의사소통 빈도도 감소하는 문제가 생겼습니다.

자동화된 UI 테스트 도입을 고민하다

사실 제품 개발 중단 없이 시장의 변화를 수용해가며 사용자의 증가, 조직의 비즈니스가 구현된 우리 제품을 운용하는 것은 개발자에게 큰 행운입니다. 개발만 잘해서는 결코 이룩할 수 없는 부분이기도 합니다. 그래서 해결 가능한 문제와 해결이 어려운 문제를 분류하고, 문제 해결을 위한 가설과 방안을 검토했습니다.

해결 가능한 문제와 그렇지 않은 문제

먼저 우리는 해결할 수 있는 문제와 그렇지 않은 문제를 나눴습니다.

---

* 제품 사용 중에 발생하는 버그의 수정이나 취약점 보완 또는 성능 향상을 위해 긴급히 배포되는 패치 프로그램

완벽한 기획은 있을 수 없고, 버그 없는 개발은 불가능하며, 제품의 무결함을 보장하는 QA는 없으니까요.

사장님의 상호작용 UX/UI 및 비즈니스 시나리오의 검증은 아래 사항을 유의했습니다.

1 기획 간에는 기획자가 판단한 영향 범위로 한정된다.

2 개발 간에는 개발자의 판단 범위로 한정된다.

3 배포 전에는 QA팀에 의존하며, 테스트 케이스 수행 범위에 한정된다. 이때 1회 수행 비용(시간+인력)이 매우 비싸다.

그래서 기획자와 개발자가 판단한 범위를 회귀 검증* 시 기획자/개발자의 판단 범위 확대를 통해 안전성을 도모합니다. 그리고 QA 간 수행 비용의 감소를 통해 테스트 케이스 고도화 및 탐색적 테스트 수행 시간을 늘립니다.

자동화 도구를 도입하면 이미 개발된 기능과 개/보수된 기능을 빠르게 테스트하고, 개발 단계에서 문제에 대응할 수 있게 됩니다. 또한 QA 간 탐색적 테스트 기회가 늘어나고, 개발 간 반복적인 UI 테스트 기회 역시 늘어나는 장점이 있습니다.

---

* 관찰된 연속형 변수들에 대해 두 변수 사이의 모형을 구한 뒤 적합도를 측정해내는 분석 방법

자동화된 UI 테스트 비용

자동화된 UI 테스트 도입의 당위는 비용(인력, 시간) 측면에서 테스트 행위별 수행 시간이 감소하고, 테스트 행위별 수행 빈도가 높아진다는 두 가지 이점을 꼽아, 후술하는 도표를 근거 삼아 논의한 후 진행했습니다.

테스트 행위별 수행 시간

기존 UI 테스트는 1회 수행 비용이 크다는 문제가 있었습니다. 이는 컴퓨터(자동화)가 아닌 사람이 작성한 테스트 케이스 **수행 → 평가 → 보고**하는 과정이 전부 수작업으로 이루어지기 때문입니다.

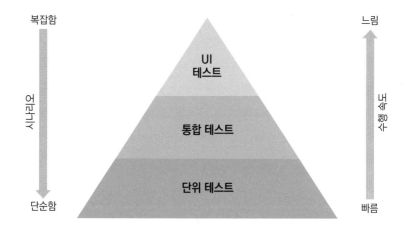

항목	방법	비용	자동화 상태
UI 테스트	by 사람	⇧⇧⇧	X

통합 테스트	by 컴퓨터	⇩	O
단위 테스트	by 사람	⇩	O

테스트 행위별 수행 빈도(최악의 경우)

최악의 경우이기는 하지만 개발 마지막 단계 출시 전 사람에 의한 반복적 QA 테스트는 그 비용이 가장 비쌀 수밖에 없습니다. 기능의 복잡도, 구현 범위, 일정 등의 현실 상황에서 종종 회귀 검증은 불가능했으며, 아이스크림콘과 같이 서로 분리된 단위의 테스트만이 수행됩니다.[*]

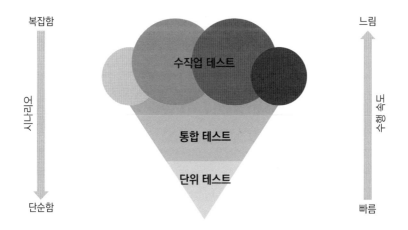

---

[*]   https://www.embarcaderoacademy.com/courses/coderage-2018/lectures/8443170

가능성을 확인하다

'Windows Application UI Test Automation'으로 구글에 검색하면 상단에 스마트베어Smartbear의 테스트 컴플리트Test-Complete와 라노렉스의 라노렉스 스튜디오Ranorex Studio 상용 도구가 검색됩니다. 두 제품 모두 기능의 큰 차이 없이 자동화된 UI 테스트 작성을 제공합니다. 테스트 컴플리트는 시장에서 오랜 기간 검증되고 사용되었던 제품으로 개발 간 자바스크립트, 파이썬, 델파이 스크립트delphi-script, 비주얼 베이직 등의 다양한 스크립트 언어를 사용하고 정교한 확장이 편리합니다. 반면 비개발직군이 테스트를 구성할 때의 편의나 UX는 조금 부족하다고 판단해서 라노렉스 스튜디오를 선택했습니다. 라노렉스 역시 녹화된 테스트 수행 외에, C#으로 그 기능을 확장해 테스트를 확장할 수 있습니다. 비개발직군의 사용성에 더 편리성이 있다고 판단했습니다.

먼저 해당 제품의 실용성과 가능성 실험을 위해 30일 체험판으로 간단한 테스트 데모를 작성하고 구매해도 괜찮을지, 진단한 문제를 극복할 수 있을지 조직과 함께 논의했습니다.

추가 도구 구현 : 모킹 배민 앱의 작성

자동화된 테스트 구현의 중요한 목적은 사용자의 주문 데이터를 사장님께 전달하는 것인데, 주문접수 채널 앱은 스스로 주문을 만들 수 없으므로 테스트가 불가능했습니다. 그래서 배달의민족 앱처럼 주문을 생성할 수 있는 도구를 만들기로 했고 윈도우 환경에서 주문을 만들 수 있는 모킹mocking* 앱을 개발해 UI 테스트에 주문 생성 과정을 포함하기로 했습니다.

작성된 시나리오

1 사전에 테스트에 필요한 가게는 찜한 가게(즐겨찾기)에 등록한다.
2 모킹 앱에서 찜한 가게를 로드한다.
3 배달의민족 앱에서 제공하는 주문 생성의 기능을 수행한다.

시나리오를 구현할 테스트 도구

- 주문접수 앱은 윈도우 8 이상의 환경을 지원하지만 일부 사장님 환경에서 윈도우 XP를 포함하기에 테스트에 이를 포함하기로 했습니다.
- 윈도우는 HTTP 클라이언트 개발을 위한 WinHttpLib(see-MSDN)을 지원합니다. 해당 라이브러리는 윈도우 7부터 사용이 가능하며, 윈도우 XP에서는 몇 가지 제약이 있습니다. 윈도우 XP의 경우 별도 업데이트를 통해 지원이 가능하지만 2021년은 이미 공식적으로 Window XP 업데이트는 지원되지 않습니다.
- 윈도우 XP 환경에서는 Indy Lib(TCP/IP 수준에서 HTTP 클라이언트가 구현된 델파이 컴포넌트) + OPEN SSL을, 윈도우 7 이상 환경에서는 THttpClient(WinHttpLib를 감싸고 있는 델파이 컴포넌트)를 사용하기로 했습니다.

---

* 테스트용 모조 데이터를 만들어서 활용하는 방식

라노렉스 스튜디오와 모킹 앱을 전파하기

UI 테스트 자동화의 도입과 평가는 전문 QA팀 없이는 불가능합니다. 성공적인 안착을 위해 작업의 시작과 진행 상황을 공유하고, 자동화된 UI 테스트 도입으로 확보 가능한 알파(시간, 인력 등의 자원)에 대해 서로의 눈높이를 지속적으로 맞추며 테스트 도구에 대한 피드를 확보했습니다. 그리고 기술부채 청산을 위해 마련된 피트스탑 기간에 이를 전파했습니다. 테스트 도구 완료 후, 전문화된 테스트 케이스 확보 및 활용을 위한 학습 자료를 공유했으며 3일 동안 일일 5시간 온라인 대기로 실시간 피드를 했습니다. 테스트 케이스 작성자는 이를 통해 기술적 이슈를 빠르게 해결하고, 테스트 케이스를 축적했습니다. 자동화된 UI 회귀 테스트를 도입함으로써 QA팀은 기존 기능을 검증할 때 QA 작업자 1인 기준 검증비용을 5시간에서 5분으로 줄일 수 있었습니다. 개발팀도 기 작성된 기능의 자동화된 회귀적 검증 절차를 확보했습니다.

새로운 기능의 검증은 QA 작업자가 직접 테스트 케이스를 작성하고 테스트를 수행하는 기존과 같은 과정으로 수행됩니다.

진행 및 향후 계획

현재까지의 진행을 포함해 향후 진행 계획을 3단계로 구분했습니다.

1단계(완료)

- 배민주문접수의 주문 타입 3개의 반영률 95% 자동화
- 배민주문접수 프로그램의 기본 기능 자동화
- 주문접수 PC 프로그램의 주문 타입(배민배달, 배민포장, 배민매장) 자동화
- 주문접수 PC 프로그램의 전반적인 기본 기능 자동화

2단계(완료)

- 깃을 활용한 테스트 케이스 협업(QA팀, 주문접수채널서비스팀)
- CI/CD에 라노렉스 스튜디오를 연동하기

3단계(완료)

- 테스트 케이스 추가 확보
- 배달/포장/매장, 배민/배민1/배라를 포함하는 테스트 케이스 확보 및 도입

배민주문접수 채널에 UI 테스트 시나리오를 진행하면서 몇 가지 조건이 충족된다면 UI 테스트 자동화도 충분히 효율적일 수 있다는 것을 깨달았습니다.

우선 UI 테스트를 준비하기 전 기존 테스트 항목을 시나리오에 어떻게

분류하고 나눌 것인지 충분한 고민이 필요합니다. 분류하지 않고 원스텝으로 작업을 진행하면 이후 유지보수 차원에서도 더 많은 시간과 비용을 지불해야 할 수도 있습니다.

두 번째로 꾸준한 유지보수가 필요함을 느꼈습니다. 실제로 작성한 시나리오 동작이 실패로 떨어지는 상황이 있었는데요, 이는 주문접수 프로그램이 업데이트되면서 UI상으로는 변경이 없었으나 주문접수 프로그램 내부 요소 변경으로 실패하여 이미 반영된 시나리오가 동작하지 않았던 상황이었습니다. 체계적인 CI/CD 자동화를 통한 지속적인 유지보수가 필요함을 느꼈습니다.

세 번째, 초기 공격적인 UI 테스트 자동화 작업을 진행해야만 안정적으로 자동화가 될 수 있다고 느꼈습니다. 애매한 일정과 인력으로는 오히려 테스트 케이스를 두 벌씩(기능 TC, 자동화 TC 등) 작업하게 되는 결과를 만들 수 있습니다. 그래서 초기 투입 인력이 어느 정도 필요합니다.

마지막으로 당연한 말이지만, 개발자, QA 엔지니어 간 충분한 커뮤니케이션 및 협업이 있어야 한다고 생각합니다. 개발자가 지원할 수 있는 영역, QA 엔지니어로서 지원할 수 있는 영역에서 서로 도움을 받고 구축한다면, 저는 UI 자동화 테스트가 충분히 효율적으로 돌아갈 수 있다고 생각합니다.

6장

시행착오 겪으며 성장하기

🔑01
가정의 달 이벤트가 쏘아올린
배민 선물하기 대란

#VoC   #B2C   #이벤트

 진예령
2021.07.23

저는 우아한형제들 배민 선물하기팀에서 PM으로 일하고 있습니다.

배민 선물하기 서비스는 배민 앱 어디서나 쓸 수 있는 상품권을 고르고, 하고 싶은 말을 예쁜 카드에 담아 친구나 동료들에게 보낼 수 있는 마음 배달 서비스입니다. 스타벅스의 기프트 카드처럼 배민 앱에서 자유롭게 사용할 수 있는 상품권을 카드에 담아 선물할 수 있죠. 2020년 10월에 태어난 신규 서비스인 만큼 인지도가 낮기 때문에, 5월 가정의 달을 선물하기 구매자 수 상승 곡선의 모멘텀으로 활용하고자 야심 찬 계획을 세우게 되었는데요, 이름하여 무상 상품권 프로젝트입니다.

그래서 뭘, 왜, 어떻게 했냐면요

5월 가정의 달에 선물하기 상품권을 받아보고 사용해보는 경험을 제공해드리려고 선물하기 상품권을 무상으로 나눠주기로 결정했어요. 배민

상품권이라고 얼핏 생각하면 타 플랫폼의 기프티콘과 비슷하다고 생각할 텐데, 사용성이나 경험 측면에서 완전히 다르다고 인식시키고 실제로 선물을 받은 사람들이 선물하기를 재구매하는 비율이 높아지는지도 확인해보고 싶었어요.

당시 이벤트 참여자에게 배민 상품권을 지급하기 위한 방법을 크게 두 가지로 고민했습니다.

- **A안** : 이벤트 참여자가 선물하기 상품권을 보내고 싶은 사람의 연락처와 메시지를 입력하면, 배민에서 일괄적으로 대신해서 선물(C2C)
- **B안** : 5월 특정 날에 다른 사람에게 선물하기 상품권을 보냈을 경우, 보낸 사람에게 배민에서 상품권을 선물(B2C)

A안은 서로가 서로에게 선물해주거나 한 사람이 여러 사람에게 선물할 수 있기 때문에 어뷰징 이슈가 있을 거라고 생각이 들었고, 모든 어뷰징 이슈에 대응해서 개발하기에는 벌써 4월 중순이 넘어가고 있었어요. 그래서 최소한의 스펙으로 배민 선물하기를 더 많은 사용자가 사용해볼 수 있는 B안으로 결정했습니다.

회계상으로 사용자가 앱 내에서 상품권을 직접 구매를 하는 것을 '유상'이라고 하고, 회사가 마케팅 목적으로 비용을 들여 지급하는 것을 '무상'이라고 구분하는데요, 그래서 저희는 B2C로 지급되는 무료 상품권에 무상 상품권이라고 이름을 붙였어요.

그렇게 배민 선물하기에서 최초로 B2C 무상 상품권 지급을 계획했습니다. 기존 선물하기 프로세스는 사용자의 구매 단계가 필수였고, 전화번호를 필수로 받았기 구매자의 정보와 전화번호가 필수 정보였죠.

• 사용자 A가 선물하기 상품권 구매 → 사용자 B의 전화번호로 알림톡 전송 → 사용자 B가 상품권 등록 및 사용

하지만 무상 상품권은 구매자가 없고 배민에서 일괄로 지급하는 방식이기 때문에 프로세스가 달라져요.

• 배민에서 선물하기 상품권 지급 → 사용자 C의 회원번호/전화번호로 알림톡 전송 → 사용자 C가 상품권 등록 및 사용

그래서 지급하는 프로세스를 이렇게 구축해야 했습니다.

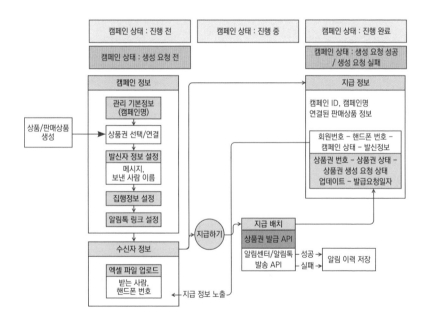

배민에서 특정 수신자에게 일괄로 선물하기 상품권을 지급하기 위해 어떤 상품으로 보낼 것인지 선택하고, 발신자 이름과 알림톡 발송은 어떤 템플릿으로 할지 설정하는 캠페인을 만들고 수신자 정보를 일괄 업로드해서 지급 배치를 통해 무상상품권을 발급하는 프로세스를 구축했어요.

혹시 모를 경우를 대비한 회수 기능과 발송하고 나서 몇 명한테 발송됐는지, 발송 실패는 안 됐는지, 수신은 누가 했고, 그래서 소유는 누가 하는지, 상품권 등록은 잘했는지 등을 알아야 했기에 지급 이력도 함께 확인하도록 했습니다.

여기까지 아주 잘 흘러가고 있어요. 그나마 전화번호가 문제가 됐는데요, 수신자 정보를 전화번호로 발송하면 될 줄 알았는데, 전화번호는 개인정보라서 마케팅팀에서 직접 추출할 수 없었어요. 그래서 배민 앱에서 관리하는 회원번호를 뽑아서 보낼 수 있도록 회원번호로 전화번호를 찾을 수 있는 회원 본인인증 API를 붙였어요. 이 정도 이슈가 이 프로젝트의 가장 큰 이슈라고 생각할 만큼 순조롭게 모든 게 진행되었어요.

사건사고와 해결 과정

이벤트는 성공적이었습니다. 다만 예상보다 참여자가 너무 많았어요. 어린이날, 어버이날 선물하기 상품권으로 5천원권을 드리기로 마케팅 계획을 잡았고, 2020년 연말에 진행한 이벤트 참여율을 기준으로 목표를 세팅했어요. 제공되는 혜택 금액이 동일하기 때문에 참여자 수도 작년과 비슷할 것이라고 예상했죠. 그런데 어린이날 참여자 수가 예상했던 전체 참여자 수의 3배가 되었고, 어버이날 이벤트까지 마무리했을 때는 계획했던 목표보다 4배 많은 이용자가 참여했다는 사실을 알게 되었죠. 예상보다 성공적인 이벤트 소식에 모두 기뻐했습니다. 그 뒤에 무슨 일이 일어날 줄 모르고요.

사건 일지 1 : 구매 시점에 전화번호가 없는 경우가 어떻게 있지?

테스트할 때는 없던 발급 실패 건이 발생했어요. 회원번호를 안다고 전화번호를 알 수 있는 것은 아니었고, 전화번호가 010-0000-0000인 회원들이 속출했습니다. 이런 회원들이 생각보다 많았기에, 전화번호가 없는 회원들은 따로 뽑아서 이벤트 날 구매 시 입력된 전화번호로 무상 상품권을 재발송했어요. 근데 구매 시점에도 전화번호가 없는 경우가 발생했는데 이 경우 도저히 구매자를 찾을 수 있는 방법이 없어, 구매자 본인의 VoC^{Voice of Customer}가 인입될 때 재발송하는 것으로 논의했어요. 이벤트 상품권 지급을 하기 전까지 예상치도 못한 일이었지요.

사건 일지 2 : 몰아치는 VoC

5월 13일. 어린이날 이벤트 참여자를 대상으로 약 30만 명에게 무상 상품권 지급이 끝나니 오후 7시쯤 되었어요. 그리고 서서히 지라 티켓으로 VoC가 인입되기 시작했습니다. 처음에는 VoC 인입 티켓을 지라로 받기 시작하다가 점점 지라 티켓이 쌓이기 시작했고 감당이 안 될 만큼 순식간에 티켓이 너무 많아져서, 상담 시스템의 계정을 직접 받아 상담원과 함께 VoC를 처리하기 시작했어요. 상담 시스템에 배민 선물하기팀의 PM 전원이 상담원으로 들어가 VoC 내용을 확인하고 대응했죠. 그날 당일 하루에 약 400개의 VoC를 처리한 것 같아요. 지금 생각하면 아찔합니다.

빈도 순으로 TOP 3 VoC를 나열하면 이렇습니다.

1 알림톡 방을 실수로 나갔으니, 다시 상품권 URL을 발송해주세요(약 52%).

2 제 친구들은 다 받았는데, 저한테는 상품권이 아직 안 왔어요(약 24%).

3 이미 등록된 상품권이라고 나오는데, 찾을 수 없어요(약 17%).

압도적으로 1번이 가장 많았습니다. 이런 대란이 없었더라면 스팸인줄 알고 알림톡 방을 실수로 나간 사람이 이렇게 많을 거라고 상상도 못했을 거예요. 실제로 지인에게 선물을 받을 때에도 스팸인줄 알고 알림톡 방을 지우는 일이 일어날 수 있을 거라는 생각이 들어서 소름이 돋았어요. 알림톡 방을 지운 분들에게 상품권 등록 URL을 다시 발송하려면 어드민에서 URL을 확인할 수 있어야 했는데, 차마 이런 일이 생길 줄 예상하지 못해 상품권 등록 URL을 어드민에서 확인할 수 있도록 기획하지 못했었어요. 이런 상황을 옆에서 지켜보고 개발자들이 구세주처럼 나타나 어드민에서 URL을 확인하도록 핫픽스를 빠르게 진행했습니다. 또, 사용자가 직접 앱 알림센터를 통해서 URL에 진입하도록 알림센터 작업을 해 알림톡/알림센터로 모두 무상 상품권 등록 URL을 받을 수 있도록 처리했습니다.

2번, 3번 같은 VoC는 손이 많이 가는 종류의 VoC인데, 이 문제를 확인하려면 어드민에서 회원번호를 한 땀 한 땀 입력해서 이벤트 당일 구매내역 확인, 상품권 상태, 등록 여부, 상품권 소유자 회원번호 등을 조회해봐야 했죠. 그래서 VoC 해결에 필요한 항목만 빠르게 확인하기 위해 제플린

Zeppelin에서 쿼리를 작성해 원하는 정보만 추출해보기 시작했어요. 제플린 쿼리를 이용하니깐 훨씬 더 빠르게 사건들을 확인할 수 있었죠.

사건 일지 3 : "나 당첨자 맞다. 이거 소비자 우롱하는 거냐"

보통은 이벤트 대상자가 아닌 사유를 알려드리면 납득하는데, 간혹 소비자를 우롱하는 것 아니냐는 불만을 제기하는 분도 있었어요. 이벤트에 당첨되려면 어린이날, 어버이날 당일에 본인이 아닌 타인에게 선물을 해야 하는데요, 하나의 아이디로 가족과 같이 쓰는 분도 계셨어요. 이런 경우 이벤트날에 가족 휴대폰번호로 선물을 보내고 배민 아이디는 하나로 같이 쓰고 있는 거라, 회원계정이 같을 뿐 당첨자가 맞다고 주장하는 경우도 있습니다. 정말 상상하지도 못한 에지 케이스였습니다.

또 어떤 분은 어린이날이나 어버이날이 아닌 날짜에 선물을 하셨고, 이벤트 배너가 미리 걸려 있어서 해당 날짜가 아닌 날짜에 구매해도 이벤트 대상자에 속하는 줄 알았다고 불만을 표출하셨죠. 이벤트 페이지에 어린이날, 어버이날 구매해야 함을 크게 안내하고 유의사항을 적어 놓았어도 더 확실한 안내가 필요하다는 것을 깨달았습니다.

40만 명에게 쏘아올린 무상 상품권은 일주일 만에 2천 건 이상의 VoC를 양산했습니다. 응대가 늦어지면 컴플레인으로 재인입되었기 때문에 빠른 처리 속도가 중요해 업무를 중단하고 3교대로 주말 없이 응대 작업을 해야 했어요. 이렇게 무상 상품권 대란이 끝나고 안정화까지 한 달이 걸린 것 같아요. 팀 내 PM들이 VoC 응대를 계속 처리할 수 없었기에 상품권 지급 시스템과 상담 시스템을 연동해서 상품권 지급 및 등록 내역을 상담앱에서 확인할 수 있게 하고, 알림톡 방에서 무심코 나가는 일을 해결하고자 당첨자의 선물함에서 바로 상품권을 확인할 수 있도록 자동 등록 기능을 업그레이드했습니다.

이 프로젝트가 끝나고 배운 것을 하나만 꼽자면(물론 VoC 덕분에 얻은 인사이트도 많았지만) '모든 상황을 전부 알고 대처할 수는 없겠지만, 프로젝트를 진행하면서 있을 파급력과 이슈들에 대해 더 깊이 고민해야 한다'입니다. 그랬더라면 상담 시스템을 먼저 붙이거나 다른 방법을 더 고안해낼 수 있었을 것 같아요.

무상 상품권 프로젝트를 통해 처음으로 선물하기팀의 개발자, 마케팅팀과 합을 맞춰보았는데요, 뭔가 전우애가 생긴 것 같은 느낌이 들었습니다. 우여곡절이 많았지만 모두가 함께 프로젝트 성공을 위해 으쌰으쌰 협동한 기억 덕분에 어떤 사고가 생겨도 잘 대처할 수 있다는 마음을 가지게 되었습니다.

🔖02
외부 시스템 장애에 대처하는 우리의 자세

#장애

박주희

2021.12.02

'한 아이를 키우려면 온 마을이 필요하다'라는 아프리카 속담을 들어본 적 있나요? 저는 이 속담이 IT 업계에도 딱 맞는다는 생각을 자주 하게 되는데, 하나의 서비스를 잘 키우기 위해서 수많은 외부 시스템의 도움이 필요하기 때문입니다.

필요한 모든 기능을 직접 개발하고 관리할 수 없기 때문에 각 기능에 맞는 외부 시스템과 연동해서 서비스를 운영합니다. 우아한형제들도 당연히 여러 외부 시스템의 도움을 받고 있습니다. 배달의민족 서비스를 예로 들어보면, 간편 로그인을 위한 소셜 네트워크 서비스, 가게와 라이더의 위치를 보여주는 지도 서비스, 결제 대행 서비스, 주문 상태를 사용자/사장님/라이더에게 알려주는 메시지 서비스 등이 수많은 외부 시스템의 도움을 받고 있습니다.

이런 외부 시스템 연동은 직접 개발하고 운영하는 것에 비해서 비교적 간단한 연동 작업으로 높은 수준의 서비스를 이용할 수 있으며, 비용 측면에서도 직접 구축하고 운영하는 것보다 훨씬 저렴합니다. 하지만 이런 외부 시스템은 우리의 통제 범위 밖에 있는 불안 요소이기도 합니다. 따라서 신중하게 검토하고 도입해야 합니다. 오늘은 우아한형제들이 안정적인 서비스 제공을 위해서 어떻게 외부 시스템을 연동하는지, 어떤 고민을 하는지 공유해보겠습니다.

외부 시스템 장애는 현재진행형

2018년 2월의 어느 한가로운 아침, 출근 전 여유롭게 티타임을 즐기고 있던 시간. 갑자기 메인 DB로 접속이 안 된다는 알람과 문의가 빗발치기 시작했습니다. 마시던 커피를 그대로 두고 얼른 자리로 뛰어가 DB에 접속을 시도하는데, DBA도, SE*도 접속을 할 수 없는 이상한 상황이 발생했습니다. 담당자들은 출근해서 짐도 풀기 전에 IDC로 달려갔고, 남아 있는 사람들은 계속 접속을 시도하면서 초조한 시간을 보내고 있었습니다. 처음에는 우리 장비에 문제가 생긴 게 아닐까 걱정하다가 IDC가 정전됐다는 이야기를 듣고 더 큰 혼란에 빠져버렸습니다. 난생처음 맞닥뜨린 상황에 당황스러워서 이런 일이 자주 있는 건지 주위를 둘러보았는데, 그때 옆에서 한 분이 "이 바닥 15년 넘었지만, IDC 정전은 또 처음이네"라고 조용히 되뇌는 모습에 고개를 끄덕일 수밖에 없었습니다. 다행히 점심시간 전에 서비스가 정상화되어서 사장님들의 점심 장사를 망치지는 않았지

---

*   System Engineer. 네트워크 서버를 설계, 설치, 유지보수하는 직군

만, 그 뒷수습을 하느라 며칠을 신경 쓴 기억이 생생하게 남아 있습니다.

외부 시스템 의존성 조사

외부 시스템 장애로 인한 고통을 조금이라도 덜어보고자, 2020년부터 외부 시스템 의존성 조사를 진행했습니다. 서비스가 커지면서 외부 시스템 이슈로 인한 장애 빈도가 잦아졌고, 그로 인한 영향도 또한 커졌기 때문에 우리가 기대고 있는 서비스들에 대한 가시화가 필요했습니다. 2020년 조사 후에는 여러 시스템에서 이중화 작업과 불필요한 의존 관계를 끊어내는 작업이 진행되었고 그로 인한 시스템 안정성 향상 효과를 얻었습니다. 2021년에는 각 연동 시스템의 모니터링이 잘되고 있는지, 지난해 외부 시스템의 장애 빈도는 어땠는지 등을 확인했습니다.

주로 수집한 정보를 살펴보면 다음과 같습니다.

외부 시스템 정보

- 명칭
- 제공 업체 정보
- 2020년 장애 발생 횟수
- 사용 보편성(국내외에서 얼마나 많은 업체가 해당 서비스를 사용하는지)
- 갱신 주기(인증서 갱신, 데이터 갱신, API key 교체 등이 필요한 서비스의 갱신 주기)

내부 시스템 정보

- 담당 팀
- 유발 장애 등급(내부 장애 등급 분류표를 기준으로, 해당 시스템 장애 시에 발생할 수 있는 최고 장애 등급)
- 알람 채널
- 모니터링 수단
- 로그 정보
- 의존성 약화 또는 제거 방안
- 현재 상태
- 목표 상태

이 조사를 통해서 우리는 리스크를 가시화하고, 전사의 연동 내역을 확인해서 플랫폼화할 수 있는 요소들을 도출해내며, 연동 방법에 대한 지식을 공유합니다. 우리 서비스가 아니라고 모른 척하기엔 우리 서비스에 미치는 영향이 너무 크기 때문에 항상 관심을 기울이고 더 나은 방법을 고민합니다.

외부 시스템 연동 시 주의할 점

외부 시스템 문제로 장애가 발생했어도 고객은 원인을 인지할 수 없기 때문에 우리 서비스에 대한 고객 경험 하락과 함께 부정적인 인식이 생길 수 있습니다. 그렇기 때문에 외부 시스템을 연동할 때는 반드시 그 시스템의 장애가 우리 서비스 장애로 이어지지 않도록 주의를 기울여야 합니다. 조금의 장애도 발생하지 않는 서비스는 없기 때문에 항상 외부 시스템의 장애를 염두에 두고 연동해야 하며, 해당 시스템 장애 시에 우리 서비스의 영향 범위를 최소화할 수 있는 고민이 필요합니다. 외부 시스템 장애를 회피할 수 있는 몇 가지 방법을 살펴보겠습니다.

의존성 제거

처음에 외부 시스템을 연동할 때는 이 연동이 꼭 필요한지 고민해봐야 합니다. 연동된 시스템의 장애로 인해 우리 서비스가 직접적인 영향을 받는다면 필요한 기능이 서비스 안정성에 우선하는지 비교해보고 판단해야 합니다. 연동하고자 하는 외부 시스템의 안정성을 신뢰할 수 있는지, 연동을 통해서 얻고자 하는 목적이 뚜렷한지, 리스크를 감수할 만큼의 가치가 있는지 등을 명확히 하는 것이 중요합니다. 반드시 필요한 기능이 아니거나 대체할 방법이 있다면 의존 관계를 맺지 않는 것이 우리 서비스의 안정성을 높일 수 있는 가장 쉬운 방법입니다. 예를 들어 마케팅을 위해서 외부 시스템과 연동을 해야 한다고 가정했을 때, 그 외부 시스템으로 인해 앱 전체에 장애가 발생할 가능성이 있다면 마케팅을 통한 이득과 앱 장애로 인한 손해를 비교해보고 연동을 결정해야 합니다.

추가로 이미 연동해서 사용 중인 시스템이라고 하더라도 주기적으로 적합성을 살펴보는 관심이 필요합니다. 서비스가 커지고 구조가 변경되면, 외부 시스템을 통한 이득은 변하지 않지만 리스크가 더 커지는 경우가 있고, 필요한 곳이 더 늘어나면서 연동 대상이 변경되거나 내부에서 직접 구현하는 경우도 있습니다. 이런 변화를 눈여겨보고 적절한 시점에 의존성을 제거하는 것이 좋습니다.

벤더 이중화

일반적으로 널리 사용되는 서비스의 경우 여러 업체에서 비슷한 기능을 제공하는 경우가 많습니다. 같은 기능을 제공하는 여러 벤더* 사가 존재하는 때에는 벤더 이중화(혹은 다중화)를 통해서 장애를 회피할 수 있습니다. 결제 대행 서비스, 지도 서비스, 문자 서비스 등이 벤더 이중화에 적합한 경우이며, 일반적으로 필수 기능은 동일하게 제공하기 때문에 이중화를 구현할 수 있습니다. 벤더 이중화를 구현할 때는 자동으로 전환되면 가장 좋지만, 현실적으로 불가능한 경우가 많기 때문에 장애 시간을 최소화하도록 벤더 간의 전환을 간단하게 구성하는 것이 중요합니다. 개발자가 반드시 개입해야 하는 구조보다는 어드민에 전환 기능을 구현해 두고 권한이 있는 다수의 팀원이 조치하도록 구성하는 것이 일반적입니다.

벤더 이중화를 할 때 한 가지 주의할 점은 이런 벤더 전환이 장애 발생 시에만 동작하기 때문에 전환 대상인 벤더 사의 사용 빈도가 극도로 낮다는 점입니다. A가 메인, B가 하위인 경우 B의 사용 빈도는 1년에 몇 차례 되지 않습니다. 어쩌면 한 번도 안 쓸 수도 있습니다. 이 경우, 장애가 발생해서 이중화된 벤더 쪽으로 트래픽을 전환했지만, 해당 벤더의 연동 스

---

*   vender. 사용자에게 하드웨어나 소프트웨어 같은 컴퓨터 시스템 관련 제품을 판매할 때, 그 브랜드에 책임을 지는 제조업체나 판매 회사

펙이 변경되면서 연동이 정상적으로 동작하지 않아 장애가 해소되지 않는 맹점이 발생할 수 있습니다. 그렇기 때문에 이중화를 한 경우라도, 일정 비율을 두고 양쪽 벤더를 모두 사용하도록 연동하는 것을 추천합니다. 9:1 혹은 8:2의 비율로 전환 대상 서비스와도 상시로 트래픽을 주고받아서 연동 상태를 늘 체크하도록 하는 것이 좋습니다.

장애 격리

외부 시스템을 연동하다 보면 이중화를 고려할 만큼 서비스가 크지 않거나, 이중화에 비용이 너무 많이 들거나, 이중화할 수 있는 다른 벤더가 없는 경우 등, 여러 이유로 이중화가 불가능한 외부 시스템도 당연히 있습니다. 이런 때에는 외부 시스템의 장애가 연동과 관련 없는 부분으로 전파되지 않도록 장애를 격리하는 것이 중요합니다. 특정 기능이 일부 동작하지 않거나 기능이 저하되더라도 사용자가 최소 기능을 사용하도록 제공하는 것이 핵심입니다. 예를 들어 특정 프랜차이즈나 배달 대행사 시스템에 장애가 발생하는 때에는 해당 연동 시스템을 사용하는 업소의 주문 처리가 불가능해집니다. 이때 빠르게 대상 업소들을 주문 불가 상태로 변경을 해서 사용자들이 주문 취소나 지연을 경험하지 않도록 하고, 내부적으로는 오류 처리가 늘어나지 않도록 조치합니다.

물론 이런 장애 격리는 이중화되어 있는 서비스에도 적용되는데, 연동 전환 간에 발생하는 찰나의 순간에도 고객의 불편함을 최소화하는 조치입니다. 예를 들어 포장 서비스에서 가게 위치를 표시하는 기능이 있는데, 지도 서비스에 문제가 생겨서 지도를 정상적으로 불러오지 못하는 장애가 발생하더라도 전체 가게 상세페이지로 전파되지 않도록 격리가 필요합니다. 자주 가는 곳이라면 사용자는 지도가 없더라도 가게 위치를 알 수 있기 때문에, 사용자가 사용하고자 하는 기능(주문)이 가능하도록 지도를 제외한 페이지를 보여주거나 지도를 정상적으로 불러올 수 없다는 적절한 오류 메시지를 노출하는 것이 하나의 방법일 수 있습니다.

미작동 감내

의존성 제거, 벤더 이중화, 장애 격리 세 가지 방법으로도 장애 회피가 불가능한 경우가 있을 수 있습니다. 가장 대표적인 예가 AWS, GCP 등과 같은 클라우드 서비스입니다. 이런 때에는 외부 시스템의 장애를 감내해야 하는데, 이때에도 장애 상황을 빠르게 인지하도록 모니터링을 강화하고 해당 서비스 담당 부서에 빠르게 확인할 수 있는 핫라인을 운영하는 등의 추가 조치가 필요합니다.

외부 시스템의 장애를 완벽하게 제거하는 것은 불가능합니다. 하지만 이를 사전에 알고 적절한 조치를 함으로써 그 영향 범위를 줄여나가는 것은 여전히 중요합니다. 외부 시스템을 연동할 때는 충분히 고민해보고, 잘 지켜보고, 빠르게 대응하도록 많은 노력을 기울여야 합니다.

⚲03
우아한 장애 대응

#SRE   #장애대응

 박주희
2021.06.30

  SRE팀에서 가장 중요한 업무 중 하나는 장애 대응입니다. 많은 서비스 회사가 장애에 민감하게 반응합니다. 장애로 인해 금전적 손해가 발생하기 때문이기도 하지만 그보다 더 큰 이유는 장애로 인한 고객 불편이 장기적으로 서비스의 신뢰를 하락시킬 수 있기 때문입니다. 장애는 서비스의 성장, 서비스의 변화 등 다양한 과정 중에서 발생하는 성장통이기 때문에 장애가 발생하는 것을 원천적으로 차단할 방법은 없습니다. 그렇기에 빠르고 적절히 장애에 대응해 신뢰도 하락을 최소화하는 일이 중요합니다. 장애가 발생하더라도 영향 범위를 최소화하고, 빠르게 복구하며, 고객에게 적절한 정보를 제공하고, 같은 불편을 겪지 않도록 조처를 하는 모든 과정이 고객의 신뢰를 지키는 방법입니다.

장애 탐지

  장애는 시스템 알람으로 탐지할 수도 있고, 고객 센터로 인입되는 문의를 통해서도 인지할 수 있습니다.

요즘 우아한 개발

시스템 알람을 통한 탐지

모든 시스템에는 이상 현상을 감지할 수 있는 모니터링 시스템이 구축되어 있습니다. 이상 현상을 탐지하면 즉각 슬랙Slack으로 알람을 발송하죠. 그중에서도 특히 주의를 기울여야 하는 알람은 담당자에게 즉시 연락이 갈 수 있도록 온콜on call도 운영합니다.

우아한형제들은 성격에 맞는 알람 채널을 다양하게 구성해서 운영합니다. 각 시스템 단위의 알람뿐 아니라, 비즈니스 지표를 기준으로 한 알람과 외부 연동 시스템의 이상을 확인할 수 있는 알람 등 다양한 지표를 참고해 서비스 이상 징후를 탐지합니다.

- **시스템 지표** : CPU, Memory, latency, 5xx error count 등
- **비즈니스 지표** : 가게 상세 진입률, 주문 추이 등
- **외부 연동 시스템 지표** : 연동 시스템 주문 전달 실패, 프랜차이즈 시스템 오류 등

고객 센터로 인입되는 문의

대부분 이슈를 시스템 알람을 통해서 인지하고 있지만, 사용 빈도가 극도로 낮은 메뉴에 오류가 발생하거나 사용자 기기 기종 혹은 OS 버전에 따른 제한적인 오류가 발생하는 특수한 때에는 시스템으로 탐지하기 어렵습니다. 이런 오류들은 주로 고객 센터를 통해서 인지합니다. 고객 센터로 인입되는 이슈 중, 시스템 이상으로 판단되거나 고객 센터에서 자체적으로 처리하지 못하는 문제는 서비스 담당자들이 함께 커뮤니케이션하

는 채널로 전달됩니다. 각 팀에서는 고객센터에서 전달된 이슈를 확인하고, 장애로 확인되는 경우 장애 대응을 시작합니다.

몇 년 전까지는 모노리틱 구조*로 인해서 모든 엔지니어가 이 채널의 알람에도 민감하게 반응했지만, 현재는 마이크로서비스 아키텍처에 맞게 문제가 있는 도메인(예를 들어 주문, 리뷰, 결제 등)을 호출하면 각 담당자에게 온콜이 가도록 분리 운영합니다.

장애 공지

개발조직에서는 장애를 감지한 순간, 즉각적으로 장애를 공지합니다.

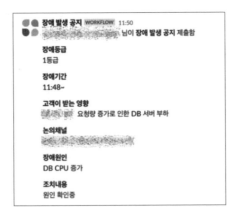

장애 공지는 장애 발생 시간, 영향 범위, 장애 조치 채널, 내부적으로 정의한 장애 등급 등 여러 정보를 포함합니다. 하지만 최초로 장애 공지를 할 때는 확인된 최소의 정보만 가지고 빠르게 공지하도록 권고합니다. 초

---

*   Monolithic Architecture. 하나의 애플리케이션 안에 모든 비즈니스 로직이 다 들어가 있는 구조

　　　　　　　　　　　　　　　　　　　　　　　요즘 우아한 개발

기에 모든 항목을 확인하고 기입할 수 없고, 파악하는 데 최소 몇 분은 걸리기 때문입니다. 완벽한 정보가 아니더라도 일단 빠르게 장애 상황이 발생했다는 경보를 울리면 담당자들이 빠르게 대응을 준비할 수 있으므로 장애 공지는 화재경보기와 같은 역할을 한다고 볼 수 있습니다. 건물에서 화재경보기가 울리면 어디에서 불이 났는지 눈에 보이지 않아도 누군가는 119에 신고를 하고, 누군가는 소화기를 찾고, 누군가는 대피를 준비합니다. 이와 비슷하게 장애 공지가 올라오면 사내에서 누군가는 서버 증설을 준비하고, 누군가는 고객 전파를 준비하고, 누군가는 담당 시스템에 영향이 있는지 확인합니다. 이렇게 울린 경보를 통해서 각 담당자가 각자의 역할을 확인하고 그 내용을 공유하려 장애 조치 채널 (논의 채널)로 몰려 들어옵니다. 개발자, 기획자, 인프라 엔지니어, SRE 조직은 물론이고, 대외 커뮤니케이션 담당자 및 주요 의사결정권자들까지 모두 빠르게 채널에 합류합니다. 장애를 빠르게 해결하는 수단과 방법을 모두 동원할 목적으로 장애 공지를 활용합니다.

장애 전파

장애를 해결하는 것만큼이나 장애 상황과 해결 방안을 잘 전파하는 것도 중요합니다. 배달의민족과 같은 플랫폼 서비스에 장애가 발생하면 다양한 이해관계자가 영향을 받습니다. 이해관계자는 크게 외부 이해관계자와 내부 이해관계자로 나눌 수 있습니다. 외부 이해관계자는 가게를 운영하는 사장님, 배달을 수행하는 라이더, 음식을 주문하는 사용자와 같은 고객뿐만 아니라, POS, 배달대행사, 프랜차이즈, 결제대행사 등 다양한 연동 시스템을 담당하는 업체도 모두 포함합니다. 내부 이해관계자는 장애에 대응하는 개발조직은 물론이고, 고객과의 접점에서 직접 응대하는 CS 조직, 대외 커뮤니케이션 조직, 사업 조직까지 많은 부서를 포괄합니다. 장애가 발생하면 앞서 나열한 모든 이해관계자에게 작든 크든 어떠한 영향을 주게 됩니다.

그렇기 때문에 (모든 장애에 해당하지는 않지만) 일부 대규모 장애의 경우 여러 채널로 문의가 들어오기도 합니다. 사용에 불편함을 느낀 사용자와 장사에 영향을 받는 사장님은 고객센터와 영업부서에 문의하게 되고, 연동된 여러 시스템에서는 각 담당자에게 문의합니다. 이때 정확한 정보가 전달되지 않는다면 여러 담당자가 혼란을 겪게 되고 때로는 외부로 잘못된 정보가 전달될 수도 있습니다. 장애를 대응하는 조직에서는 이러한 혼란을 방지하고 정확한 정보를 전달하고자 많은 노력을 기울이고 있습니다.

장애 전파 방법에서도 많은 고민과 시행착오를 거쳐 프로세스를 수립했는데, 핵심적인 두 가지를 살펴보겠습니다.

첫째, 장애 복구와 장애 전파를 분리 운영합니다. 앞서 이야기했듯이 장애 전파는 장애 복구만큼이나 중요하기 때문에 둘 다 놓칠 수 없지만, 양쪽 모두를 신경 쓰다 보면 하나도 제대로 되지 않을 때가 있습니다. 그래서 장애 대응 시에 반드시 장애 복구와 장애 전파를 같은 사람이 하지 않도록 가이드합니다. 될 수 있으면 담당 팀의 기획자 혹은 조직장이 전파하도록 지정하고, 상황이 여의치 않으면 SRE*팀이 이를 지원하기도 합니다.

---

*   Site Reliability Engineering. IT 운영에 대한 소프트웨어 엔지니어링 접근 방식으로 소프트웨어를 툴로 활용하여 시스템관리, 문제해결, 자동화하는 팀

이러한 조치는 두 가지 이점이 있는데 첫 번째는 엔지니어들이 장애 복구에 집중할 수 있다는 점이고, 두 번째는 유관부서에서는 조금 더 서비스에 초점을 맞춘 내용을 전달받을 수 있다는 점입니다.

장애 복구를 진행하는 엔지니어가 장애 전파도 같이 하면 서비스의 영향도보다는 시스템의 상태를 공유하는 경우가 많습니다. 이 정보는 집중되어 있어서 장애 현상을 전달하기는 쉽지만, 장애 현상으로 인해서 서비스에 어느 정도의 영향이 있는지 고려하기는 힘듭니다. 이 경우 정보 전달은 되었지만, 사용자 친화적인 정보가 아니므로 별도의 해석을 하거나, 거꾸로 다시 질문을 해야 하는 상황이 야기됩니다. 질문이 이어지게 되면 혼란은 가중되고 집중력은 떨어지게 되어 결과적으로 장애 복구 시간이 늘어나기도 합니다.

특정 서버의 스펙을 초과하는 트래픽이 들어와서 스케일 아웃을 해야 하는 경우로 예를 들겠습니다.

- **엔지니어 버전 :** A 서버에 트래픽이 몰려 레이턴시가 높습니다. 스케일 아웃 진행 중이며 10분 정도 소요될 것으로 예상합니다.

- **기획자 버전 :** 사용자가 급증해 A 서비스 이용이 원활하지 않습니다. 전체적인 접속 속도가 늦으며 간헐적으로 페이지 접근이 되지 않을 수 있습니다. 서버 증설을 진행 중이며 10분 후에 정상화될 예정입니다.

다소 극단적인 예라고 생각될 수 있지만, 실제 장애 상황에서 나타나는 패턴입니다. 엔지니어는 빠른 현상 전달에 집중하고, 기획자나 조직장은 서비스 상태 전달에 집중합니다. 이런 정보를 전달받는 입장에서도 둘의 차이는 극명하게 나타납니다. 엔지니어 버전의 경우(물론 엔지니어들은 한 번에 이해하지만), 외부로 커뮤니케이션 해야 하는 유관 부서에서는 어떻게 전달할지 고민하는 시간이 늘어나거나 복구 작업 중인 담당자에게 다시 질문해야 하는 난감한 상황에 처하기도 합니다. 장애 담당 부서에서 전달하는 정보는 여러 내외부 관계자들에게 전달되기 때문에 정보를 전달받는 사람이 이해하기 쉽도록 전달해야 혼란을 줄일 수 있습니다.

이런 이유로 인해서 장애 대응과 장애 전파를 분리하게 되었습니다. 이렇게 조치해서 엔지니어들은 장애 복구에 집중할 수 있는 시간을 확보해 더 정확하고 빠르게 서비스를 복구할 수 있게 되었고, 유관부서에서는 반복되는 질문 없이 각 부서의 역할에 집중해서 빠르게 대외 커뮤니케이션을 비롯한 여러 조치를 진행할 수 있게 되었습니다.

둘째, 고객이 알고 싶어 하는 내용을 전파합니다. 사용자들은 장애 현상이 나에게만 발생하는 것인지 아닌지, 언제 해소되는지, 잘못 결제된 내역이 있다면 그 내역이 언제 취소되는지와 같은 정보를 궁금해 합니다. 사장님들과 라이더님들은 배달하지 못한 음식은 어떻게 하면 되는지, 언제쯤 서비스가 복구되는지, 폐기해야 하는 음식에 대한 보상은 어떻게 받을 수 있는지를 궁금해 합니다.

즉, 현재 상태, 조치 예정 시간, 후속 대응 세 가지가 주요 이슈가 됩니다. 이를 위해서 담당 부서에서 전달해준 내용을 바탕으로 여러 커뮤니케이션 담당자들이 상황과 전달 대상에게 알맞는 공지를 여러 수단을 통해서 제공합니다. 왜 서비스에 문제가 있으며, 언제까지 복구할 예정이고, 후속조치는 어떻게 진행될지 이 3가지 핵심적인 정보를 전달해서 고객의 혼란을 줄이고, 고객센터나 영업부서에 쏟아지는 문의도 줄일 수 있습니

요즘 우아한 개발

다. 앞서 이야기했듯이 장애 발생을 원천적으로 막을 수는 없지만, 고객에게 적절한 정보를 제공함으로써 서비스의 신뢰는 지킬 수 있습니다.

장애 복구

장애 공지 후에 장애 전파와 장애 복구가 동시에 진행됩니다. 장애 복구에서 중요한 것은 서비스 정상화이며, 대부분의 경우 서비스 정상화는 원인 파악보다 우선됩니다. 사용자의 불편을 최소화하는 것이 우선인 겁니다. 일반적으로 많이 사용하는 장애 복구 방법을 살펴보겠습니다.

장비 증설

트래픽이 과도하게 몰리거나 변경된 코드가 시스템에 부하를 주는 경우 가장 먼저 장비를 증설합니다. 클라우드 환경의 가장 큰 장점이 손쉽고 빠르게 장비 증설이 가능하다는 점이기 때문에 이를 십분 활용해 서비스를 안정화합니다. 배달의민족 서비스는 피크 시간의 트래픽이 다른 시간과 비교해 극단적으로 높은 편입니다. 사전에 이를 충분히 고려해서 장비를 운영하고 있지만, 피크 시간에 예상하지 못한 트래픽이 급격하게 증가하면 시스템이 매우 취약해질 수 있습니다. 이때 장비를 증설하면 빠르게 서비스를 안정화할 수 있고, 병목을 일으키는 지점을 찾아서 근본적인 조치를 할 수 있는 시간을 벌 수 있습니다.

롤백

급증한 트래픽이 문제가 아니라면 장애 발생 직전 시점에 변경된 내용이 있는지 확인합니다. 만약 시스템 변경으로 문제가 발생했다면, 즉시 변경 사항을 롤백합니다. 이때 롤백은 코드 롤백뿐만 아니라 인프라 단의 설정과 같은 다른 변경도 모두 포함합니다. 일반적으로 장애 시점 이전 24시간 내의 변경 내역을 전부 확인하는데, 변경 직후에 장애가 발생하는 경우보다는 이슈가 누적되어서 몇 시간 뒤에 장애로 확산되거나 특정 작업(가령 배치 작업)과 충돌이 나는 경우가 많기 때문입니다. 원인이 명확하지 않으면 코드나 설정을 변경하는 것보다 정상 동작하던 상태로 롤백하는 것이 훨씬 안전하므로 롤백을 가장 우선해 고려합니다.

핫픽스

앞서 언급했던 롤백이 가장 빠른 복구 방법이긴 하지만 코드 롤백이 불가능할 경우(예를 들어 DB 스키마 변경)나 문제의 원인이 명확해 롤백보다 핫픽스가 더 빠르다고 판단되는 때에는 문제 부분을 빠르게 수정해서 핫픽스를 진행합니다. 핫픽스를 진행할 때는 원인을 명확하게 알고 100% 확률로 해소되는 핫픽스라고 하더라도 반드시 페어로 확인하고, 베타에서 검증한 후에 진행합니다. 물론, 검증하는 데 시간이 더 걸리지만, 장애 확산이나 부작용을 줄이기 위해서 안전하게 해결하는 것을 최우선으로 합니다.

장비 교체

간혹 특정 장비에 문제가 생기거나 위의 조치들로 해결되지 않을 때는 장비를 교체합니다. 클라우드 환경에서도 장비에 문제가 생기는 경우가 종종 있습니다. 특정 장비에서만 문제가 발생하면 해당 장비만 교체하고, 전체적으로 문제가 발생하면 운영 중인 장비 구성과 같은 세트를 준비한 후에 전체를 교체하기도 합니다. 서비스 중단 시간을 최소화할 목적으로 재기동을 하기보다는 장비를 교체하는 방향으로 진행하고 있으며 DB도 페일오버*를 통해서 장비를 교체합니다. 물론 불가피한 때에는 재기동을 하기도 합니다.

급박한 순간에도 항상 가장 빠르게 복구할 수 있는 방법을 찾기 때문에, 서비스가 정상화된 후 원인 파악을 진행하면 처음 시도한 복구 방법이 잘못되었던 경우도 있습니다. 하지만 그 방법이 틀렸다고 생각하지는 않습니다. 엔지니어들은 항상 서비스 정상화를 위해 할 수 있는 가장 빠른 방법을 선택하고 시행착오를 거쳐 가면서 더 나은 방향으로 나아가고 있다고 믿기 때문입니다.

장애 후속 조치

장애 복구가 완료되고, 서비스가 정상화되면 원인 파악과 재발 방지 대책 수립을 위해서 장애 리뷰를 진행합니다. 장애 대응 조직에서는 장애

---

* failover. 컴퓨터 서버, 시스템, 네트워크 등에서 이상이 생겼을 때 예비 시스템으로 자동전환되는 장개 극복 기능

보고서를 작성하게 되는데, 장애 보고서에는 장애 발생 시각, 탐지 시각, 종료 시각, 장애 탐지 방법, 장애 발생 지점, 장애 복구 방법, 대응 과정 중의 시간별 액션, 장애 원인, 재발 방지 대책 등이 포함됩니다. 이 중에서도 가장 중요한 항목은 장애 원인 분석과 재발 방지 대책 수립입니다.

장애 원인 분석

우리는 장애 원인을 찾는 데 5 whys 기법을 사용합니다. 5 whys는 토요타에서 체계적인 문제 해결에 사용하는 개발한 도구로, 어떠한 문제 상황에 대해 그러한 상황이 발생하게 된 원인을 '왜 그러한 상황이 발생했는가?'라는 질문을 여러 번 반복해나가며 문제의 근본 원인에 도달할 수 있다는 방법론입니다.

우리는 장애 리뷰에 이 방법론을 적용해서 조금 더 근본적인 원인을 찾고자 합니다. 근본 원인에 도달하는 정답이 있는 것은 아니지만 이 방법을 이용해서 많은 인사이트를 얻고 있습니다. 장애 리뷰에 적용하면서 아래 세 가지 포인트를 항상 고려합니다.

- 첫 번째 질문은 항상 장애에 영향을 받은 고객의 관점에서 시작해야 합니다.
- 검증이 가능한, 혹은 검증된 사실에 기반해서 답변을 해야 합니다.
- 5번의 횟수는 상징적인 숫자로 꼭 질문이 5개일 필요는 없고, 더 적거나 더 많아도 됩니다.

재발 방지 대책 수립

근본 원인을 찾았다면 그 문제가 다시 발생하지 않도록 재발 방지 대책을 수립합니다. 이때 재발 방지 대책은 근본 원인을 제거하는 데서 그치지 않고 더 빠른 탐지와 더 빠른 복구에 도움이 되는 모든 조치를 포함합니다. 모니터링 지표 추가, 설정값 변경, 코드 리뷰 절차 개선, 배포 프로세스 수정 등 여러모로 고민하고 조치하며 단기, 중기, 장기적으로 개선할 방안들을 도출합니다. 단기적으로는 부하가 발생하는 로직 개선, 이슈 발생 시 빠른 탐지를 위한 알람 강화와 같은 항목들이 도출되며, 이 작업들은 대부분 하루 이틀 내에 마무리됩니다. 중, 장기적 대책은 아키텍처를 개선하거나 레거시를 제거하는 것과 같은 대규모 작업으로, 필요에 따라 TF를 구성하기도 하고 전사 프로세스 변경이 진행되는 때도 있습니다. 빠르게 개선할 수 없는 경우는 임시방편을 도입하기도 하지만 그 후에 반드시 근본 원인을 해결해야만 잠재적인 위험을 막아낼 수 있습니다.

장애 대응을 하면서 가장 뼈아픈 장애는 재발한 장애라고 생각합니다. 알면서도 막지 못했거나, 조치가 미흡해서 같은 장애가 재발하면, 원인을 모르는 장애보다 더 속상합니다. 그렇기 때문에 가능한 한 많은 사람이 고민해서 재발방지 대책을 마련하고, 적절히 조치하기 위한 액션을 합니다.

장애 리뷰

장애 보고서 작성이 완료되면 장애 보고서 내용을 바탕으로 장애 리뷰를 진행합니다. 내부에서 정해진 장애 등급에 따라, 일부 장애는 팀/실 단위의 리뷰를 진행하고 대규모 장애의 경우 담당 팀, SRE팀뿐만 아니라 각 조직의 조직장과 CTO까지 모두 리뷰에 참여합니다. 바쁘게 일정이 돌아가는 와중에도 이렇게 많은 인원이 모여서 리뷰를 하는 이유는 조금 더 넓은 범위를 살펴보기 위함입니다. 팀/실 단위로 리뷰한 내용 중 추가로 고려해봐야 할 이슈가 있을 수도 있고, 전사로 전파해 주의를 기울여야 하는 경우도 있기 때문입니다.

한 가지 예를 들어보면, 특정 장비에 이슈가 있어서 해당 장비를 종료하고 신규 장비를 투입한 적이 있습니다. 하지만 장비를 종료해버렸기 때문에 해당 장비에 어떤 문제가 있는지 원인 분석을 할 충분한 자료를 확보하지 못했습니다. 장애 리뷰를 진행하면서 이러한 내용을 알게 되었고, 장비 교체 시에 장비를 종료하기보다는 비정상적인 장비만 일시적으로 서비스에서 분리하도록 전사에 공유했습니다.

일련의 리뷰 절차가 완료되면 장애 보고서를 전사 개발조직에도 공유합니다. 장애란 비단 한 조직 혹은 개인의 문제가 아니며 누구든 비슷한 장애를 겪을 수 있습니다. 직접적인 경험을 해보지 못하더라도 동료들이 충분히 경험하고 고민한 내용을 간접적으로 경험할 수 있고, 이를 통해 인사이트를 얻는다면 시스템을 한 단계 더 탄탄하게 만들 수 있습니다.

장애 지표 활용

앞서 언급했듯이 장애 보고서를 통해서 생각보다 많은 항목이 수집되고 있습니다. 장애 보고서에서 장애 발생 시각, 탐지 시각, 종료 시각, 장애 탐지 방법, 장애 발생 지점, 장애 복구 방법, 대응 과정 중의 시간별 액션, 장애 원인, 재발 방지 대책, 장애 등급, 장애 후속 조치 방안과 같은 항목이 수집되고 있으며, 이 데이터를 모아서 업타임^{uptime*}을 높이거나 전체적인 장애 대응 프로세스를 개선하는 데 참고합니다. 장애가 자주 발생하는 지점을 확인해서 우리 시스템의 취약점을 알 수 있게 되고, 장애 유형에 따라 전파 범위를 조절할 수 있으며, 외부 시스템의 장애 빈도나 유형을 파악해서 연동 전략을 고민할 수 있습니다. 장애 발생 시각과 탐지 시각 사이의 간격이 크면 장애 탐지가 빠르게 되고 있지 않다는 뜻이기 때문에 모니터링과 알람을 강화해 더 빠르게 탐지할 방안을 고민할 수도 있습니다. 개별 장애 보고서의 내용도 모두 중요하고 도움이 되지만 모은 데이터를 기반으로 인사이트를 얻어서 개선 방안을 찾아 나가는 것도 중요합니다.

장애는 항상 다루기 어렵고 까다로운 주제입니다. 사실 장애에 대해서 터놓고 이야기하는 것이 쉽지는 않습니다. 장애가 발생한 도메인 담당자의 입장에서는 미안한 마음이 들어, 리뷰를 진행하면서 물어보는 입장에서는 혹시 불편해하지 않을까 고민이 되기 때문입니다.

하지만 우리가 이렇게 터놓고 이야기할 수 있는 것은 장애에 대해 특정 개인이나 팀을 탓하지 않는다는 것을 모두가 알고 있기 때문입니다. 오늘 내가 한 실수는 내일 내 옆자리 동료도 할 수 있는 실수이고, 수백 명의

---

*   가동 시간. 동작 중이면서 사용 가능한 컴퓨터의 시간을 백분율로 나타낸 시스템의 신뢰성의 측정도

개발자가 잠재적인 위험을 안고 있다는 뜻일 수 있습니다. 작은 불씨일 때는 몇 명의 입김으로 불을 끌 수 있지만, 덮거나 숨기면 그 불씨는 더 커져서 산 하나를 홀랑 태워먹을 수도 있습니다. 감추고 숨기기보다는 함께 해결하고 함께 고민하는 것이 장애 대응의 가장 중요한 핵심이며, 그렇게 할 수 있는 조직이 건강한 조직이라고 생각합니다.

사람은 누구나 실수할 수 있기 때문에 같은 실수를 반복하지 않는 것이 중요하고, 실수를 통해서 배우는 것이 중요하며, 내가 한 실수는 다른 사람도 할 수 있기 때문에 실수를 방지하도록 시스템이 막아줄 수 있어야 합니다. 장애는 결코 어느 한 사람, 한 조직의 잘못이 아닙니다.

$\mathbf{04}$
장애와 관련된 엑스트라백업 적용기

#엑스트라백업　　#데이터베이스　　#장애

 이주현

2018.05.18

우아한형제들에서 결제 시스템을 개발하고 있습니다. 입사한 이래로 2년 가까이 일하며 정말 다양한 문제를 마주하고 해결하며 소중한 경험을 쌓고 있습니다. 그중 얼마 전 MariaDB 백업 방식으로 적용한 엑스트라백업에 대해 이야기해보려고 합니다.

결제 데이터베이스를 삭제하다

2016년 12월 27일 오후 3시, 결제 시스템 모듈을 개발하던 중 제 실수로 결제 데이터베이스의 주요 테이블 9개가 삭제되는 사고가 발생했습니다. 모니터링 시스템에 빨간불이 들어오고 각종 장애 알림이 빗발치기 시작했습니다. 식은땀이 흐르고 머릿속이 새하얘지며 아무것도 생각나지 않았습니다.

빨리 복구를 해야겠다는 생각은 가득한데 부끄럽게도 데이터베이스 시스템에 별다른 지식이 없던 저로서는 눈앞이 캄캄해졌죠.

결국 이 장애로 배달의민족 결제가 잠시 중단되었습니다. 그나마 다행인 건 애플리케이션에서 임시 데이터베이스를 바라보도록 수정해 장애 시간이 길지는 않았다는 점입니다. 우선 급한 대로 전체 백업Full Backup 데이터부터 복구하기 시작했습니다.

풀 백업 데이터 복구

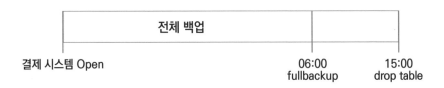

당시 장애 상황을 재현한 데이터로 실제와는 많은 차이가 있을 수 있습니다. 결제 데이터베이스는 매일 새벽 6시 mysqldump를 사용해 전체 데이터를 백업합니다. 테이블별로 데이터를 SQL 형식으로 생성한 뒤 압축한 형태였기 때문에 DROP된 테이블을 쉽게 복구할 수 있습니다. 결제 데이터가 많이 쌓여 있던 상황이라 시간이 조금 걸리기는 했지만 결제 시스템 오픈부터 새벽 6시까지의 데이터는 복구할 수 있습니다.

바이너리 로그로 복구

사실 중요한 점은 새벽 6시~15시까지의 데이터를 어떻게 복구하냐였습니다. 혹시나 MariaDB 서버에서 보았던 바이너리 로그^{binary log}가 도움이 되지 않을까 해서 지푸라기라도 잡는 심정으로 구글링을 해보았습니다. 그 결과는 다행히 '가능하다'였습니다. 바이너리 로그는 데이터 수정과 관련된 모든 정보가 담겨 있는 파일인데 크게 두 가지 중요한 목적이 있다고 합니다.

- 리플리케이션*을 구성하는 데 있어서 서브 서버로 바이너리 로그에 포함되어 있는 이벤트 전송
- 데이터 복구 작업

2진 형식으로 기록된 바이너리 로그를 텍스트 파일로 복구하는 데에는 mysqlbinlog 유틸을 이용합니다. mysqlbinlog에는 다양한 옵션이 있습니다. 그중에서도 --(start|stop)-position, --(start|stop)-datetime은 데이터를 복구할 때 아주 유용합니다. 특정 position이나 시간에 대한 데이터를 뽑아낼 수 있기 때문입니다.

테이블 전반적인 내용이 담겨 있기 때문에 9개 테이블에 대한 필터링 작업이 필요해 restore.log로 저장한 후 수정 작업을 진행했습니다. 이때 주의할 점은 --stop-datetime에 대한 시간을 잘못 지정해 'DROP TABLE...' 쿼리가 다시 실행되면 안 된다는 것입니다.

이렇게 데이터가 모두 복구되었습니다. 부끄럽지만 바이너리 로그의

---

* 둘 이상의 DBMS 시스템을 메인/서브로 나눠서 동일한 데이터를 저장하는 방식

필요성이나 사용법 등을 처음 알게 된 계기가 되었습니다. 위의 이야기는 하루에도 몇 번씩 회자되고 있으며 제가 이 회사를 퇴사하는 순간까지 아니 퇴사 후에도 길이길이 남을 것 같습니다.

그리고 시간이 흘러 빌링 데이터베이스 대규모 개편 작업이 있었습니다. 신규 DB 서버를 구매하고 파티셔닝도 진행하는 큰 규모의 작업이었습니다. 저도 모르는 사이 저희 팀 공식 DBA가 되어 있던 저는 기존 데이터베이스의 데이터를 신규 서버로 이관하는 작업을 맡았습니다. 진행 방식은 위에서 언급한 장애 복구 방법과 비슷했습니다. 테스트도 할 겸 테이블 백업 데이터를 신규 서버에 추가하기 시작했습니다.

```
# gunzip < pay.gz | mysql -u .. billing
```

그런데 퇴근 시간이 지나도 끝날 기미가 보이지 않습니다. 주요 결제 테이블 한 개만 복구하는데도 엄청난 시간이 필요했습니다. 그동안 배달의민족 주문 수가 급증하며 데이터가 많이 축적되었고 더는 mysqldump를 통한 백업, 복구를 할 수 없다고 판단했습니다. 비슷한 장애가 발생했을 때 몇십 시간씩 데이터 복구에 시간을 낭비할 수는 없기 때문입니다. 그래서 이번 기회에 새로운 백업 방식을 알아보았습니다.

엑스트라백업

엑스트라백업XtraBackup은 퍼코나Percona가 개발한 백업 도구입니다. mysqldump가 테이블 생성, 데이터 쿼리에 대한 SQL 생성문을 갖는 논리적 백업이라면, 엑스트라백업은 엔진 데이터를 그대로 복사하는 물리적 백업 방식입니다.

MySQL 엔터프라이즈 라이선스에 포함된 백업 도구의 기능을 모두 제공할 뿐만 아니라 더 유용한 기능들도 제공합니다. 엑스트라백업의 백업 방식은 크게 전체 백업, 증분 백업, 개별(db, table) 백업, 압축^{qpress} 백업, Encrypted 백업이 있습니다. 또한 스트림^{stream}을 지원하기 때문에 파이프 (|)명령을 사용해 다른 프로그램의 표준 입력으로 리디렉션할 수 있습니다. 여기에서는 전체 백업 + 스트림을 이용한 백업과 복구 방법을 공유해보려고 합니다.

xtrabackup vs innobackupex

엑스트라백업은 xtrabackup, innobackupex 두 가지 유틸을 지원합니다. 백업을 해준다는 점에서는 같지만 각각 기능과 사용할 수 있는 옵션값에 차이점이 있습니다.

- 2.2 버전까지 innobackupex는 xtrabackup의 기능을 Perl로 래핑^{wrapping}*한 스크립트였으나 2.3 버전부터는 xtrabackup의 symlink로 변경되었으며 현재는 디프리케이트 상태입니다(호출된 명령어를 기반으로 동작 방식이 결정됩니다).
- 2.2 버전까지 xtrabackup은 MyISAM을 지원하지 않았지만 지금은 innobackupex와 같은 기능을 제공합니다.

---

* 기업이 자체적으로 개발한 모바일 앱에 보안정책을 적용하는 과정

엑스트라백업에서 innobackupex는 버전 업데이트 이후 삭제된다고 했으나 아직까지도 유지되고 있습니다. 관련 도서나 커뮤니티에서 대부분 innobackupex 기준으로 설명하며 다양한 편의 기능이 포함되어 있기 때문에 innobackupex를 사용해 설명드리겠습니다.

전체 백업

빌링 데이터베이스는 장애 시 복구 과정을 단순하게 하기 위해 증분 백업을 사용하지 않고 전체 백업을 합니다. 말 그대로 운영중인 데이터베이스를 통째로 복사합니다. 백업하는 동안에 table lock을 없애려면 --no-lock 옵션을 추가해야 합니다. 하지만 InnoDB table이 아닌 상황에서는 때에 따라서 일관성 없는 백업 결과가 나올 수 있으므로 사전에 확인이 필요합니다.

엑스트라백업은 qpress를 이용한 compress 백업을 지원합니다. 하지만 압축 효율성과 속도에 아쉬움이 있다면 stream + pigz를 사용할 수 있습니다.

```
$ yum install pigz

$ innobackupex --defaults-file=/etc/my.cnf
--no-lock
--user=$
--password=$
--stream=tar $ | pigz -p $ $/$
```

엑스트라백업은 qpresstar를 해제할 때는 -i 옵션을 추가해야 합니다(예 : $ tar -xizf backup.tar.gz).

복원 준비

백업이 특정 시점에 완벽하게 이루어지면 좋겠지만 데이터 크기와 서버의 성능에 따라 백업하는 시간도 수십 분에서 수 시간 걸릴 수 있습니다. 이때 INSERT, UPDATE, DELETE 쿼리가 유입된다면 백업된 데이터와 일관성이 없어지게 됩니다.

복원 준비 단계는 백업 중 수행된 트랜잭션 로그 파일(xtrabackup_logfile)을 적용해 데이터를 일관성 있게 만들어줍니다. 준비 단계는 백업한 뒤 즉시 실행할 필요가 없습니다. 데이터 복구 전 실행해도 됩니다.

```
$ innobackupex --defaults-file=/etc/my.cnf
--apply-log /home/backup/xtrabackup/2018-05-22_06-00-01/
```

복원

복원 원리는 간단합니다. 준비된 백업 파일을 MariaDB의 파일 경로로 옮겨주면 끝입니다. 이와 관련된 옵션을 innobackupex에서 지원해줍니다. 그 전에 MySQL 서비스를 종료하고 해당 경로에 내용이 남아 있다면, 다른 폴더에 백업을 한 뒤 비워줘야 합니다.

```
$ service mysql stop
```

```
$ /bin/cp -r /var/lib/mysql/* /path/to/backup

$ innobackupex --defaults-file=/etc/my.cnf
--copy-back /home/backup/xtrabackup/2018-05-28_13-59-23/

$ ls -la /var/lib/mysql
합계 xxxxxx
drwxr-x---  2 root  root      4096  2018-05-22 15:22 billing
-rw-r-----  1 root  root      2016  2018-05-22 15:22 ib_buffer_pool
-rw-r-----  1 root  root  79691776  2018-05-22 15:22 ibdata1
drwxr-x---  2 root  root      4096  2018-05-22 15:22 mysql
drwxr-x---  2 root  root      4096  2018-05-22 15:22 performance_schema
drwxr-x---  2 root  root      4096  2018-05-22 15:22 test
-rw-r-----  1 root  root       464  2018-05-22 15:22 xtrabackup_info
```

위와 같이 --copy-back 명령어를 사용하면 백업된 내용을 원본 경로
(/var/lib/mysql)로 이동시켜줍니다. 추가적으로 데이터 파일의 권한을
MariaDB 서비스 계정으로 수정해야 할 수 있습니다.

```
$ chown -R mysql:mysql *
$ chmod ...
$ service mysql start
```

포인트-인-타임 복원

지난번과 같이 오후 3시에 관리자가 실수로 데이터베이스를 삭제했고
새벽 6시에 진행한 전체 백업 덕분에 데이터를 어느 정도 복구했다고 가
정합니다. 이제 우리는 새벽 6시~오후 3시 데이터를 바이너리 로그를 활

용해 복구해야 합니다.

```
$ cd /path/to/backup/binarylog
$ ls -la
-rw-rw---- 1 mysql mysql 1.1G 2018-05-19 11:42 mysql-bin.000001
-rw-rw---- 1 mysql mysql 1.1G 2018-05-20 12:12 mysql-bin.000002
-rw-rw---- 1 mysql mysql 1.1G 2018-05-21 10:53 mysql-bin.000003
-rw-rw---- 1 mysql mysql 1.1G 2018-05-22 10:59 mysql-bin.000004
```

그런데 바이너리 로그 파일은 어떤 걸 사용해야 하고 백업을 종료 지점
은 어떻게 알아낼 수 있을까요? 바로 전체 백업 후 데이터를 준비하는 과
정(--apply-log)에서 생성되는 xtrabackup_binlog_info 파일을 활용하면
됩니다. 해당 파일에는 백업에 사용된 바이너리 로그와 position 값이 적
혀 있습니다.

```
$ cat /home/backup/xtrabackup/2018-05-22_06-00-01/xtrabackup_binlog_
info/var/log/mysql/binary/mysql-bin.000004  551
```

mysql-bin.000004 파일의 551 position에서 오후 3시까지의 데이터를
복구하면 됩니다. 이 정보는 데이터 복구뿐만 아니라 서브 서버를 추가적
으로 구성하는 데도 유용하겠죠.

위에서 말씀드렸지만 테이블이 정확히 삭제된 시간을 알아내는 건 중
요합니다. 그렇지 않으면 같은 내용의 삭제됐던 쿼리가 다시 실행될 수
있습니다. 반드시 mysqlbinlog 결괏값을 새로운 파일로 리다이렉션하고
데이터를 확인하기 바랍니다.

```
$ mysqlbinlog /path/to/backup/mysql-bin.000003info
```

```
--start-position=551
--stop-datetime="2018-05-22 15:00:08" ¦ mysql -u root.. 생략
```

이렇게 복원이 모두 완료되었습니다.

mysqldump vs 엑스트라백업

데이터 크기가 크지 않다면 mysqldump를 사용하는 게 간단하며 복원 시에도 신경 써야 할 포인트가 적습니다. 하지만 데이터 크기가 수십~수백 GB에 이르면 이야기가 달라집니다. 실제 결제 데이터베이스에 적용한 결과 다음과 같은 차이를 얻어낼 수 있습니다.

데이터베이스의 서비스, 관리용 계정 분리하기, 쿼리 날리기 전 한 번 더 확인하기, rm -rf 막기 등 장애를 관리할 수 있는 포인트는 많이 있습니다. 아직까지도 전체 백업이나 바이너리 로그가 존재하지 않았으면 어떻게 됐을지 상상이 안 됩니다.

이 글을 보시는 다른 개발자들도 장애 시 전체 복구 포인트가 존재하는지 점검하는 계기가 되었으면 좋겠습니다. 회사가 빠르게 성장합니다. 데이터가 급격하게 늘어나니 개발에서도 고민하고 해결할 부분들이 많이 생긴다는 사실을 잊지 말아주세요.

요즘 우아한 개발

🔑 05
사례별로 알아본 안전한 S3 사용 가이드

#AWS보안   #S3   #보안사고

 이주호
2021.11.09

저는 우아한형제들 인프라보안팀에서 근무합니다. AWS 운영 환경에서 데이터 저장소로 많이 활용하는 AWS S3^{Simple Storage Service} 대해 이야기해보겠습니다. S3는 간단하게 사용할 수 있는 저장소이며 서비스 구성에 다양하게 사용됩니다. 하지만 사용이 쉬운 만큼 보안 관점에서는 고민해야 할 점이 많습니다.

특히 데이터를 보관하는 서비스의 특성상 보안을 충분히 고려해 설정해야 하지만 안전하게 사용하는 설정은 무엇인지, 무엇을 고려해야 하는지, 모범 사례는 무엇인지 사례별 가이드를 찾아보기 어렵습니다. 여기서는 S3를 왜 안전하게 사용해야 하는지 이해하고 몇 가지 사례를 예시로 들어 더욱 안전한 설정과 사용 가이드를 제시해 클라우드 관련 개발 및 보안 엔지니어에게 도움이 되고자 합니다.

S3의 보안 가이드가 어려운 이유

S3는 사용 방법이 쉬우면서도 세부 설정들은 복잡하므로 특별한 기준

없이 사용하도록 방치하다 보면 나중에 많은 어려움을 겪을 수 있습니다. 특히 S3는 보안 사고로 이어지는 경우가 많은데, 대부분 잘못된 설정에 의한 사고입니다. 그리고 S3의 침해 사고는 보안 담당자 입장에서 로그를 자세히 분석하지 않는 이상 탐지하기도 어렵습니다. 이러한 위험을 예방하기 위해 가이드를 만들고 적절하게 따르고 있는지 모니터링할 필요가 있습니다.

하지만 S3 가이드를 만들고 정책을 수립하기는 어렵습니다. 실제 사용 사례를 들여다보면 개발 등 다양한 목적으로 S3를 사용하는 게 현실이고, 잠재적인 위협이 되는 S3를 식별해내기까지는 많은 고민과 경험이 필요하기 때문입니다. 예를 들어 S3 보안 가이드에서 S3의 퍼블릭^{Public} 공개 설정은 취약하다 말합니다. 이를 이유로 무작정 IAM user*의 S3의 퍼블릭 공개 설정 권한을 제거하거나, 퍼블릭 액세스 차단 설정 정보 기능을 이용해 퍼블릭 공개 상태로 운영 중인 S3 버킷을 퍼블릭 비공개^{Private} 제한으로 변경하면 또 다른 사고로 이어질 수 있습니다.

보안 편향적 사고 주의하기

정보 보호 관련 부서의 가장 큰 목표는 보안 침해 사고가 발생하지 않는 것이고 이를 위해 모든 역량을 집중하는 게 맞으나, 항상 위험만을 동기로 한 보안 편향적 사고에 빠지지 않도록 노력해야 합니다. 어렵겠지만 사용성까지 고려한 이해하기 쉽고 안전한 방법을 적절히 제시할 수 있다

---

* IAM의 권한 관리자. IAM은 Identity and Access Management의 약자로 AWS의 리소스에 개별적으로 접근 제어와 권한을 가지도록 계정 또는 그룹을 생성, 관리하는 정책을 뜻한다.

면 구성원의 보안 준수 행동에 긍정적인 영향을 줄 수 있습니다. 보안팀에서 먼저 모범 사례에 대한 고민과 사용자 입장을 염두에 두며 보안 업무를 수행한다면, 다양한 직무의 구성원이 자연스럽게 '보안이 반드시 불편한 것은 아니구나' 하며 보안을 준수하려 노력하는 문화를 형성할 수 있을 겁니다.

S3 사용 사례별 보안 가이드

S3는 데이터 저장이라는 기술을 기반으로 한 서비스이지만 단순 데이터 저장 외에도 다양한 목적으로 사용할 수 있습니다. 가장 대표적인 예는 정적static인 웹 호스팅web hosting 기능입니다. 이 기능은 서버측 동적 처리가 불필요한, 간단한 정적 웹페이지로만 구성된 웹을 쉽게 구성해 호스팅할 수 있는 기능입니다. 이 사례에서도 물론 보안을 위해 챙겨야 하는 부분들이 있습니다. 여기서는 정적 웹 호스팅 버킷, 정적 리소스 파일 서빙용 버킷, 원격 파일 저장용 버킷, 민감한 정보 저장용 버킷 네 가지 사례를 살펴보고, S3 사용 목적별로 챙겨야 하는 보안 설정을 정리하고자 합니다.

정적 웹 호스팅 버킷

S3의 정적 웹 호스팅 기능을 활성화하면 S3 버킷의 웹사이트 엔드포인트 주소를 할당받게 됩니다. 이후 버킷의 모든 퍼블릭Public 액세스 차단을 비활성화한 다음 버킷 정책에서 모든 접속을 허용하도록 아래 정책을 설

정하면 웹 호스팅처럼 이용할 수 있습니다.

• any access 버킷 정책 예시 •

```
{
    "Version": "2012-10-17",
    "Statement": [
        {
            "Sid": "PublicReadGetObject",
            "Effect": "Allow",
            "Principal": "*",
            "Action": "s3:GetObject",
            "Resource": "arn:aws:s3:::{BucketName}/*"
        }
    ]
}
```

하지만 이렇게 S3 버킷만으로 정적 웹을 호스팅해 서비스하기에는 다음과 같이 몇 가지 문제가 있습니다.

- HTTPS가 아닌 HTTP 통신을 해야 한다는 점
- 버킷이 퍼블릭 공개라는 점
- AWS S3의 엔드포인트 주소를 그대로 사용해야 한다는 점

정확히는 위 잠재적 위험성을 제거할 목적으로 추가 설정이 필요하다고 이해하면 좋습니다. 그럼 문제들을 해결하기 위해 어떤 설정들을 해야 하는지 알아보겠습니다.

정적 웹 호스팅을 구성하는 데 있어 이 문제들을 해결하기 위해 S3 버킷에 연결할 **AWS 클라우드 프론트**Cloudfront **서비스가 필요합니다.** 클라우드 프론트는 AWS 글로벌 에지 서버를 통해 CDNContent Delivery Network* 역할을 하는 AWS 서비스입니다. 정적 웹 호스팅으로 만든 S3 버킷(test-ljh.beta.baemin.com) 과 클라우드 프론트를 연결한 후, OAIOrigin Access Identity** 설정으로 연결한 클라우드 프론트를 통해서만 접근 가능하도록 합니다.

• OAI 개념도 •

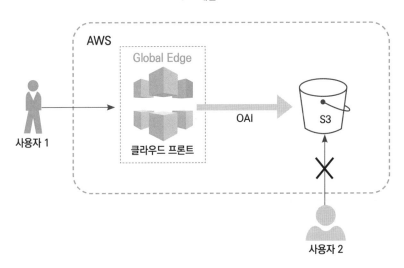

업데이트된 S3 버킷의 버킷 정책을 확인해보면 배포한 클라우드 프론트의 OAI 설정값이 업데이트되었습니다.

---

* 콘텐츠를 효율적으로 전달하기 위해 여러 노드를 가진 네트워크에 데이터를 저장하여 제공하는 시스템

** 클라우드 프론트가 S3에 저장된 보안 객체에 액세스할 수 있도록 하는 특별한 식별자

• OAI 설정 후 S3 엔드포인트 주소 접근 테스트 결과 - 403 Forbidden •

```
→ / curl -i https://s3.ap-northeast-2.amazonaws.com/test-ljh.beta.baemin.com/index.html
HTTP/1.1 403 Forbidden
x-amz-request-id: HE9TX78V3V8HH24M
x-amz-id-2: eiMSumMeiizjkJ6/6LA79Cr4HupuXEcehM09w01jP7/LUHq8Lrosj9xrgOq+4Kg/GSDJmgKUrr0=
Content-Type: application/xml
Transfer-Encoding: chunked
Date: Thu, 14 Oct 2021 10:57:05 GMT
Server: AmazonS3

<?xml version="1.0" encoding="UTF-8"?>
<Error><Code>AccessDenied</Code><Message>Access Denied</Message><RequestId>HE9TX78V3V8HH24M</Re
09w01jP7/LUHq8Lrosj9xrgOq+4Kg/GSDJmgKUrr0=</HostId></Error>
```

테스트 결과 클라우드 프론트 배포와 함께 S3 버킷 정책에 OAI 설정 시 S3의 엔드포인트 주소로는 접근할 수 없는 것을 확인할 수 있습니다.

하지만 클라우드 프론트의 엔드포인트 주소는 가독성 등의 문제로 서비스에 사용하기 적절하지 않습니다. **따라서 도메인을 연결하기 위해 라우트53**^{Route53}**에서 test-ljh.beta.baemin.com in CNAME 레코드*를 지정합니다.** 라우트53 설정 이후 클라우드 프론트에서도 CNAME 설정과 ACM^{AWS Certificate Manager}**을 이용해 발급한 beta.baemin.com의 SSL 인증서를 적용합니다.

클라우드 프론트를 S3에 연결함과 동시에 여러 설정으로 위에서 제시한 문제를 해결했습니다.

• HTTPS가 아닌 HTTP 통신을 해야 한다는 점

 - 클라우드 프론트에 ACM(인증서)을 적용해 해결

• 버킷이 퍼블릭 공개라는 점

---

*   도메인을 다른 이름으로 매핑시키는 도메인 네임 시스템의 리소스 레코드 유형

**   AWS 서비스 및 연결된 내부 리소스에 사용할 공인 및 사설 SSL/TLS 인증서 발급 서비스

- 클라우드 프론트를 S3에 연결해 S3는 클라우드 프론트 뒤에 숨기고 클라우드 프론트를 통해서만 접근이 가능하도록 설정해 해결
- AWS S3의 엔드포인트 주소를 그대로 이용해야 한다는 점
  - 클라우드 프론트의 엔드포인트 주소를 라우트 53과 연결해 적절한 서비스 도메인 주소 값을 할당해 해결

정적 웹 호스팅 서비스가 특정 대상에게만 제공할 서비스라면 IP 제어가 필요합니다. 물론 S3 버킷 정책에서도 직접 IP 제어가 가능합니다.

IP 기반의 접근 통제를 S3 버킷 정책에서 관리하면 S3 버킷 정책 수정 권한PutBucketPolicy이 있는 IAM User는 모두 버킷 정책을 수정할 수 있으므로 정책이 수정되는 것을 방지할 수 없게 됩니다. 그렇다고 수정 권한을 IAM user에게서 제거하면 S3 관련 업무 효율성을 떨어뜨릴 수 있습니다. 수정 시도를 감시하기 위해 Cloudwatch 혹은 Cloudtrail 로그를 이용해 모니터링할 수는 있으나 수정 이벤트가 발생할 때마다 변경된 버킷 정책을 보안 담당자가 직접 확인하고 대응해야 해 비효율적입니다.

제가 제안하는 방법은 AWS WAF* 서비스를 이용해 IP 기반의 접근 통제 정책을 관리하는 겁니다. 일반적으로 AWS WAF는 보안팀에서 관리하므로 임의로 변경되는 것을 모니터링하기 위한 리소스를 아낄 수 있고, 일관된 허용 리스트allow list IP 관리가 가능합니다. 그리고 허용 리스트 IP는 등록한 후에는 변경되는 일이 많지 않으므로 보안팀에서 관리한다고 하더라도 크게 비효율적이지도 않습니다.

---

* 웹의 비정상 트래픽을 탐지하고 차단하기 위한 웹 애플리케이션 방화벽

AWS WAF는 클라우드 프론트에 연결할 수 있습니다. 앞서 클라우드 프론트를 버킷에 연결해두었으니 해당 클라우드 프론트에 WAF를 연결하고 IP Set을 만들어 특정 IP에서만 접속하도록 제어하겠습니다.

먼저 허용할 IP를 정한 뒤 IP Set(Woowa-UD-Rule-Allow-OFFICE-IP)으로 규칙을 생성해줍니다.

• AWS WAF 특정 IP 허용 룰 예시
– 123.123.123.123/32 IP 외에는 AWS WAF를 통과할 수 없음 •

```json
{
  "Name": "Only-Access-Office",
  "Priority": 0,
  "Action": {
    "Block": {}
  },
  "VisibilityConfig": {
    "SampledRequestsEnabled": true,
    "CloudWatchMetricsEnabled": true,
    "MetricName": "Only-Access-Office"
  },
  "Statement": {
    "NotStatement": {
      "Statement": {
        "IPSetReferenceStatement": {
          "ARN": "arn:aws:wafv2:us-east-1:888888888888:global/ipset/Woowa-UD-
            Rule-Allow-OFFICE-IP/88daaddb-8888-8888-8888-888888888888"
            ...
```

생성 완료 후 AWS WAF 〉 Web ACLs 〉 Create web ACL에서 S3와 연결된 클라우드 프론트를 선택하고 Rule builder에서 규칙을 적용해 룰을 만들 수 있습니다. 위 예시처럼 룰(JSON)을 만들어 Woowa-UD-Rule-Allow-OFFICE-IP 규칙에 속한 IP(123.123.123.123/32)가 아니면 모든 트래픽이 차단되도록 설정할 수 있습니다.

• 안전한 S3 정적 웹 호스팅을 위한 보안 구성도 •

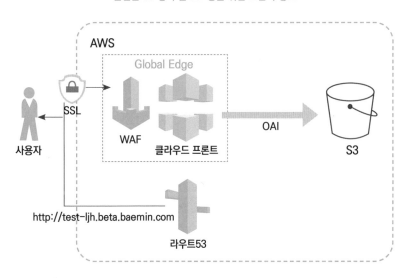

지금까지 설명한 보안 설정을 모두 적용한 S3 정적 웹 호스팅 구성도는 앞의 그림과 같습니다.

정적 리소스 파일 서빙용 버킷

이번 사례는 S3 버킷을 정적 리소스 데이터인 CSS, JS, JPG 등을 서빙하는 웹 리소스 저장소로 사용하는 경우입니다. 이 경우에는 정적 웹 사이트로 만들지 않고 S3 버킷을 퍼블릭 공개로 설정한 상태에서 정적 데이터

파일을 담아 서빙합니다. 이때, 버킷 정책은 GetObject 권한을 any access
로 허용한 상태로 사용하게 됩니다.

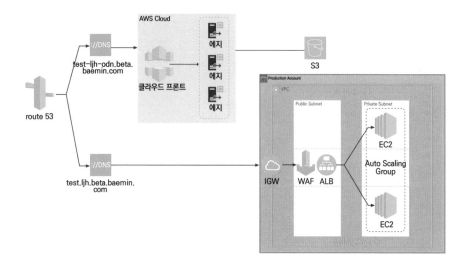

• 동적 서비스 리소스와 정적 리소스 도메인 분리 구성 •

간략하게 정적 리소스 파일 서빙용 버킷 구성 사례를 그림으로 표현했
습니다. 이 구성은 마이크로서비스 아키텍처 방식을 지향합니다. 예를
들어 test-ljh.beta.baemin.com(동적 서비스 리소스)와 test-ljh-cdn.beta.
baemin.com(정적 리소스를 서빙하는 대상)을 구분하면 사용자가 바라보
는 서비스 리소스 간의 의존성 감소, EC2 리소스 낭비 방지, 불필요한 로
그 수집 방지, 비용 감소 등 여러 이점을 얻을 수 있습니다. 물론 도메인
을 분리하지 않고 test-ljh.beta.baemin.com/cdn/*은 정적 리소스 S3를 바
라보게 하는 방식으로 구성하고 test-ljh.beta.baemin.com/api/*은 동적
리소스 대상 서버(EC2)를 바라보게 하는 방식으로 클라우드 프론트 단에

서 구분할 수도 있습니다.

하지만 클라우드 프론트에 AWS WAF를 연결하거나 클라우드 프론트에 Shield Advanced*를 적용할 경우까지 고려한다면 정적 리소스를 요청하는 건도 WAF, Shield Advanced 사용 비용에 포함될 수 있습니다. 따라서 정적 리소스를 서빙하는 S3는 WAF(웹 해킹), Shield Advanced(DDoS) 보호 대상이 아니므로 클라우드 프론트 단에서 트래픽을 분리하는 것이 아니라 도메인으로 분리해 실제 보호할 서버와 정적 리소스로 흘러가는 트래픽을 분리하는 것이 여러모로 유리하다고 생각합니다.

정적 리소스 파일 서빙용 버킷 사례에서 발생하는 보안 문제는 앞서 정적 웹 호스팅 버킷 사례에서 다룬 보안 문제와 크게 다르지 않습니다.

- HTTPS가 아닌 HTTP 통신을 해야 한다는 점
- 버킷이 퍼블릭 공개라는 점
- AWS S3의 엔드포인트 주소를 그대로 사용해야 한다는 점

그러므로 정적 웹 호스팅 버킷 사례에서 보안 문제를 해결하기 위해 조치한 것처럼 HTTPS 사용, SSL 인증서 적용, 서비스 도메인 연결, OAI 설정을 진행하여 보안 문제를 해결하면 됩니다.

---

*   AWS에서 실행되는 애플리케이션을 보호하는 관리형 DDoS 보호 서비스

원격 파일 저장용 버킷

원격지에서 S3로 파일을 업로드하거나 공유 목적으로 읽기를 허용해야 하는 경우 허용 IP를 제어하는 것이 가장 좋지만, 간혹 불가능한 상황도 있습니다. 가령 "우리는 고객 PC에 설치된 프로그램을 통해 발생하는 로그 파일을 PUT하고 있어요"라는 예시 상황을 가정해보겠습니다.

만약 대상을 지정할 수 있다면 AWS WAF로 IP로 대상을 제어하는 것이 좋지만, 예시 상황에서는 버킷이 불특정 다수에게 열려야 하므로 위 방법처럼 IP 제어가 불가능하고 버킷명을 공유하기에는 누구나 S3에 접근할 수 있는 위험을 갖게 됩니다. 이때 완벽한 보안 방법은 아니지만, 차선책으로 사전에 약속된 웹 헤더 문자열 값을 검사하도록 해 그 헤더에 문자열이 없는 경우는 비정상 접근으로 판단하고 차단하는 방법을 사용할 수 있습니다.

• 버킷 정책 Referer 제어 예시 – Referer :
https://CheckValue 값을 포함하지 않으면 접근 불가 •

```
{
    "Version": "2012-10-17",
    "Id": "Policy1574678695789",
    "Statement": [
        {
            "Sid": "Stmt1574678689238",
            "Effect": "Allow",
            "Principal": "*",
            "Action": "s3:GetObject",
            "Resource": "arn:aws:s3:::BucketName/*",
```

요즘 우아한 개발

```
        "Condition": {
            "StringLike": {
                "aws:Referer": "https://CheckValue"
                ...
```

위 예시처럼 버킷 정책에서 Condition 값을 이용해 지정한 웹 헤더
(Referer)의 문자열 검사를 할 수 있습니다. 하지만 문자열 검사 및 차단하
는 역할은 AWS WAF에서 진행하는 것이 좋습니다.

이번 예시도 AWS WAF를 사용하기 위해 클라우드 프론트를 이용하여
웹 헤더의 문자열을 검사하는 규칙을 생성하면 됩니다.

• AWS WAF 헤더 검사 룰 예시 – check : woowa-check
값을 포함하지 않으면 AWS WAF를 통과할 수 없음 •

```
{
  "Name": "woowa-ud-rule-referer-check",
  "Priority": 0,
  "Action": {
    "Block": {}
  },
  "VisibilityConfig": {
    "SampledRequestsEnabled": true,
    "CloudWatchMetricsEnabled": true,
    "MetricName": "woowa-ud-rule-referer-check"
  },
  "Statement": {
    "NotStatement": {
      "Statement": {
        "ByteMatchStatement": {
          "FieldToMatch": {
```

```
      "SingleHeader": {
         "Name": "check"
       }
    },
    "PositionalConstraint": "CONTAINS",
    "SearchString": "woowa-check",
    "TextTransformations": [
       {
          "Type": "NONE",
          "Priority": 0
       }
       ...
      ...
     ...
```

• WAF를 이용한 특정 헤더의 문자열 검사 구성도 •

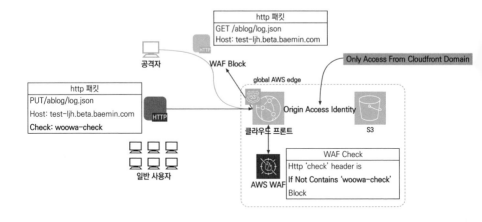

정상 사용자(Normal user, 고객)의 PC에서는 구현된 대로 PC 프로그램
에서 원격 저장소(S3)에 파일을 PUT할 때 약속된 문자열을 추가한 HTTP

요즘 우아한 개발

패킷을 이용해 업로드하도록 패치/배포합니다. 웹 패킷으로 전송되는 파일을 S3에 저장하는 경우 클라우드 프론트를 반드시 거치도록 OAI 설정이 되어 있다면 모든 인입 트래픽은 클라우드 프론트에 연결된 AWS WAF의 검사를 받게 됩니다. 이때 AWS WAF에서 사전 협의된 문자열이 추가된 패킷인지 확인합니다. 즉, check 헤더에 woowa-check 문자열이 없다면 WAF에 의해 차단됩니다.

공격자가 버킷 이름을 알더라도, 클라우드 프론트와 S3는 OAI 설정이 되어 있어 버킷으로 바로 접근하지 못합니다. S3는 클라우드 프론트와 연결함과 동시에 퍼블릭 비공개 설정으로 전환합니다.

공격자가 클라우드 프론트에 할당된 도메인 주소(그림에서 test-ljh.beta.baemin.com)를 알고 있다 해도 특정 웹 헤더 검사를 하는 것은 확인하기 어렵습니다. 따라서 버킷에 연결된 도메인 주소와 검사하는 임의의 웹 헤더, 웹 헤더 값을 모두 알고 있어야 우회가 가능합니다.

다만 이 방법이 완벽한 방법은 아니라고 표현한 이유는 공격자가 PC 프로그램을 리버스 엔지니어링 혹은 동적 분석(프록시)을 할 역량이 된다면 웹 헤더에 특정 헤더를 추가해 원격 파일 저장소와 통신하는 것을 알 수 있기 때문입니다. 하지만 보안 관점에서 이 방법을 적용한 보안 수준은 단순히 버킷명만 알고 있는 상황에서 공격자가 PUT, GET 메서드 등으로 접근할 수 있도록 구성하는 것과 하늘과 땅 차이라고 생각합니다.

민감한 정보 저장용 버킷

이 사례에서 민감한 정보란 고객 개인정보처럼 기업 입장에서 보안 사고 등에 의해 유출되면 위험이 커지는 정보나 소홀히 관리되지 않아야 하는 중요한 정보를 의미합니다. 이번 민감한 정보 저장용 버킷 사례에서 다뤄볼 예시는 AWS 멀티 계정Multi Account 환경에서 서비스를 운영하는 상황을 가정합니다.

• 여러 계정에 방치된 민감 정보 버킷 •

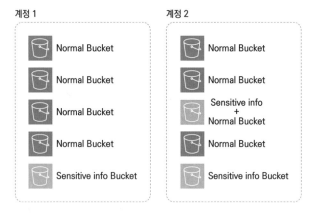

앞의 그림과 같이 서비스 운영 '계정 1', '계정 2'에서 서비스에 필요한 S3 버킷을 만든 상태라고 가정하겠습니다. 이 상황에서 버킷 운영 및 관리에서 다음과 같은 문제가 생길 수 있습니다.

1 운영 버킷 중에서 일부는 민감한 정보를 담고 있거나 민감 정보와 비 민감 정보를

함께 담은 버킷도 있을 겁니다. 이런 경우 하나의 버킷에 하위 경로(PATH)를 구분해 사용하는데, 장기적으로 관리의 부재에 의해 방치되거나 구성상 취약하게 설정되어 위험이 높아질 수 있습니다.

2 버킷에 태그(Tag) 정보가 누락되었을 수 있습니다. 물론 기업 내 태그 정책이 강제화되어 있다면 문제없겠지만, 버킷 관리만을 위한 태그 정책 기준이 뚜렷하지 않다면 추후 식별이 어려워지거나 관리가 어려울 수 있습니다.

3 버킷의 태그 기준 정보가 확실하지 않을 때 버킷 이름에 일관성이 없다면 추후 식별이 어렵거나 관리에 어려움이 생길 수 있습니다.

4 버킷의 문서화 혹은 태그가 제대로 되어 있지 않은 상태에서 버킷 안에 민감 정보가 저장되어 있는지 아닌지 버킷 관련 담당자가 아니라면 알기 어렵습니다. 담당자가 퇴사하거나 조직 이동이 발생하면 추적 관리가 어려워질 수 있습니다.

5 서비스 계정에는 다양한 직무(IAM Role)의 IAM user가 접근할 수 있습니다. 이때 내부 사용자의 실수 등에 의해 민감 버킷 내 정보가 삭제되거나 탈취될 수 있습니다.

6 많은 IAM 권한을 가진 EC2(Server) 혹은 Accesskey 등이 해킹되었을 때 같은 계정 내에 있는 버킷들이 탈취될 수 있습니다. 이때 민감한 버킷들에 담긴 정보가 공격자에 의해 유출될 수 있습니다.

문제를 해결하기 위해 제안하는 방법은 제한된 계정(보안 계정)으로 민감 정보를 담는 버킷(이하, 민감 버킷)을 분리해 관리하는 방법입니다. 이때 제한된 계정은 IAM User 중 Security Role이 할당된 사용자만 접근이 가능한 계정이어야 하며 대외 서비스 목적으로 운영되는 리소스는 없어야 합니다.

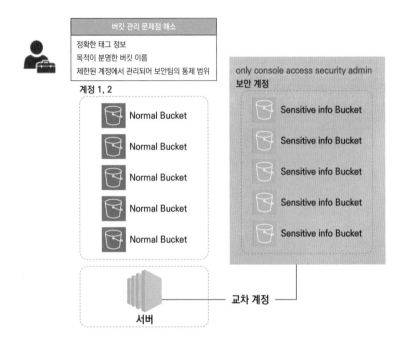

• 제안하는 민감 버킷 관리 구성 •

이렇게 버킷을 운영하면 다음과 같은 효과를 얻을 수 있습니다.

1 서비스팀에서 민감한 정보를 다룰 때 보안팀 담당자가 직접 보안 계정에 버킷을 생성합니다. 민감 버킷 담당자가 직접 이름 규칙, 태그 규칙, 버킷 정보 문서를 관리하게 되므로 일관성 있게 버킷을 관리할 수 있습니다.

2 컴플라이언스* 이슈로 인해 어떤 정보는 2년 이상 보관을 해야 하거나 짧게 보관하고 파기해야 하는 경우가 있을 수 있습니다. 이러한 경우 보안팀 주관으로 분리된 계정에서 관리하고 있으므로 일괄적인 관리에 용이합니다.

---

* compliance. 사업 추진 과정에서 기업이 자발적으로 관련 법규를 준수하도록 하기 위한 일련의 시스템

3 서비스 계정 콘솔로 접근할 수 있는 IAM User가 제한된 보안 계정에 접근할 수 없으므로 버킷이 내부 사용자의 실수 등에 의해 삭제되거나 탈취되는 경우를 예방할 수 있습니다.

4 서비스 계정의 서버나 Accesskey가 해킹된 상황이어도 분리된 계정에 접근할 권한이 없는 경우 민감한 정보를 담고 있는 버킷까지는 접근이 불가합니다.

여기서 한 가지 고민할 부분이 있습니다. 민감 버킷을 보안 계정에 분리하더라도 서비스 계정에 있는 서버에서 민감 버킷에 접근해야 하는 경우입니다. 제한된 계정인 만큼 다른 계정과의 연결은 지양하는 게 좋으나 서비스 목적으로 연결이 불가피하다면 민감 버킷과 각 서비스 계정의 서버 간의 교차 계정(cross account/multi account) 접근 시 최소 권한을 제공해 필요한 서버에서만 제한적으로 접근 가능하게 할 수 있습니다.

계정 1의 'ec2-baemin' 서버가 보안 계정의 'best-ljh-test-bucket' 버킷에 접근하는 상황을 가정하겠습니다. 교차 계정 환경에서 타 계정에 있는 리소스가 접근하도록 하는 방법은 여러 가지가 있지만, 그중 IAM Role 기반의 버킷 허용 정책을 이용해 작업을 진행하겠습니다.

- IAM Role 이름 : woowa-iam-ec2-baemin-role
- inline policy 이름 : iam-01-to-security-s3-policy

- iam-01-to-security-s3-policy의 보안 계정 s3 접근을 위한 정책 •

```
{
  "Version": "2012-10-17",
  "Statement": [
```

```
{
    "Sid": "VisualEditor0",
    "Effect": "Allow",
    "Action": [
      "s3:Put*",
      "s3:List*",
      "s3:Get*"
    ],
    "Resource": [
      "arn:aws:s3:::{{보안 계정 민감 대상 버킷 이름=best-ljh-test-
      bucket}}/*",
      "arn:aws:s3:::{{보안 계정 민감 대상 버킷 이름=best-ljh-test-
      bucket}}"
    ]
                              ...
```

먼저 계정 1의 'ec2-baemin' 서버가 사용할 IAM Role(woowa-iam-ec2-baemin-role)과 Inline Policy(iam-01-to-security-s3-policy)를 위와 같이 만듭니다. 이제 'ec2-baemin'이 사용할 IAM Role을 지정해주기 위해 ec2 콘솔로 이동해 위 IAM Role(woowa-iam-ec2-baemin-role)을 지정합니다.

• 보안 계정의 대상 버킷에서 ec2-baemin이 접근할 수 있는 허용 정책 •

```
{
    "Version": "2012-10-17",
    "Statement": [
        {
            "Sid": "AllowRole",
            "Effect": "Allow",
            "Principal": {
                "AWS": "arn:aws:iam::{{서비스계정 번호}}:role/{{서비스
```

```
          계정 ec2 전용 IAM Role = woowa-iam-ec2-baemin-role  }}"
     },
     "Action": [
          "s3:Put*",
          "s3:List*",
          "s3:Get*"
     ],
     "Resource": [
          "arn:aws:s3:::{{해당 민감 버킷 이름 = best-ljh-test-
          bucket}}",
          "arn:aws:s3:::{{해당 민감 버킷 이름 = best-ljh-test-
          bucket}}/*"
     ]
   }
  ]
}
```

보안 계정에서 버킷(private-baemin)을 생성하고 버킷 정책에서 'ec2-baemin' 서버가 사용하는 IAM Role(woowa-iam-ec2-baemin-role)이 접근하도록 버킷 정책을 수정해줍니다.

테스트를 위해 보안 계정 버킷 best-ljh-test-bucket에 파일 ljh0209.html을 올려두었습니다.

• best-ljh-test-bucket 버킷에 업로드된 ljh0209.html •

이름	▲	유형	▽	마지막 수정
☐ 📄 ljh0209.html		html		2021. 7. 16. pm 6:12:24 PM KST

계정 1에 있는 'ec2-baemin' 서버에 CLI로 접속해 IAM Role(woowa-

iam-ec2-baemin-role)을 이용해 보안 계정에 있는 best-ljh-test-bucket의
파일을 조회했습니다.

```
> $ aws s3api list-objects –bucket best-ljh0209-test-bucket
```

테스트 결과 보안 계정 best-ljh-test-bucket 버킷에 업로드되어 있는
ljh0209.html 파일의 정보가 반환되어 있습니다.

• IAM Role 기반 교차 계정 버킷 접근 구성 •

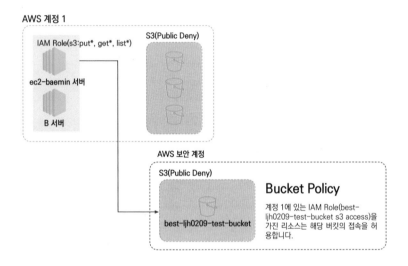

IAM Role 기반 교차 계정에서의 접근 구성을 그림으로 표현하면 위와
같습니다. 이 구성은 반드시 서비스상 분리된 계정에서 보안 계정의 버킷
(best-ljh0209-test-bucket)에 접근할 수 있는 IAM Role(woowa-iam-ec2-
baemin-role)을 가진 리소스(ec2-baemin)만 보안 계정의 버킷 정책에 의
한 허용된 권한에 의해서 접근할 수 있습니다.

요즘 우아한 개발

민감 정보가 담긴 버킷을 별도 계정에 분리 보관하면 여러 보안 사고를 대비할 수 있습니다.

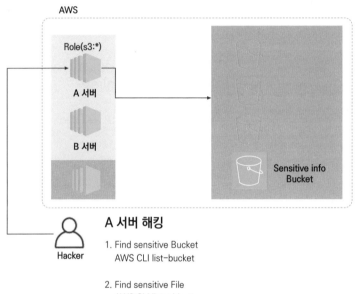

• A 서버 침해사고 시나리오 사례 •

앞의 그림처럼 EC2(서버)에 적용된 IAM Role에 최소한의 권한보다 많은 권한이 부여된 경우를 가정하겠습니다. A 서버와 B 서버에 할당된 IAM Role(S3:*)은 A 서버가 해킹당한 상황에서 의도하지 않게 민감한 정보를 담은 버킷Sensitive info bucket까지 공격자Hacker가 도달할 수 있게 하는 도구가 될 수 있습니다. 공격자 입장에서 AWS 서버를 해킹할 경우 먼저 해당 계정에 있는 모든 버킷을 목록화한 다음 해당 버킷들의 정보를 모두 탈취하는 방식으로 개인정보 유출 등을 수행하기 때문입니다.

• A 서버 침해사고 상황에서 보안 계정으로 전이 실패 사례 •

A 서버 해킹

1. Find sensitive Bucket
   AWS CLI list-bucket

2. Find sensitive File
   AWS CLI list-object

3. Get sensitive File
   AWS CLI get-object

보안계정 전이 실패

1. 계정 1의 A 서버 EC2 IAM Role에 Describe IAM role 권한이 없다면 IAM Policy에서 바라보고 있는 보안 계정의 버킷 이름을 알 수 없음. 일반적으로 Describe IAM Role 권한을 부여하지 않음(최소 권한)

2. 따라서 AWS 계정 1의 A 서버가 해킹되었다고 하더라도 단순히 CS list-bucket하는 명령어로는 보안 계정의 민감 정보를 담은 버킷들을 조회하거나 접근할 수 없음

하지만 이렇게 민감 정보가 담긴 버킷을 별도 계정에 분리하면 침해사고 상황에서 민감한 정보가 버킷에 의해 유출되는 위험이 감소합니다. 만약 서비스 목적으로 계정 1의 A 서버와 보안 계정의 민감 버킷이 IAM Role 기반으로 교차계정 허용 연결이 되어 있더라도 보안 계정의 버킷 정

보를 알 수 없다면 접근이 불가합니다.

A 서버에 해당 IAM Role의 Policy 정보를 확인(Describe)할 수 있는 권한이 부여되어 있다면 알 수 있겠지만 최소 권한 부여 원칙을 지켰다면 서버가 사용할 IAM Role에 Describe IAM Policy가 포함된 IAM Role을 부여할 일은 없습니다.

정리하면 계정 1의 A 서버 해킹에 성공한 공격자는 보안 계정의 민감 정보 버킷을 미리 알고 있어야 하므로 단순히 s3 list-bucket으로 같은 계정에서 민감 정보 버킷이 노출되는 상황보다는 훨씬 안전한 상황이라고 할 수 있습니다.

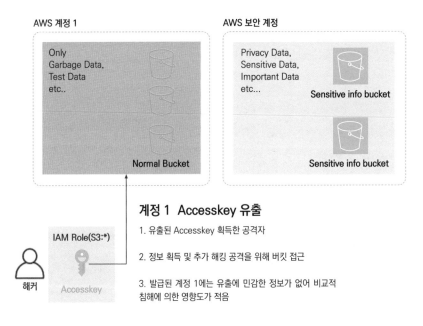

• Accesskey 유출에 의한 버킷 침해사고 시나리오 •

계정 1 Accesskey 유출

1. 유출된 Accesskey 획득한 공격자

2. 정보 획득 및 추가 해킹 공격을 위해 버킷 접근

3. 발급된 계정 1에는 유출에 민감한 정보가 없어 비교적 침해에 의한 영향도가 적음

앞의 그림처럼 Accesskey에 의한 버킷 침해사고 시나리오로 예를 들겠습니다. 개발자 A가 소유한 계정 1의 'S3:*' 권한이 부여된 IAM user의 Accesskey를 공개된 개인 블로그에 그대로 올려서 키가 불특정 다수에게 유출된 상황입니다. 이 Accesskey를 획득한 공격자는 나쁜 마음을 먹고 돈이 될 만한 정보를 찾거나 추가 해킹을 시도하기 위해 여러 명령어를 수행합니다. 그중에서도 가장 쉽고 효과가 좋은 Accesskey가 발급된 계정에서의 S3 버킷 정보를 먼저 확인해볼 겁니다.

하지만 민감 정보가 담긴 버킷(공격자 입장에서 돈이 될 만한, 흥미로운)은 전부 별도 보안 계정에서 보관하고 있으므로 개발자 A의 Accesskey로는 접근이 불가합니다. Accesskey가 접근할 수 있는 계정 1에서는 Garbage data, Test data뿐인 버킷밖에 없습니다. 기업 입장에서는 침해사고 상황이 발생했지만 개인정보가 유출되었거나 기업의 이미지가 크게 실추되는 상황은 발생하지 않았습니다.

이번 글에서 S3를 사용하는 네 가지 사례를 통해 S3를 안전하게 사용하도록 구성하는 방법을 알아보았습니다. 사례별 보안 가이드를 통해 이 글을 접한 보안 엔지니어가 사내 S3를 더 안전하게 운영하길 바랍니다. 물론 AWS에서 제공하는 여러 서비스를 통한 S3 구성이나 설정상의 자유도 때문에 이보다 더욱 다양한 침해 예상 시나리오와 사용 사례들이 있을 수 있습니다. 하지만 이번 글을 통해 다룬 사례들을 충분히 학습했다면 다양한 사례에도 유연하게 대응할 수 있을 것입니다.

요즘 우아한 개발

저자의 한마디

홍지현

우아한형제들에서 PMR^{Product Manager Relations}을 담당하고 있으며, PM 관점에서 '우아한형제들 PM의 성장과 교류'를 위한 일 문화를 고민하고 실천하고 있습니다. PM, 그리고 협업하는 모든 분이 함께 좋은 프로덕트를 만들 수 있게 도움을 드리고자 합니다.

채슬기

'우아한형제들에서 시니어 개발자로 일할 때 경험할 수 있는 것을 정리해서 알려드리자!'라고 시작했던 글이 이렇게 책으로 담기게 되어 진심으로 기쁩니다. 이 글이 여러 고민이 깊어지는 시니어에게는 '다른 사람도 이렇게 고민하는구나'라는 위로를, 주니어에게는 '시니어는 이런 고민이 있구나'라는 공감을 주었으면 좋겠습니다.

진예령

신규 프로젝트를 오픈할 때면 언제나 예상치 못한 사고가 함께 찾아옵니다. 예측할 수 없는 일들을 마주하고 해결해 나가는 과정도 소중한 경험이라고 생각해요. 서비스를 만드는 모든 분이 사건사고를 잘 이겨내고 성장하길 바랍니다!

김하루

글쓰기에 게으른 제가 소소한 글 하나를 완성할 수 있도록, 글쓰기 방법론을 지도해주신 조은옥 님, 유영경 님, 함께 글을 쓰며 리뷰를 도와주신 신호승 님, 김정혁 님, 그리고 이제는 제게 추억이 된 만다오팀 김민태 님, 정현승 님, 정진혁 님, 장해민 님, 권세진 님 정말 감사드려요. 이번 출간의 기회로 다시 글을 읽어보며, 우아한형제들에 갓 입사했을 당시의 제 모습을 돌아볼 수 있어서 좋았습니다. 저를 포함한 모든 주니어 개발자에게 응원의 메시지를 보내고 싶어요. 오늘 하루도 화이팅!

이주호

기술 공유 가치를 진심으로 생각하는 우아한형제들 그리고 그런 회사를 사랑하는 사람들의 기술과 이야기

권기석

우아한형제들에 첫 발을 내딛고, 온보딩 시간을 마련해주시고 지금까지 잘 적응할 수 있게 도와주신 광휘 님께 감사하다는 말씀을 드리고 싶어요. 온보딩을 포함해 우아한형제들의 개발 문화를 많은 분이 공감할 수 있으면 좋겠어요! :)

이준수

제가 작성한 글이 다른 분들에게 전달되는 데 감사하며, 이 글을 읽는 모든 분께 큰 도움이 되길 바랍니다. 앞으로는 글뿐만 아니라 다양한 채널을 통해 인사를 전할 기회가 있었으면 좋겠습니다. 우아한형제들에 입

사한 이후 DR팀 덕분에 다양한 경험을 하고 있는데, 그 무한한 감사를 전합니다.

이제현

우아한형제들에서 배민상회의 백엔드 개발을 하고 있습니다. 우아한 개발을 고민하고 있는 모든 사람에게 작게나마 도움이 되는 책이 되었으면 좋겠습니다. 이 책에 흔적을 남길 수 있도록 도움을 주신 모든 분께 감사드립니다. 특히, 저를 항상 지지해주고 힘을 주는 아내와 아들에게 감사를 전합니다.

안필호

블로그에 작성된 글이 책으로 개편되어 나온다고 들어 놀랐는데요, 네트워크 인증시스템 구축 시 조금이나마 참고가 되었으면 좋겠습니다. 우아한형제들 기술 블로그에 네트워크 운영 이야기를 종종 작성할 예정이니 많이 놀러와주세요. 이 프로젝트가 성공적으로 마칠 수 있었던 것은 우리 네트워크 팀원들 덕분이었습니다. 감사합니다.

장정환

바쁜 시간에 자동화된 UI 테스트 도구 도입을 위해 지원해주신 품질개발팀, 회원인증파트 구성원에게 고맙다는 인사를 전합니다. 도와주신 덕분에 사장님께 조금 더 좋은 환경을 제공할 수 있게 되었습니다. 자동화된 UI 회귀 테스트를 도입할 때 개발팀은 그 시작에 발을 같이 올렸을 뿐, 이후 테스트 케이스의 확보 및 구현, 향후 확대까지 품질개발팀의 도움이 꼭 필요했습니다. 시작부터 고민해주시고, 주도적으로 업무를 이끌어주신 품질개발팀과 이한샘 님께도 인사를 드립니다. 앞으로도 잘 부탁드리며, 제가 할 수 있는 일은 언제든 이야기해주시면 저도 도와보겠습니다. 팀 내부적으로는 첫 번째 도입 실패 후 두 번 만에 성공할 수 있었습니다. 그 길었던 시간의 실패를 넘어 재도전이 가능한 팀 문화, 실패한 실험적 프로젝트를 다시 도전할 수 있게 도움 주신 우리 팀 고맙습니다.

조성범

일부 부서에만 적용되었던 작은 프로젝트가 지금은 전사에서 사용되고 있는 큰 프로젝트가 되었습니다. 제가 프로젝트에 집중할 수 있도록 지원해주신 팀장님 및 팀원들께 감사의 말씀을 드리며, 이 글을 읽는 독자께도 도움이 되길 바랍니다.

박주희

저의 작은 경험담이 고민하고 계신 분들에게 좋은 인사이트가 될 수 있으면 좋겠습니다. 예전에 작성한 글들을 돌아보면서 우아한형제들에서 정말 많은 경험을 했다는 사실을 새삼 느끼게 되었습니다. 그리고 그 많은 경험을 하면서 정말 많은 동료의 도움을 받았다는 사실에 너무 감사했습니다. 이번 작업은 앞으로 더 오랜 시간 좋은 사람들과 함께 할 수 있다는 기대감을 가득 가지게 되는 좋은 계기가 되었습니다. 감사합니다.

이찬호

개발을 하면서 '나는 잘하고 있나?' 하는 생각이 들 때가 많았습니다. 그럴때마다 누군가가 공유해준 정보와 글을 보면서 지나온 길을 되돌아보고, 가야 할 길의 방향성을 잡아가곤 했는데요, 제 경험과 고민이 같은 고민을 하고 있는 분들에게 작은 도움과 인사이트가 되길 바랍니다.

임선진

많은 일들이 그렇겠지만 품질을 좋게 만드는 일들은 특히나 더 정황에 의존적이고. 그만큼 환경도 중요한 것 같습니다. 소프트웨어의 품질을 위해 뭐든 할 수 있게 지지해 주신 팀원분들과 팀장님, 그리고 회사에 너무나 감사드립니다. 제가 쓴 글이 소프트웨어의 품질을 위해 오늘도 치열하게 고민한 누군가에게 조금이라도 도움이 되길 바랍니다.

유영경

테크니컬 라이팅 코치로서 우아한형제들의 기술 블로그를 관리하고 글을 검토하고, 부담 없이 누구나 경험을 공유할 수 있는 문화를 만들고 있습니다. 이제 책으로 더 많은 독자를 만날 수 있다는 생각에 무척 설렙니다. 우리의 이야기뿐 아니라 여러분의 이야기도 어디선가 많이 마주할 수 있기를 기대합니다.

우아한 저자들과 기술 블로그 원문

🔍 https://techblog.woowahan.com/ 뒤에 게시물번호를 입력하면 원문을 확인할 수 있습니다.

찾아보기

요즘 우아한 개발

요즘 우아한 개발

배달의민족을 만든 우아한형제들의
조직문화, 온보딩, 기획, 개발, 인프라 구축 이야기

초판 1쇄 발행 2023년 10월 13일
초판 3쇄 발행 2024년 8월 16일
지은이 우아한형제들
펴낸이 최현우 · **기획** 최현우, 박현규, 강민철 · **편집** 강민철, 박현규, 김성경, 최현우, 배지현
디자인 우아한형제들 · **조판** 안유경
펴낸곳 골든래빗(주)
등록 2020년 7월 7일 제 2020-000183호
주소 서울 마포구 양화로 186 LC타워 5층 514호
전화 0505-398-0505 · **팩스** 0505-537-0505
이메일 ask@goldenrabbit.co.kr
SNS facebook.com/goldenrabbit2020
홈페이지 goldenrabbit.co.kr
ISBN 979-11-91905-45-8   93000

* 파본은 구입한 서점에서 바꿔드립니다.